Tablas de Hipotecas

Tablas de Hipotecas

Rubén Huertas

Editado por Elbia I. Quiñones Castillo, MBA, MA
con la Colaboración de Mirta E. Bermúdez Alvarado

Power Publishing Learning Systems

La información y los números en este libro han sido verificados detalladamente y con suma cautela. Si usted encuentra algún error, favor de comunicárnoslo para poder efectuar las correcciones necesarias en la próxima edición. Este libro es para uso de referencia y todos los cálculos deben ser verificados con otras fuentes, especialmente si usted está trabajando con alguna institución bancaria. Diferentes puntos decimales han sido utilizado para las distintas tablas. Es posible que su cálculo no sea exactamente igual al nuestro. Utilice el libro como una guía pero cerciórese de corroborar todos sus análisis antes de efectuar alguna transacción. Se recomienda, también, que siempre que efectúe cualquier transacción hipotecaria consulte con un profesional de contabilidad y obtenga asesoramiento legal adecuado antes de firmar algún documento que lo comprometa.

Tablas de Hipotecas

Power Publishing Learning Systems
PO Box 593
Caguas, PR 00726
info@powerpublishingpr.com
www.powerpublishingpr.com

ISBN 978-0-9819090-2-8

Este libro está dedicado a todas aquellas personas que se esfuerzan por convertirse en los mejores profesionales dentro de su industria.

Contenido

Introducción

A continuación le ofrecemos una variedad de tablas de hipotecas. Las mismas permiten de forma fácil y rápida calcular cualquier pago de hipoteca sin tener que recurrir al uso de calculadoras financieras o programas de computadora, los cuales no están siempre disponibles cuando los necesitamos.

Con estas tablas usted podrá calcular de forma eficiente el pago de diferentes préstamos sin importar su cantidad. Hemos incluido distintos tipos de tablas para que usted escoja la que más se ajusta a su escenario. Algunas ofrecen exactamente el pago mensual a pagar; otras, le proveen un factor el cual usted utilizará para calcular el pago.

Nuestro deseo es proveerle la fuente de información que utilizará para poder responder todas aquellas inquitudes financieras de sus clientes y agilizar la culminación de la transacción. Lleve este libro de referencia consigo todo el tiempo y tendrá siempre las respuestas a la mano.

Es su capacidad para poder producir más negocios de forma más rápida la que hará una gran diferencia entre ejercer su profesión y exceder en la misma. La clave para triunfar está en los pequeños detalles. ¡Éxito!

Tabla de Hipoteca

Término
10 Años

Cantidad del Préstamo
$100 - $10,000,000

Utilice estas tablas para determinar el pago mensual necesario para amortizar una hipoteca con tasa fija de interés. Simplemente busque la cantidad del préstamo en la columna izquierda e identifique el pago mensual bajo la tasa de interés correspondiente a su derecha.

Pago Mensual de Hipoteca a 10 Años

	Tasa de Interés			
Cantidad	**1.00%**	**1.25%**	**1.50%**	**1.75%**
100	0.88	0.89	0.90	0.91
200	1.75	1.77	1.80	1.82
300	2.63	2.66	2.69	2.73
400	3.50	3.55	3.59	3.64
500	4.38	4.43	4.49	4.54
1,000	8.76	8.87	8.98	9.09
2,000	17.52	17.74	17.96	18.18
3,000	26.28	26.61	26.94	27.27
4,000	35.04	35.48	35.92	36.36
5,000	43.80	44.35	44.90	45.45
10,000	87.60	88.69	89.79	90.90
20,000	175.21	177.39	179.58	181.80
30,000	262.81	266.08	269.37	272.69
40,000	350.42	354.77	359.17	363.59
50,000	438.02	443.47	448.96	454.49
100,000	876.04	886.93	897.91	908.98
200,000	1,752.08	1,773.87	1,795.83	1,817.96
300,000	2,628.12	2,660.80	2,693.74	2,726.94
400,000	3,504.16	3,547.74	3,591.66	3,635.93
500,000	4,380.21	4,434.67	4,489.57	4,544.91
1,000,000	8,760.41	8,869.35	8,979.15	9,089.82
5,000,000	43,802.06	44,346.74	44,895.75	45,449.08
10,000,000	87,604.12	88,693.48	89,791.50	90,898.16

Pago Mensual de Hipoteca a 10 Años

	Tasa de Interés			
Cantidad	**2.00%**	**2.25%**	**2.50%**	**2.75%**
100	0.92	0.93	0.94	0.95
200	1.84	1.86	1.89	1.91
300	2.76	2.79	2.83	2.86
400	3.68	3.73	3.77	3.82
500	4.60	4.66	4.71	4.77
1,000	9.20	9.31	9.43	9.54
2,000	18.40	18.63	18.85	19.08
3,000	27.60	27.94	28.28	28.62
4,000	36.81	37.25	37.71	38.16
5,000	46.01	46.57	47.13	47.71
10,000	92.01	93.14	94.27	95.41
20,000	184.03	186.27	188.54	190.82
30,000	276.04	279.41	282.81	286.23
40,000	368.05	372.55	377.08	381.64
50,000	460.07	465.69	471.35	477.06
100,000	920.13	931.37	942.70	954.11
200,000	1,840.27	1,862.75	1,885.40	1,908.22
300,000	2,760.40	2,794.12	2,828.10	2,862.33
400,000	3,680.54	3,725.49	3,770.80	3,816.44
500,000	4,600.67	4,656.87	4,713.50	4,770.55
1,000,000	9,201.35	9,313.74	9,426.99	9,541.10
5,000,000	46,006.73	46,568.69	47,134.95	47,705.52
10,000,000	92,013.45	93,137.37	94,269.90	95,411.03

Pago Mensual de Hipoteca a 10 Años

	Tasa de Interés			
Cantidad	**3.00%**	**3.25%**	**3.50%**	**3.75%**
100	0.97	0.98	0.99	1.00
200	1.93	1.95	1.98	2.00
300	2.90	2.93	2.97	3.00
400	3.86	3.91	3.96	4.00
500	4.83	4.89	4.94	5.00
1,000	9.66	9.77	9.89	10.01
2,000	19.31	19.54	19.78	20.01
3,000	28.97	29.32	29.67	30.02
4,000	38.62	39.09	39.55	40.02
5,000	48.28	48.86	49.44	50.03
10,000	96.56	97.72	98.89	100.06
20,000	193.12	195.44	197.77	200.12
30,000	289.68	293.16	296.66	300.18
40,000	386.24	390.88	395.54	400.24
50,000	482.80	488.60	494.43	500.31
100,000	965.61	977.19	988.86	1,000.61
200,000	1,931.21	1,954.38	1,977.72	2,001.22
300,000	2,896.82	2,931.57	2,966.58	3,001.84
400,000	3,862.43	3,908.76	3,955.43	4,002.45
500,000	4,828.04	4,885.95	4,944.29	5,003.06
1,000,000	9,656.07	9,771.90	9,888.59	10,006.12
5,000,000	48,280.37	48,859.51	49,442.93	50,030.62
10,000,000	96,560.74	97,719.03	98,885.87	100,061.24

Pago Mensual de Hipoteca a 10 Años

	Tasa de Interés			
Cantidad	**4.00%**	**4.25%**	**4.50%**	**4.75%**
100	1.01	1.02	1.04	1.05
200	2.02	2.05	2.07	2.10
300	3.04	3.07	3.11	3.15
400	4.05	4.10	4.15	4.19
500	5.06	5.12	5.18	5.24
1,000	10.12	10.24	10.36	10.48
2,000	20.25	20.49	20.73	20.97
3,000	30.37	30.73	31.09	31.45
4,000	40.50	40.98	41.46	41.94
5,000	50.62	51.22	51.82	52.42
10,000	101.25	102.44	103.64	104.85
20,000	202.49	204.88	207.28	209.70
30,000	303.74	307.31	310.92	314.54
40,000	404.98	409.75	414.55	419.39
50,000	506.23	512.19	518.19	524.24
100,000	1,012.45	1,024.38	1,036.38	1,048.48
200,000	2,024.90	2,048.75	2,072.77	2,096.95
300,000	3,037.35	3,073.13	3,109.15	3,145.43
400,000	4,049.81	4,097.50	4,145.54	4,193.91
500,000	5,062.26	5,121.88	5,181.92	5,242.39
1,000,000	10,124.51	10,243.75	10,363.84	10,484.77
5,000,000	50,622.57	51,218.77	51,819.20	52,423.87
10,000,000	101,245.14	102,437.53	103,638.41	104,847.74

Pago Mensual de Hipoteca a 10 Años

	Tasa de Interés			
Cantidad	**5.00%**	**5.25%**	**5.50%**	**5.75%**
100	1.06	1.07	1.09	1.10
200	2.12	2.15	2.17	2.20
300	3.18	3.22	3.26	3.29
400	4.24	4.29	4.34	4.39
500	5.30	5.36	5.43	5.49
1,000	10.61	10.73	10.85	10.98
2,000	21.21	21.46	21.71	21.95
3,000	31.82	32.19	32.56	32.93
4,000	42.43	42.92	43.41	43.91
5,000	53.03	53.65	54.26	54.88
10,000	106.07	107.29	108.53	109.77
20,000	212.13	214.58	217.05	219.54
30,000	318.20	321.88	325.58	329.31
40,000	424.26	429.17	434.11	439.08
50,000	530.33	536.46	542.63	548.85
100,000	1,060.66	1,072.92	1,085.26	1,097.69
200,000	2,121.31	2,145.83	2,170.53	2,195.38
300,000	3,181.97	3,218.75	3,255.79	3,293.08
400,000	4,242.62	4,291.67	4,341.05	4,390.77
500,000	5,303.28	5,364.59	5,426.31	5,488.46
1,000,000	10,606.55	10,729.17	10,852.63	10,976.92
5,000,000	53,032.76	53,645.85	54,263.14	54,884.61
10,000,000	106,065.52	107,291.70	108,526.28	109,769.22

Pago Mensual de Hipoteca a 10 Años

	Tasa de Interés			
Cantidad	**6.00%**	**6.25%**	**6.50%**	**6.75%**
100	1.11	1.12	1.14	1.15
200	2.22	2.25	2.27	2.30
300	3.33	3.37	3.41	3.44
400	4.44	4.49	4.54	4.59
500	5.55	5.61	5.68	5.74
1,000	11.10	11.23	11.35	11.48
2,000	22.20	22.46	22.71	22.96
3,000	33.31	33.68	34.06	34.45
4,000	44.41	44.91	45.42	45.93
5,000	55.51	56.14	56.77	57.41
10,000	111.02	112.28	113.55	114.82
20,000	222.04	224.56	227.10	229.65
30,000	333.06	336.84	340.64	344.47
40,000	444.08	449.12	454.19	459.30
50,000	555.10	561.40	567.74	574.12
100,000	1,110.21	1,122.80	1,135.48	1,148.24
200,000	2,220.41	2,245.60	2,270.96	2,296.48
300,000	3,330.62	3,368.40	3,406.44	3,444.72
400,000	4,440.82	4,491.20	4,541.92	4,592.96
500,000	5,551.03	5,614.00	5,677.40	5,741.21
1,000,000	11,102.05	11,228.01	11,354.80	11,482.41
5,000,000	55,510.25	56,140.05	56,773.99	57,412.06
10,000,000	111,020.50	112,280.10	113,547.98	114,824.11

Pago Mensual de Hipoteca a 10 Años

	Tasa de Interés			
Cantidad	**7.00%**	**7.25%**	**7.50%**	**7.75%**
100	1.16	1.17	1.19	1.20
200	2.32	2.35	2.37	2.40
300	3.48	3.52	3.56	3.60
400	4.64	4.70	4.75	4.80
500	5.81	5.87	5.94	6.00
1,000	11.61	11.74	11.87	12.00
2,000	23.22	23.48	23.74	24.00
3,000	34.83	35.22	35.61	36.00
4,000	46.44	46.96	47.48	48.00
5,000	58.05	58.70	59.35	60.01
10,000	116.11	117.40	118.70	120.01
20,000	232.22	234.80	237.40	240.02
30,000	348.33	352.20	356.11	360.03
40,000	464.43	469.60	474.81	480.04
50,000	580.54	587.01	593.51	600.05
100,000	1,161.08	1,174.01	1,187.02	1,200.11
200,000	2,322.17	2,348.02	2,374.04	2,400.21
300,000	3,483.25	3,522.03	3,561.05	3,600.32
400,000	4,644.34	4,696.04	4,748.07	4,800.43
500,000	5,805.42	5,870.05	5,935.09	6,000.53
1,000,000	11,610.85	11,740.10	11,870.18	12,001.06
5,000,000	58,054.24	58,700.52	59,350.88	60,005.32
10,000,000	116,108.48	117,401.04	118,701.77	120,010.63

Pago Mensual de Hipoteca a 10 Años

	Tasa de Interés			
Cantidad	**8.00%**	**8.25%**	**8.50%**	**8.75%**
100	1.21	1.23	1.24	1.25
200	2.43	2.45	2.48	2.51
300	3.64	3.68	3.72	3.76
400	4.85	4.91	4.96	5.01
500	6.07	6.13	6.20	6.27
1,000	12.13	12.27	12.40	12.53
2,000	24.27	24.53	24.80	25.07
3,000	36.40	36.80	37.20	37.60
4,000	48.53	49.06	49.59	50.13
5,000	60.66	61.33	61.99	62.66
10,000	121.33	122.65	123.99	125.33
20,000	242.66	245.31	247.97	250.65
30,000	363.98	367.96	371.96	375.98
40,000	485.31	490.61	495.94	501.31
50,000	606.64	613.26	619.93	626.63
100,000	1,213.28	1,226.53	1,239.86	1,253.27
200,000	2,426.55	2,453.05	2,479.71	2,506.54
300,000	3,639.83	3,679.58	3,719.57	3,759.80
400,000	4,853.10	4,906.11	4,959.43	5,013.07
500,000	6,066.38	6,132.63	6,199.28	6,266.34
1,000,000	12,132.76	12,265.26	12,398.57	12,532.68
5,000,000	60,663.80	61,326.31	61,992.84	62,663.38
10,000,000	121,327.59	122,652.63	123,985.69	125,326.75

Pago Mensual de Hipoteca a 10 Años

	Tasa de Interés			
Cantidad	**9.00%**	**9.25%**	**9.50%**	**9.75%**
100	1.27	1.28	1.29	1.31
200	2.53	2.56	2.59	2.62
300	3.80	3.84	3.88	3.92
400	5.07	5.12	5.18	5.23
500	6.33	6.40	6.47	6.54
1,000	12.67	12.80	12.94	13.08
2,000	25.34	25.61	25.88	26.15
3,000	38.00	38.41	38.82	39.23
4,000	50.67	51.21	51.76	52.31
5,000	63.34	64.02	64.70	65.39
10,000	126.68	128.03	129.40	130.77
20,000	253.35	256.07	258.80	261.54
30,000	380.03	384.10	388.19	392.31
40,000	506.70	512.13	517.59	523.08
50,000	633.38	640.16	646.99	653.85
100,000	1,266.76	1,280.33	1,293.98	1,307.70
200,000	2,533.52	2,560.65	2,587.95	2,615.40
300,000	3,800.27	3,840.98	3,881.93	3,923.11
400,000	5,067.03	5,121.31	5,175.90	5,230.81
500,000	6,333.79	6,401.64	6,469.88	6,538.51
1,000,000	12,667.58	12,803.27	12,939.76	13,077.02
5,000,000	63,337.89	64,016.36	64,698.78	65,385.12
10,000,000	126,675.77	128,032.72	129,397.56	130,770.24

Pago Mensual de Hipoteca a 10 Años

	Tasa de Interés			
Cantidad	**10.00%**	**10.25%**	**10.50%**	**10.75%**
100	1.32	1.34	1.35	1.36
200	2.64	2.67	2.70	2.73
300	3.96	4.01	4.05	4.09
400	5.29	5.34	5.40	5.45
500	6.61	6.68	6.75	6.82
1,000	13.22	13.35	13.49	13.63
2,000	26.43	26.71	26.99	27.27
3,000	39.65	40.06	40.48	40.90
4,000	52.86	53.42	53.97	54.54
5,000	66.08	66.77	67.47	68.17
10,000	132.15	133.54	134.93	136.34
20,000	264.30	267.08	269.87	272.68
30,000	396.45	400.62	404.80	409.02
40,000	528.60	534.16	539.74	545.35
50,000	660.75	667.70	674.67	681.69
100,000	1,321.51	1,335.39	1,349.35	1,363.39
200,000	2,643.01	2,670.78	2,698.70	2,726.77
300,000	3,964.52	4,006.17	4,048.05	4,090.16
400,000	5,286.03	5,341.56	5,397.40	5,453.55
500,000	6,607.54	6,676.95	6,746.75	6,816.93
1,000,000	13,215.07	13,353.90	13,493.50	13,633.87
5,000,000	66,075.37	66,769.50	67,467.50	68,169.34
10,000,000	132,150.74	133,539.00	134,935.00	136,338.68

Pago Mensual de Hipoteca a 10 Años

	Tasa de Interés			
Cantidad	**11.00%**	**11.25%**	**11.50%**	**11.75%**
100	1.38	1.39	1.41	1.42
200	2.76	2.78	2.81	2.84
300	4.13	4.18	4.22	4.26
400	5.51	5.57	5.62	5.68
500	6.89	6.96	7.03	7.10
1,000	13.78	13.92	14.06	14.20
2,000	27.55	27.83	28.12	28.41
3,000	41.33	41.75	42.18	42.61
4,000	55.10	55.67	56.24	56.81
5,000	68.88	69.58	70.30	71.01
10,000	137.75	139.17	140.60	142.03
20,000	275.50	278.34	281.19	284.06
30,000	413.25	417.51	421.79	426.09
40,000	551.00	556.68	562.38	568.12
50,000	688.75	695.84	702.98	710.15
100,000	1,377.50	1,391.69	1,405.95	1,420.29
200,000	2,755.00	2,783.38	2,811.91	2,840.59
300,000	4,132.50	4,175.07	4,217.86	4,260.88
400,000	5,510.00	5,566.76	5,623.82	5,681.18
500,000	6,887.50	6,958.45	7,029.77	7,101.47
1,000,000	13,775.00	13,916.89	14,059.54	14,202.95
5,000,000	68,875.01	69,584.47	70,297.72	71,014.73
10,000,000	137,750.01	139,168.95	140,595.44	142,029.46

Pago Mensual de Hipoteca a 10 Años

	Tasa de Interés			
Cantidad	**12.00%**	**12.25%**	**12.50%**	**12.75%**
100	1.43	1.45	1.46	1.48
200	2.87	2.90	2.93	2.96
300	4.30	4.35	4.39	4.44
400	5.74	5.80	5.86	5.91
500	7.17	7.25	7.32	7.39
1,000	14.35	14.49	14.64	14.78
2,000	28.69	28.98	29.28	29.57
3,000	43.04	43.48	43.91	44.35
4,000	57.39	57.97	58.55	59.14
5,000	71.74	72.46	73.19	73.92
10,000	143.47	144.92	146.38	147.84
20,000	286.94	289.84	292.75	295.68
30,000	430.41	434.76	439.13	443.52
40,000	573.88	579.68	585.50	591.36
50,000	717.35	724.60	731.88	739.20
100,000	1,434.71	1,449.20	1,463.76	1,478.40
200,000	2,869.42	2,898.40	2,927.52	2,956.80
300,000	4,304.13	4,347.60	4,391.29	4,435.19
400,000	5,738.84	5,796.79	5,855.05	5,913.59
500,000	7,173.55	7,245.99	7,318.81	7,391.99
1,000,000	14,347.09	14,491.99	14,637.62	14,783.98
5,000,000	71,735.47	72,459.93	73,188.08	73,919.90
10,000,000	143,470.95	144,919.87	146,376.17	147,839.81

Pago Mensual de Hipoteca a 10 Años

	Tasa de Interés			
Cantidad	**13.00%**	**13.25%**	**13.50%**	**13.75%**
100	1.49	1.51	1.52	1.54
200	2.99	3.02	3.05	3.08
300	4.48	4.52	4.57	4.61
400	5.97	6.03	6.09	6.15
500	7.47	7.54	7.61	7.69
1,000	14.93	15.08	15.23	15.38
2,000	29.86	30.16	30.45	30.75
3,000	44.79	45.24	45.68	46.13
4,000	59.72	60.32	60.91	61.51
5,000	74.66	75.39	76.14	76.88
10,000	149.31	150.79	152.27	153.77
20,000	298.62	301.58	304.55	307.53
30,000	447.93	452.37	456.82	461.30
40,000	597.24	603.16	609.10	615.07
50,000	746.55	753.94	761.37	768.83
100,000	1,493.11	1,507.89	1,522.74	1,537.67
200,000	2,986.21	3,015.78	3,045.49	3,075.34
300,000	4,479.32	4,523.67	4,568.23	4,613.00
400,000	5,972.43	6,031.56	6,090.97	6,150.67
500,000	7,465.54	7,539.45	7,613.71	7,688.34
1,000,000	14,931.07	15,078.89	15,227.43	15,376.68
5,000,000	74,655.37	75,394.46	76,137.14	76,883.41
10,000,000	149,310.74	150,788.92	152,274.29	153,766.81

Pago Mensual de Hipoteca a 10 Años

	Tasa de Interés			
Cantidad	**14.00%**	**14.25%**	**14.50%**	**14.75%**
100	1.55	1.57	1.58	1.60
200	3.11	3.14	3.17	3.20
300	4.66	4.70	4.75	4.79
400	6.21	6.27	6.33	6.39
500	7.76	7.84	7.91	7.99
1,000	15.53	15.68	15.83	15.98
2,000	31.05	31.35	31.66	31.96
3,000	46.58	47.03	47.49	47.94
4,000	62.11	62.71	63.31	63.92
5,000	77.63	78.39	79.14	79.90
10,000	155.27	156.77	158.29	159.81
20,000	310.53	313.55	316.57	319.61
30,000	465.80	470.32	474.86	479.42
40,000	621.07	627.09	633.15	639.23
50,000	776.33	783.87	791.43	799.04
100,000	1,552.66	1,567.73	1,582.87	1,598.07
200,000	3,105.33	3,135.46	3,165.74	3,196.15
300,000	4,657.99	4,703.19	4,748.60	4,794.22
400,000	6,210.66	6,270.92	6,331.47	6,392.30
500,000	7,763.32	7,838.66	7,914.34	7,990.37
1,000,000	15,526.64	15,677.31	15,828.68	15,980.74
5,000,000	77,633.22	78,386.56	79,143.39	79,903.71
10,000,000	155,266.44	156,773.11	158,286.79	159,807.42

Pago Mensual de Hipoteca a 10 Años

	Tasa de Interés			
Cantidad	**15.00%**	**15.25%**	**15.50%**	**15.75%**
100	1.61	1.63	1.64	1.66
200	3.23	3.26	3.29	3.32
300	4.84	4.89	4.93	4.98
400	6.45	6.51	6.58	6.64
500	8.07	8.14	8.22	8.30
1,000	16.13	16.29	16.44	16.60
2,000	32.27	32.57	32.88	33.19
3,000	48.40	48.86	49.32	49.79
4,000	64.53	65.15	65.76	66.38
5,000	80.67	81.43	82.21	82.98
10,000	161.33	162.87	164.41	165.96
20,000	322.67	325.74	328.82	331.92
30,000	484.00	488.61	493.23	497.88
40,000	645.34	651.48	657.64	663.83
50,000	806.67	814.35	822.05	829.79
100,000	1,613.35	1,628.69	1,644.11	1,659.58
200,000	3,226.70	3,257.39	3,288.21	3,319.17
300,000	4,840.05	4,886.08	4,932.32	4,978.75
400,000	6,453.40	6,514.77	6,576.42	6,638.34
500,000	8,066.75	8,143.47	8,220.53	8,297.92
1,000,000	16,133.50	16,286.93	16,441.05	16,595.85
5,000,000	80,667.48	81,434.67	82,205.27	82,979.24
10,000,000	161,334.96	162,869.35	164,410.54	165,958.48

Pago Mensual de Hipoteca a 10 Años

	Tasa de Interés			
Cantidad	**16.00%**	**16.25%**	**16.50%**	**16.75%**
100	1.68	1.69	1.71	1.72
200	3.35	3.38	3.41	3.44
300	5.03	5.07	5.12	5.17
400	6.70	6.76	6.83	6.89
500	8.38	8.45	8.53	8.61
1,000	16.75	16.91	17.06	17.22
2,000	33.50	33.81	34.13	34.44
3,000	50.25	50.72	51.19	51.67
4,000	67.01	67.63	68.26	68.89
5,000	83.76	84.54	85.32	86.11
10,000	167.51	169.07	170.64	172.22
20,000	335.03	338.15	341.28	344.43
30,000	502.54	507.22	511.93	516.65
40,000	670.05	676.30	682.57	688.87
50,000	837.57	845.37	853.21	861.08
100,000	1,675.13	1,690.74	1,706.42	1,722.17
200,000	3,350.26	3,381.49	3,412.85	3,444.33
300,000	5,025.39	5,072.23	5,119.27	5,166.50
400,000	6,700.52	6,762.98	6,825.69	6,888.67
500,000	8,375.66	8,453.72	8,532.11	8,610.84
1,000,000	16,751.31	16,907.44	17,064.23	17,221.67
5,000,000	83,756.56	84,537.21	85,321.15	86,108.36
10,000,000	167,513.12	169,074.41	170,642.30	172,216.73

Pago Mensual de Hipoteca a 10 Años

	Tasa de Interés			
Cantidad	**17.00%**	**17.25%**	**17.50%**	**17.75%**
100	1.74	1.75	1.77	1.79
200	3.48	3.51	3.54	3.57
300	5.21	5.26	5.31	5.36
400	6.95	7.02	7.08	7.14
500	8.69	8.77	8.85	8.93
1,000	17.38	17.54	17.70	17.86
2,000	34.76	35.08	35.40	35.72
3,000	52.14	52.62	53.09	53.57
4,000	69.52	70.15	70.79	71.43
5,000	86.90	87.69	88.49	89.29
10,000	173.80	175.39	176.98	178.58
20,000	347.60	350.77	353.96	357.16
30,000	521.39	526.16	530.94	535.74
40,000	695.19	701.54	707.92	714.32
50,000	868.99	876.93	884.89	892.89
100,000	1,737.98	1,753.85	1,769.79	1,785.79
200,000	3,475.95	3,507.70	3,539.58	3,571.58
300,000	5,213.93	5,261.55	5,309.36	5,357.37
400,000	6,951.91	7,015.40	7,079.15	7,143.15
500,000	8,689.88	8,769.25	8,848.94	8,928.94
1,000,000	17,379.77	17,538.50	17,697.88	17,857.88
5,000,000	86,898.83	87,692.51	88,489.38	89,289.42
10,000,000	173,797.65	175,385.01	176,978.76	178,578.84

Pago Mensual de Hipoteca a 10 Años

	Tasa de Interés			
Cantidad	**18.00%**	**18.25%**	**18.50%**	**18.75%**
100	1.80	1.82	1.83	1.85
200	3.60	3.64	3.67	3.70
300	5.41	5.45	5.50	5.55
400	7.21	7.27	7.34	7.40
500	9.01	9.09	9.17	9.25
1,000	18.02	18.18	18.34	18.50
2,000	36.04	36.36	36.68	37.01
3,000	54.06	54.54	55.02	55.51
4,000	72.07	72.72	73.37	74.02
5,000	90.09	90.90	91.71	92.52
10,000	180.19	181.80	183.42	185.04
20,000	360.37	363.60	366.83	370.08
30,000	540.56	545.39	550.25	555.12
40,000	720.74	727.19	733.67	740.17
50,000	900.93	908.99	917.08	925.21
100,000	1,801.85	1,817.98	1,834.17	1,850.41
200,000	3,603.70	3,635.96	3,668.33	3,700.83
300,000	5,405.56	5,453.93	5,502.50	5,551.24
400,000	7,207.41	7,271.91	7,336.66	7,401.66
500,000	9,009.26	9,089.89	9,170.83	9,252.07
1,000,000	18,018.52	18,179.78	18,341.65	18,504.14
5,000,000	90,092.60	90,898.89	91,708.27	92,520.71
10,000,000	180,185.20	181,797.78	183,416.54	185,041.42

Pago Mensual de Hipoteca a 10 Años

	Tasa de Interés			
Cantidad	**19.00%**	**19.25%**	**19.50%**	**19.75%**
100	1.87	1.88	1.90	1.92
200	3.73	3.77	3.80	3.83
300	5.60	5.65	5.70	5.75
400	7.47	7.53	7.60	7.66
500	9.33	9.42	9.50	9.58
1,000	18.67	18.83	19.00	19.16
2,000	37.33	37.66	37.99	38.32
3,000	56.00	56.49	56.99	57.48
4,000	74.67	75.32	75.98	76.64
5,000	93.34	94.15	94.98	95.80
10,000	186.67	188.31	189.95	191.60
20,000	373.34	376.62	379.90	383.20
30,000	560.02	564.93	569.86	574.80
40,000	746.69	753.24	759.81	766.40
50,000	933.36	941.55	949.76	958.01
100,000	1,866.72	1,883.09	1,899.52	1,916.01
200,000	3,733.45	3,766.19	3,799.04	3,832.02
300,000	5,600.17	5,649.28	5,698.57	5,748.03
400,000	7,466.89	7,532.37	7,598.09	7,664.04
500,000	9,333.62	9,415.47	9,497.61	9,580.05
1,000,000	18,667.24	18,830.93	18,995.22	19,160.10
5,000,000	93,336.18	94,154.65	94,976.11	95,800.51
10,000,000	186,672.36	188,309.30	189,952.21	191,601.02

Pago Mensual de Hipoteca a 10 Años

	Tasa de Interés			
Cantidad	**20.00%**	**20.25%**	**20.50%**	**20.75%**
100	1.93	1.95	1.97	1.98
200	3.87	3.90	3.93	3.97
300	5.80	5.85	5.90	5.95
400	7.73	7.80	7.86	7.93
500	9.66	9.75	9.83	9.91
1,000	19.33	19.49	19.66	19.83
2,000	38.65	38.98	39.32	39.65
3,000	57.98	58.47	58.97	59.48
4,000	77.30	77.97	78.63	79.30
5,000	96.63	97.46	98.29	99.13
10,000	193.26	194.92	196.58	198.25
20,000	386.51	389.83	393.16	396.51
30,000	579.77	584.75	589.75	594.76
40,000	773.02	779.66	786.33	793.02
50,000	966.28	974.58	982.91	991.27
100,000	1,932.56	1,949.16	1,965.82	1,982.54
200,000	3,865.11	3,898.32	3,931.65	3,965.08
300,000	5,797.67	5,847.48	5,897.47	5,947.63
400,000	7,730.23	7,796.64	7,863.29	7,930.17
500,000	9,662.78	9,745.81	9,829.12	9,912.71
1,000,000	19,325.57	19,491.61	19,658.23	19,825.42
5,000,000	96,627.84	97,458.06	98,291.15	99,127.09
10,000,000	193,255.67	194,916.12	196,582.31	198,254.18

Pago Mensual de Hipoteca a 10 Años

	Tasa de Interés			
Cantidad	**21.00%**	**21.25%**	**21.50%**	**21.75%**
100	2.00	2.02	2.03	2.05
200	4.00	4.03	4.07	4.10
300	6.00	6.05	6.10	6.15
400	8.00	8.06	8.13	8.20
500	10.00	10.08	10.17	10.25
1,000	19.99	20.16	20.33	20.50
2,000	39.99	40.32	40.66	41.00
3,000	59.98	60.48	60.99	61.50
4,000	79.97	80.65	81.32	82.00
5,000	99.97	100.81	101.65	102.50
10,000	199.93	201.61	203.30	205.00
20,000	399.86	403.23	406.61	409.99
30,000	599.80	604.84	609.91	614.99
40,000	799.73	806.46	813.21	819.99
50,000	999.66	1,008.07	1,016.52	1,024.99
100,000	1,999.32	2,016.15	2,033.03	2,049.97
200,000	3,998.63	4,032.29	4,066.07	4,099.95
300,000	5,997.95	6,048.44	6,099.10	6,149.92
400,000	7,997.27	8,064.59	8,132.13	8,199.90
500,000	9,996.58	10,080.74	10,165.17	10,249.87
1,000,000	19,993.17	20,161.47	20,330.33	20,499.74
5,000,000	99,965.84	100,807.37	101,651.67	102,498.70
10,000,000	199,931.67	201,614.75	203,303.34	204,997.41

Pago Mensual de Hipoteca a 10 Años

	Tasa de Interés			
Cantidad	**22.00%**	**22.25%**	**22.50%**	**22.75%**
100	2.07	2.08	2.10	2.12
200	4.13	4.17	4.20	4.24
300	6.20	6.25	6.30	6.35
400	8.27	8.34	8.40	8.47
500	10.33	10.42	10.51	10.59
1,000	20.67	20.84	21.01	21.18
2,000	41.34	41.68	42.02	42.37
3,000	62.01	62.52	63.03	63.55
4,000	82.68	83.36	84.04	84.73
5,000	103.35	104.20	105.06	105.91
10,000	206.70	208.40	210.11	211.83
20,000	413.39	416.80	420.22	423.65
30,000	620.09	625.21	630.34	635.48
40,000	826.79	833.61	840.45	847.31
50,000	1,033.48	1,042.01	1,050.56	1,059.14
100,000	2,066.97	2,084.02	2,101.12	2,118.27
200,000	4,133.94	4,168.03	4,202.24	4,236.54
300,000	6,200.91	6,252.05	6,303.36	6,354.82
400,000	8,267.88	8,336.07	8,404.47	8,473.09
500,000	10,334.84	10,420.09	10,505.59	10,591.36
1,000,000	20,669.69	20,840.17	21,011.18	21,182.72
5,000,000	103,348.44	104,200.85	105,055.92	105,913.61
10,000,000	206,696.88	208,401.71	210,111.84	211,827.22

Pago Mensual de Hipoteca a 10 Años

	Tasa de Interés			
Cantidad	**23.00%**	**23.25%**	**23.50%**	**23.75%**
100	2.14	2.15	2.17	2.19
200	4.27	4.31	4.34	4.37
300	6.41	6.46	6.51	6.56
400	8.54	8.61	8.68	8.75
500	10.68	10.76	10.85	10.94
1,000	21.35	21.53	21.70	21.87
2,000	42.71	43.05	43.40	43.75
3,000	64.06	64.58	65.10	65.62
4,000	85.42	86.11	86.80	87.50
5,000	106.77	107.64	108.50	109.37
10,000	213.55	215.27	217.00	218.74
20,000	427.10	430.55	434.01	437.48
30,000	640.64	645.82	651.01	656.22
40,000	854.19	861.09	868.02	874.96
50,000	1,067.74	1,076.37	1,085.02	1,093.70
100,000	2,135.48	2,152.74	2,170.04	2,187.40
200,000	4,270.96	4,305.47	4,340.09	4,374.80
300,000	6,406.43	6,458.21	6,510.13	6,562.20
400,000	8,541.91	8,610.94	8,680.17	8,749.61
500,000	10,677.39	10,763.68	10,850.22	10,937.01
1,000,000	21,354.78	21,527.35	21,700.43	21,874.02
5,000,000	106,773.90	107,636.76	108,502.16	109,370.08
10,000,000	213,547.80	215,273.51	217,004.32	218,740.15

Pago Mensual de Hipoteca a 10 Años

	Tasa de Interés			
Cantidad	**24.00%**	**24.25%**	**24.50%**	**24.75%**
100	2.20	2.22	2.24	2.26
200	4.41	4.44	4.48	4.51
300	6.61	6.67	6.72	6.77
400	8.82	8.89	8.96	9.03
500	11.02	11.11	11.20	11.29
1,000	22.05	22.22	22.40	22.57
2,000	44.10	44.45	44.80	45.15
3,000	66.14	66.67	67.19	67.72
4,000	88.19	88.89	89.59	90.29
5,000	110.24	111.11	111.99	112.87
10,000	220.48	222.23	223.98	225.73
20,000	440.96	444.45	447.95	451.47
30,000	661.44	666.68	671.93	677.20
40,000	881.92	888.91	895.91	902.93
50,000	1,102.40	1,111.13	1,119.89	1,128.66
100,000	2,204.81	2,222.27	2,239.77	2,257.33
200,000	4,409.62	4,444.53	4,479.55	4,514.66
300,000	6,614.43	6,666.80	6,719.32	6,771.98
400,000	8,819.24	8,889.07	8,959.09	9,029.31
500,000	11,024.05	11,111.34	11,198.87	11,286.64
1,000,000	22,048.10	22,222.67	22,397.73	22,573.28
5,000,000	110,240.48	111,113.35	111,988.66	112,866.38
10,000,000	220,480.97	222,226.71	223,977.32	225,732.75

Pago Mensual de Hipoteca a 10 Años

	Tasa de Interés			
Cantidad	**25.00%**	**25.25%**	**25.50%**	**25.75%**
100	2.27	2.29	2.31	2.33
200	4.55	4.59	4.62	4.66
300	6.82	6.88	6.93	6.98
400	9.10	9.17	9.24	9.31
500	11.37	11.46	11.55	11.64
1,000	22.75	22.93	23.10	23.28
2,000	45.50	45.85	46.21	46.56
3,000	68.25	68.78	69.31	69.84
4,000	91.00	91.70	92.41	93.12
5,000	113.75	114.63	115.51	116.40
10,000	227.49	229.26	231.03	232.80
20,000	454.99	458.52	462.05	465.60
30,000	682.48	687.77	693.08	698.40
40,000	909.97	917.03	924.11	931.21
50,000	1,137.46	1,146.29	1,155.14	1,164.01
100,000	2,274.93	2,292.58	2,310.27	2,328.02
200,000	4,549.86	4,585.16	4,620.55	4,656.03
300,000	6,824.79	6,877.74	6,930.82	6,984.05
400,000	9,099.72	9,170.31	9,241.10	9,312.06
500,000	11,374.65	11,462.89	11,551.37	11,640.08
1,000,000	22,749.30	22,925.79	23,102.74	23,280.16
5,000,000	113,746.48	114,628.93	115,513.72	116,400.80
10,000,000	227,492.95	229,257.86	231,027.43	232,801.61

Tabla de Hipoteca

Término
15 Años

Cantidad del Préstamo
$100 - $10,000,000

Utilice estas tablas para determinar el pago mensual necesario para amortizar una hipoteca con tasa fija de interés. Simplemente busque la cantidad del préstamo en la columna izquierda e identifique el pago mensual bajo la tasa de interés correspondiente a su derecha.

Pago Mensual de Hipoteca a 15 Años

	Tasa de Interés			
Cantidad	**1.00%**	**1.25%**	**1.50%**	**1.75%**
100	0.60	0.61	0.62	0.63
200	1.20	1.22	1.24	1.26
300	1.80	1.83	1.86	1.90
400	2.39	2.44	2.48	2.53
500	2.99	3.05	3.10	3.16
1,000	5.98	6.10	6.21	6.32
2,000	11.97	12.19	12.41	12.64
3,000	17.95	18.29	18.62	18.96
4,000	23.94	24.38	24.83	25.28
5,000	29.92	30.48	31.04	31.60
10,000	59.85	60.96	62.07	63.21
20,000	119.70	121.91	124.15	126.41
30,000	179.55	182.87	186.22	189.62
40,000	239.40	243.82	248.30	252.82
50,000	299.25	304.78	310.37	316.03
100,000	598.49	609.55	620.74	632.06
200,000	1,196.99	1,219.11	1,241.49	1,264.12
300,000	1,795.48	1,828.66	1,862.23	1,896.18
400,000	2,393.98	2,438.22	2,482.97	2,528.25
500,000	2,992.47	3,047.77	3,103.72	3,160.31
1,000,000	5,984.95	6,095.54	6,207.43	6,320.61
5,000,000	29,924.73	30,477.70	31,037.15	31,603.07
10,000,000	59,849.45	60,955.40	62,074.30	63,206.13

Pago Mensual de Hipoteca a 15 Años

	Tasa de Interés			
Cantidad	**2.00%**	**2.25%**	**2.50%**	**2.75%**
100	0.64	0.66	0.67	0.68
200	1.29	1.31	1.33	1.36
300	1.93	1.97	2.00	2.04
400	2.57	2.62	2.67	2.71
500	3.22	3.28	3.33	3.39
1,000	6.44	6.55	6.67	6.79
2,000	12.87	13.10	13.34	13.57
3,000	19.31	19.65	20.00	20.36
4,000	25.74	26.20	26.67	27.14
5,000	32.18	32.75	33.34	33.93
10,000	64.35	65.51	66.68	67.86
20,000	128.70	131.02	133.36	135.72
30,000	193.05	196.53	200.04	203.59
40,000	257.40	262.03	266.72	271.45
50,000	321.75	327.54	333.39	339.31
100,000	643.51	655.08	666.79	678.62
200,000	1,287.02	1,310.17	1,333.58	1,357.24
300,000	1,930.53	1,965.25	2,000.37	2,035.86
400,000	2,574.03	2,620.34	2,667.16	2,714.49
500,000	3,217.54	3,275.42	3,333.95	3,393.11
1,000,000	6,435.09	6,550.85	6,667.89	6,786.22
5,000,000	32,175.44	32,754.24	33,339.46	33,931.08
10,000,000	64,350.87	65,508.48	66,678.92	67,862.16

Pago Mensual de Hipoteca a 15 Años

	Tasa de Interés			
Cantidad	**3.00%**	**3.25%**	**3.50%**	**3.75%**
100	0.69	0.70	0.71	0.73
200	1.38	1.41	1.43	1.45
300	2.07	2.11	2.14	2.18
400	2.76	2.81	2.86	2.91
500	3.45	3.51	3.57	3.64
1,000	6.91	7.03	7.15	7.27
2,000	13.81	14.05	14.30	14.54
3,000	20.72	21.08	21.45	21.82
4,000	27.62	28.11	28.60	29.09
5,000	34.53	35.13	35.74	36.36
10,000	69.06	70.27	71.49	72.72
20,000	138.12	140.53	142.98	145.44
30,000	207.17	210.80	214.46	218.17
40,000	276.23	281.07	285.95	290.89
50,000	345.29	351.33	357.44	363.61
100,000	690.58	702.67	714.88	727.22
200,000	1,381.16	1,405.34	1,429.77	1,454.44
300,000	2,071.74	2,108.01	2,144.65	2,181.67
400,000	2,762.33	2,810.68	2,859.53	2,908.89
500,000	3,452.91	3,513.34	3,574.41	3,636.11
1,000,000	6,905.82	7,026.69	7,148.83	7,272.22
5,000,000	34,529.08	35,133.44	35,744.13	36,361.12
10,000,000	69,058.16	70,266.88	71,488.25	72,722.24

Pago Mensual de Hipoteca a 15 Años

	Tasa de Interés			
Cantidad	**4.00%**	**4.25%**	**4.50%**	**4.75%**
100	0.74	0.75	0.76	0.78
200	1.48	1.50	1.53	1.56
300	2.22	2.26	2.29	2.33
400	2.96	3.01	3.06	3.11
500	3.70	3.76	3.82	3.89
1,000	7.40	7.52	7.65	7.78
2,000	14.79	15.05	15.30	15.56
3,000	22.19	22.57	22.95	23.33
4,000	29.59	30.09	30.60	31.11
5,000	36.98	37.61	38.25	38.89
10,000	73.97	75.23	76.50	77.78
20,000	147.94	150.46	153.00	155.57
30,000	221.91	225.68	229.50	233.35
40,000	295.88	300.91	306.00	311.13
50,000	369.84	376.14	382.50	388.92
100,000	739.69	752.28	764.99	777.83
200,000	1,479.38	1,504.56	1,529.99	1,555.66
300,000	2,219.06	2,256.84	2,294.98	2,333.50
400,000	2,958.75	3,009.11	3,059.97	3,111.33
500,000	3,698.44	3,761.39	3,824.97	3,889.16
1,000,000	7,396.88	7,522.78	7,649.93	7,778.32
5,000,000	36,984.40	37,613.92	38,249.66	38,891.60
10,000,000	73,968.79	75,227.84	76,499.33	77,783.19

Pago Mensual de Hipoteca a 15 Años

	Tasa de Interés			
Cantidad	**5.00%**	**5.25%**	**5.50%**	**5.75%**
100	0.79	0.80	0.82	0.83
200	1.58	1.61	1.63	1.66
300	2.37	2.41	2.45	2.49
400	3.16	3.22	3.27	3.32
500	3.95	4.02	4.09	4.15
1,000	7.91	8.04	8.17	8.30
2,000	15.82	16.08	16.34	16.61
3,000	23.72	24.12	24.51	24.91
4,000	31.63	32.16	32.68	33.22
5,000	39.54	40.19	40.85	41.52
10,000	79.08	80.39	81.71	83.04
20,000	158.16	160.78	163.42	166.08
30,000	237.24	241.16	245.13	249.12
40,000	316.32	321.55	326.83	332.16
50,000	395.40	401.94	408.54	415.21
100,000	790.79	803.88	817.08	830.41
200,000	1,581.59	1,607.76	1,634.17	1,660.82
300,000	2,372.38	2,411.63	2,451.25	2,491.23
400,000	3,163.17	3,215.51	3,268.33	3,321.64
500,000	3,953.97	4,019.39	4,085.42	4,152.05
1,000,000	7,907.94	8,038.78	8,170.83	8,304.10
5,000,000	39,539.68	40,193.89	40,854.17	41,520.50
10,000,000	79,079.36	80,387.77	81,708.35	83,041.01

Pago Mensual de Hipoteca a 15 Años

	Tasa de Interés			
Cantidad	**6.00%**	**6.25%**	**6.50%**	**6.75%**
100	0.84	0.86	0.87	0.88
200	1.69	1.71	1.74	1.77
300	2.53	2.57	2.61	2.65
400	3.38	3.43	3.48	3.54
500	4.22	4.29	4.36	4.42
1,000	8.44	8.57	8.71	8.85
2,000	16.88	17.15	17.42	17.70
3,000	25.32	25.72	26.13	26.55
4,000	33.75	34.30	34.84	35.40
5,000	42.19	42.87	43.56	44.25
10,000	84.39	85.74	87.11	88.49
20,000	168.77	171.48	174.22	176.98
30,000	253.16	257.23	261.33	265.47
40,000	337.54	342.97	348.44	353.96
50,000	421.93	428.71	435.55	442.45
100,000	843.86	857.42	871.11	884.91
200,000	1,687.71	1,714.85	1,742.21	1,769.82
300,000	2,531.57	2,572.27	2,613.32	2,654.73
400,000	3,375.43	3,429.69	3,484.43	3,539.64
500,000	4,219.28	4,287.11	4,355.54	4,424.55
1,000,000	8,438.57	8,574.23	8,711.07	8,849.09
5,000,000	42,192.84	42,871.14	43,555.37	44,245.47
10,000,000	84,385.68	85,742.29	87,110.74	88,490.95

Pago Mensual de Hipoteca a 15 Años

	Tasa de Interés			
Cantidad	**7.00%**	**7.25%**	**7.50%**	**7.75%**
100	0.90	0.91	0.93	0.94
200	1.80	1.83	1.85	1.88
300	2.70	2.74	2.78	2.82
400	3.60	3.65	3.71	3.77
500	4.49	4.56	4.64	4.71
1,000	8.99	9.13	9.27	9.41
2,000	17.98	18.26	18.54	18.83
3,000	26.96	27.39	27.81	28.24
4,000	35.95	36.51	37.08	37.65
5,000	44.94	45.64	46.35	47.06
10,000	89.88	91.29	92.70	94.13
20,000	179.77	182.57	185.40	188.26
30,000	269.65	273.86	278.10	282.38
40,000	359.53	365.15	370.80	376.51
50,000	449.41	456.43	463.51	470.64
100,000	898.83	912.86	927.01	941.28
200,000	1,797.66	1,825.73	1,854.02	1,882.55
300,000	2,696.48	2,738.59	2,781.04	2,823.83
400,000	3,595.31	3,651.45	3,708.05	3,765.10
500,000	4,494.14	4,564.31	4,635.06	4,706.38
1,000,000	8,988.28	9,128.63	9,270.12	9,412.76
5,000,000	44,941.41	45,643.14	46,350.62	47,063.79
10,000,000	89,882.83	91,286.29	92,701.24	94,127.58

Pago Mensual de Hipoteca a 15 Años

	Tasa de Interés			
Cantidad	**8.00%**	**8.25%**	**8.50%**	**8.75%**
100	0.96	0.97	0.98	1.00
200	1.91	1.94	1.97	2.00
300	2.87	2.91	2.95	3.00
400	3.82	3.88	3.94	4.00
500	4.78	4.85	4.92	5.00
1,000	9.56	9.70	9.85	9.99
2,000	19.11	19.40	19.69	19.99
3,000	28.67	29.10	29.54	29.98
4,000	38.23	38.81	39.39	39.98
5,000	47.78	48.51	49.24	49.97
10,000	95.57	97.01	98.47	99.94
20,000	191.13	194.03	196.95	199.89
30,000	286.70	291.04	295.42	299.83
40,000	382.26	388.06	393.90	399.78
50,000	477.83	485.07	492.37	499.72
100,000	955.65	970.14	984.74	999.45
200,000	1,911.30	1,940.28	1,969.48	1,998.90
300,000	2,866.96	2,910.42	2,954.22	2,998.35
400,000	3,822.61	3,880.56	3,938.96	3,997.79
500,000	4,778.26	4,850.70	4,923.70	4,997.24
1,000,000	9,556.52	9,701.40	9,847.40	9,994.49
5,000,000	47,782.60	48,507.02	49,236.98	49,972.43
10,000,000	95,565.21	97,014.04	98,473.96	99,944.87

Pago Mensual de Hipoteca a 15 Años

	Tasa de Interés			
Cantidad	**9.00%**	**9.25%**	**9.50%**	**9.75%**
100	1.01	1.03	1.04	1.06
200	2.03	2.06	2.09	2.12
300	3.04	3.09	3.13	3.18
400	4.06	4.12	4.18	4.24
500	5.07	5.15	5.22	5.30
1,000	10.14	10.29	10.44	10.59
2,000	20.29	20.58	20.88	21.19
3,000	30.43	30.88	31.33	31.78
4,000	40.57	41.17	41.77	42.37
5,000	50.71	51.46	52.21	52.97
10,000	101.43	102.92	104.42	105.94
20,000	202.85	205.84	208.84	211.87
30,000	304.28	308.76	313.27	317.81
40,000	405.71	411.68	417.69	423.75
50,000	507.13	514.60	522.11	529.68
100,000	1,014.27	1,029.19	1,044.22	1,059.36
200,000	2,028.53	2,058.38	2,088.45	2,118.73
300,000	3,042.80	3,087.58	3,132.67	3,178.09
400,000	4,057.07	4,116.77	4,176.90	4,237.45
500,000	5,071.33	5,145.96	5,221.12	5,296.81
1,000,000	10,142.67	10,291.92	10,442.25	10,593.63
5,000,000	50,713.33	51,459.61	52,211.23	52,968.13
10,000,000	101,426.66	102,919.23	104,422.47	105,936.27

Pago Mensual de Hipoteca a 15 Años

	Tasa de Interés			
Cantidad	**10.00%**	**10.25%**	**10.50%**	**10.75%**
100	1.07	1.09	1.11	1.12
200	2.15	2.18	2.21	2.24
300	3.22	3.27	3.32	3.36
400	4.30	4.36	4.42	4.48
500	5.37	5.45	5.53	5.60
1,000	10.75	10.90	11.05	11.21
2,000	21.49	21.80	22.11	22.42
3,000	32.24	32.70	33.16	33.63
4,000	42.98	43.60	44.22	44.84
5,000	53.73	54.50	55.27	56.05
10,000	107.46	109.00	110.54	112.09
20,000	214.92	217.99	221.08	224.19
30,000	322.38	326.99	331.62	336.28
40,000	429.84	435.98	442.16	448.38
50,000	537.30	544.98	552.70	560.47
100,000	1,074.61	1,089.95	1,105.40	1,120.95
200,000	2,149.21	2,179.90	2,210.80	2,241.90
300,000	3,223.82	3,269.85	3,316.20	3,362.84
400,000	4,298.42	4,359.80	4,421.60	4,483.79
500,000	5,373.03	5,449.75	5,526.99	5,604.74
1,000,000	10,746.05	10,899.51	11,053.99	11,209.48
5,000,000	53,730.26	54,497.55	55,269.95	56,047.40
10,000,000	107,460.51	108,995.09	110,539.89	112,094.80

Pago Mensual de Hipoteca a 15 Años

	Tasa de Interés			
Cantidad	**11.00%**	**11.25%**	**11.50%**	**11.75%**
100	1.14	1.15	1.17	1.18
200	2.27	2.30	2.34	2.37
300	3.41	3.46	3.50	3.55
400	4.55	4.61	4.67	4.74
500	5.68	5.76	5.84	5.92
1,000	11.37	11.52	11.68	11.84
2,000	22.73	23.05	23.36	23.68
3,000	34.10	34.57	35.05	35.52
4,000	45.46	46.09	46.73	47.37
5,000	56.83	57.62	58.41	59.21
10,000	113.66	115.23	116.82	118.41
20,000	227.32	230.47	233.64	236.83
30,000	340.98	345.70	350.46	355.24
40,000	454.64	460.94	467.28	473.65
50,000	568.30	576.17	584.09	592.07
100,000	1,136.60	1,152.34	1,168.19	1,184.13
200,000	2,273.19	2,304.69	2,336.38	2,368.26
300,000	3,409.79	3,457.03	3,504.57	3,552.39
400,000	4,546.39	4,609.38	4,672.76	4,736.53
500,000	5,682.98	5,761.72	5,840.95	5,920.66
1,000,000	11,365.97	11,523.45	11,681.90	11,841.31
5,000,000	56,829.85	57,617.23	58,409.49	59,206.57
10,000,000	113,659.69	115,234.46	116,818.98	118,413.14

Pago Mensual de Hipoteca a 15 Años

	Tasa de Interés			
Cantidad	**12.00%**	**12.25%**	**12.50%**	**12.75%**
100	1.20	1.22	1.23	1.25
200	2.40	2.43	2.47	2.50
300	3.60	3.65	3.70	3.75
400	4.80	4.87	4.93	5.00
500	6.00	6.08	6.16	6.24
1,000	12.00	12.16	12.33	12.49
2,000	24.00	24.33	24.65	24.98
3,000	36.01	36.49	36.98	37.47
4,000	48.01	48.65	49.30	49.95
5,000	60.01	60.81	61.63	62.44
10,000	120.02	121.63	123.25	124.88
20,000	240.03	243.26	246.50	249.77
30,000	360.05	364.89	369.76	374.65
40,000	480.07	486.52	493.01	499.53
50,000	600.08	608.15	616.26	624.42
100,000	1,200.17	1,216.30	1,232.52	1,248.84
200,000	2,400.34	2,432.60	2,465.04	2,497.67
300,000	3,600.50	3,648.90	3,697.57	3,746.51
400,000	4,800.67	4,865.19	4,930.09	4,995.35
500,000	6,000.84	6,081.49	6,162.61	6,244.18
1,000,000	12,001.68	12,162.99	12,325.22	12,488.37
5,000,000	60,008.40	60,814.94	61,626.10	62,441.85
10,000,000	120,016.81	121,629.87	123,252.21	124,883.70

Pago Mensual de Hipoteca a 15 Años

	Tasa de Interés			
Cantidad	**13.00%**	**13.25%**	**13.50%**	**13.75%**
100	1.27	1.28	1.30	1.31
200	2.53	2.56	2.60	2.63
300	3.80	3.85	3.89	3.94
400	5.06	5.13	5.19	5.26
500	6.33	6.41	6.49	6.57
1,000	12.65	12.82	12.98	13.15
2,000	25.30	25.63	25.97	26.30
3,000	37.96	38.45	38.95	39.45
4,000	50.61	51.27	51.93	52.60
5,000	63.26	64.09	64.92	65.75
10,000	126.52	128.17	129.83	131.50
20,000	253.05	256.35	259.66	263.00
30,000	379.57	384.52	389.50	394.50
40,000	506.10	512.69	519.33	525.99
50,000	632.62	640.87	649.16	657.49
100,000	1,265.24	1,281.74	1,298.32	1,314.99
200,000	2,530.48	2,563.47	2,596.64	2,629.97
300,000	3,795.73	3,845.21	3,894.96	3,944.96
400,000	5,060.97	5,126.95	5,193.27	5,259.95
500,000	6,326.21	6,408.68	6,491.59	6,574.94
1,000,000	12,652.42	12,817.36	12,983.19	13,149.87
5,000,000	63,262.11	64,086.82	64,915.93	65,749.36
10,000,000	126,524.22	128,173.64	129,831.85	131,498.73

Pago Mensual de Hipoteca a 15 Años

	Tasa de Interés			
Cantidad	**14.00%**	**14.25%**	**14.50%**	**14.75%**
100	1.33	1.35	1.37	1.38
200	2.66	2.70	2.73	2.77
300	4.00	4.05	4.10	4.15
400	5.33	5.39	5.46	5.53
500	6.66	6.74	6.83	6.91
1,000	13.32	13.49	13.66	13.83
2,000	26.63	26.97	27.31	27.65
3,000	39.95	40.46	40.97	41.48
4,000	53.27	53.94	54.62	55.30
5,000	66.59	67.43	68.28	69.13
10,000	133.17	134.86	136.55	138.25
20,000	266.35	269.72	273.10	276.50
30,000	399.52	404.57	409.65	414.75
40,000	532.70	539.43	546.20	553.00
50,000	665.87	674.29	682.75	691.25
100,000	1,331.74	1,348.58	1,365.50	1,382.50
200,000	2,663.48	2,697.16	2,731.00	2,765.01
300,000	3,995.22	4,045.74	4,096.50	4,147.51
400,000	5,326.97	5,394.32	5,462.00	5,530.02
500,000	6,658.71	6,742.90	6,827.50	6,912.52
1,000,000	13,317.41	13,485.80	13,655.01	13,825.04
5,000,000	66,587.07	67,428.98	68,275.04	69,125.19
10,000,000	133,174.14	134,857.97	136,550.09	138,250.38

Pago Mensual de Hipoteca a 15 Años

	Tasa de Interés			
Cantidad	**15.00%**	**15.25%**	**15.50%**	**15.75%**
100	1.40	1.42	1.43	1.45
200	2.80	2.83	2.87	2.90
300	4.20	4.25	4.30	4.35
400	5.60	5.67	5.74	5.81
500	7.00	7.08	7.17	7.26
1,000	14.00	14.17	14.34	14.51
2,000	27.99	28.33	28.68	29.03
3,000	41.99	42.50	43.02	43.54
4,000	55.98	56.67	57.36	58.05
5,000	69.98	70.84	71.70	72.57
10,000	139.96	141.67	143.40	145.13
20,000	279.92	283.35	286.80	290.26
30,000	419.88	425.02	430.20	435.39
40,000	559.83	566.70	573.60	580.52
50,000	699.79	708.37	717.00	725.65
100,000	1,399.59	1,416.75	1,433.99	1,451.31
200,000	2,799.17	2,833.50	2,867.98	2,902.62
300,000	4,198.76	4,250.25	4,301.97	4,353.92
400,000	5,598.35	5,667.00	5,735.96	5,805.23
500,000	6,997.94	7,083.75	7,169.95	7,256.54
1,000,000	13,995.87	14,167.50	14,339.90	14,513.08
5,000,000	69,979.36	70,837.49	71,699.52	72,565.39
10,000,000	139,958.71	141,674.97	143,399.03	145,130.78

Pago Mensual de Hipoteca a 15 Años

	Tasa de Interés			
Cantidad	**16.00%**	**16.25%**	**16.50%**	**16.75%**
100	1.47	1.49	1.50	1.52
200	2.94	2.97	3.01	3.04
300	4.41	4.46	4.51	4.56
400	5.87	5.94	6.01	6.09
500	7.34	7.43	7.52	7.61
1,000	14.69	14.86	15.04	15.21
2,000	29.37	29.72	30.07	30.43
3,000	44.06	44.59	45.11	45.64
4,000	58.75	59.45	60.15	60.85
5,000	73.44	74.31	75.19	76.07
10,000	146.87	148.62	150.37	152.13
20,000	293.74	297.23	300.74	304.26
30,000	440.61	445.85	451.11	456.40
40,000	587.48	594.47	601.48	608.53
50,000	734.35	743.08	751.85	760.66
100,000	1,468.70	1,486.17	1,503.71	1,521.32
200,000	2,937.40	2,972.34	3,007.42	3,042.64
300,000	4,406.10	4,458.50	4,511.13	4,563.96
400,000	5,874.80	5,944.67	6,014.83	6,085.28
500,000	7,343.50	7,430.84	7,518.54	7,606.61
1,000,000	14,687.01	14,861.68	15,037.09	15,213.21
5,000,000	73,435.04	74,308.40	75,185.43	76,066.05
10,000,000	146,870.07	148,616.81	150,370.86	152,132.11

Pago Mensual de Hipoteca a 15 Años

	Tasa de Interés			
Cantidad	**17.00%**	**17.25%**	**17.50%**	**17.75%**
100	1.54	1.56	1.57	1.59
200	3.08	3.11	3.15	3.18
300	4.62	4.67	4.72	4.78
400	6.16	6.23	6.30	6.37
500	7.70	7.78	7.87	7.96
1,000	15.39	15.57	15.75	15.92
2,000	30.78	31.14	31.49	31.85
3,000	46.17	46.70	47.24	47.77
4,000	61.56	62.27	62.98	63.70
5,000	76.95	77.84	78.73	79.62
10,000	153.90	155.68	157.46	159.25
20,000	307.80	311.35	314.92	318.49
30,000	461.70	467.03	472.37	477.74
40,000	615.60	622.70	629.83	636.99
50,000	769.50	778.38	787.29	796.23
100,000	1,539.00	1,556.76	1,574.58	1,592.47
200,000	3,078.01	3,113.51	3,149.16	3,184.93
300,000	4,617.01	4,670.27	4,723.73	4,777.40
400,000	6,156.02	6,227.03	6,298.31	6,369.87
500,000	7,695.02	7,783.79	7,872.89	7,962.33
1,000,000	15,390.04	15,567.57	15,745.78	15,924.67
5,000,000	76,950.21	77,837.85	78,728.91	79,623.33
10,000,000	153,900.43	155,675.71	157,457.82	159,246.66

Pago Mensual de Hipoteca a 15 Años

	Tasa de Interés			
Cantidad	**18.00%**	**18.25%**	**18.50%**	**18.75%**
100	1.61	1.63	1.65	1.66
200	3.22	3.26	3.29	3.33
300	4.83	4.89	4.94	4.99
400	6.44	6.51	6.59	6.66
500	8.05	8.14	8.23	8.32
1,000	16.10	16.28	16.47	16.65
2,000	32.21	32.57	32.93	33.29
3,000	48.31	48.85	49.40	49.94
4,000	64.42	65.14	65.86	66.59
5,000	80.52	81.42	82.33	83.23
10,000	161.04	162.84	164.65	166.47
20,000	322.08	325.69	329.30	332.93
30,000	483.13	488.53	493.96	499.40
40,000	644.17	651.38	658.61	665.87
50,000	805.21	814.22	823.26	832.33
100,000	1,610.42	1,628.44	1,646.52	1,664.67
200,000	3,220.84	3,256.88	3,293.05	3,329.34
300,000	4,831.26	4,885.32	4,939.57	4,994.01
400,000	6,441.68	6,513.76	6,586.09	6,658.68
500,000	8,052.11	8,142.20	8,232.62	8,323.34
1,000,000	16,104.21	16,284.40	16,465.23	16,646.69
5,000,000	80,521.05	81,422.02	82,326.17	83,233.45
10,000,000	161,042.10	162,844.03	164,652.34	166,466.90

Pago Mensual de Hipoteca a 15 Años

	Tasa de Interés			
Cantidad	**19.00%**	**19.25%**	**19.50%**	**19.75%**
100	1.68	1.70	1.72	1.74
200	3.37	3.40	3.44	3.48
300	5.05	5.10	5.16	5.21
400	6.73	6.80	6.88	6.95
500	8.41	8.51	8.60	8.69
1,000	16.83	17.01	17.19	17.38
2,000	33.66	34.02	34.39	34.76
3,000	50.49	51.03	51.58	52.14
4,000	67.32	68.05	68.78	69.51
5,000	84.14	85.06	85.97	86.89
10,000	168.29	170.11	171.95	173.79
20,000	336.58	340.23	343.89	347.57
30,000	504.86	510.34	515.84	521.36
40,000	673.15	680.46	687.79	695.14
50,000	841.44	850.57	859.74	868.93
100,000	1,682.88	1,701.14	1,719.47	1,737.85
200,000	3,365.75	3,402.29	3,438.94	3,475.71
300,000	5,048.63	5,103.43	5,158.41	5,213.56
400,000	6,731.50	6,804.57	6,877.88	6,951.42
500,000	8,414.38	8,505.72	8,597.35	8,689.27
1,000,000	16,828.76	17,011.43	17,194.70	17,378.55
5,000,000	84,143.80	85,057.17	85,973.50	86,892.74
10,000,000	168,287.60	170,114.34	171,947.00	173,785.48

Pago Mensual de Hipoteca a 15 Años

	Tasa de Interés			
Cantidad	**20.00%**	**20.25%**	**20.50%**	**20.75%**
100	1.76	1.77	1.79	1.81
200	3.51	3.55	3.59	3.62
300	5.27	5.32	5.38	5.44
400	7.03	7.10	7.17	7.25
500	8.78	8.87	8.97	9.06
1,000	17.56	17.75	17.93	18.12
2,000	35.13	35.50	35.87	36.24
3,000	52.69	53.24	53.80	54.36
4,000	70.25	70.99	71.73	72.48
5,000	87.81	88.74	89.67	90.60
10,000	175.63	177.48	179.33	181.20
20,000	351.26	354.96	358.67	362.39
30,000	526.89	532.44	538.00	543.59
40,000	702.52	709.92	717.34	724.78
50,000	878.15	887.40	896.67	905.98
100,000	1,756.30	1,774.79	1,793.35	1,811.95
200,000	3,512.59	3,549.59	3,586.69	3,623.91
300,000	5,268.89	5,324.38	5,380.04	5,435.86
400,000	7,025.19	7,099.18	7,173.39	7,247.81
00,000	8,781.48	8,873.97	8,966.73	9,059.77
1,000,000	17,562.97	17,747.94	17,933.47	18,119.53
5,000,000	87,814.83	88,739.71	89,667.34	90,597.66
10,000,000	175,629.65	177,479.42	179,334.68	181,195.31

Pago Mensual de Hipoteca a 15 Años

	Tasa de Interés			
Cantidad	**21.00%**	**21.25%**	**21.50%**	**21.75%**
100	1.83	1.85	1.87	1.89
200	3.66	3.70	3.74	3.77
300	5.49	5.55	5.60	5.66
400	7.32	7.40	7.47	7.55
500	9.15	9.25	9.34	9.43
1,000	18.31	18.49	18.68	18.87
2,000	36.61	36.99	37.36	37.74
3,000	54.92	55.48	56.04	56.61
4,000	73.22	73.97	74.72	75.48
5,000	91.53	92.47	93.40	94.34
10,000	183.06	184.93	186.81	188.69
20,000	366.12	369.86	373.62	377.38
30,000	549.18	554.80	560.43	566.07
40,000	732.24	739.73	747.23	754.76
50,000	915.31	924.66	934.04	943.45
100,000	1,830.61	1,849.32	1,868.08	1,886.90
200,000	3,661.22	3,698.65	3,736.17	3,773.79
300,000	5,491.84	5,547.97	5,604.25	5,660.69
400,000	7,322.45	7,397.29	7,472.34	7,547.58
500,000	9,153.06	9,246.62	9,340.42	9,434.48
1,000,000	18,306.12	18,493.23	18,680.85	18,868.96
5,000,000	91,530.61	92,466.16	93,404.24	94,344.80
10,000,000	183,061.23	184,932.31	186,808.47	188,689.60

Pago Mensual de Hipoteca a 15 Años

	Tasa de Interés			
Cantidad	**22.00%**	**22.25%**	**22.50%**	**22.75%**
100	1.91	1.92	1.94	1.96
200	3.81	3.85	3.89	3.93
300	5.72	5.77	5.83	5.89
400	7.62	7.70	7.77	7.85
500	9.53	9.62	9.72	9.81
1,000	19.06	19.25	19.44	19.63
2,000	38.12	38.49	38.87	39.25
3,000	57.17	57.74	58.31	58.88
4,000	76.23	76.99	77.74	78.50
5,000	95.29	96.23	97.18	98.13
10,000	190.58	192.47	194.36	196.26
20,000	381.15	384.93	388.72	392.52
30,000	571.73	577.40	583.09	588.79
40,000	762.30	769.87	777.45	785.05
50,000	952.88	962.33	971.81	981.31
100,000	1,905.76	1,924.66	1,943.62	1,962.62
200,000	3,811.51	3,849.33	3,887.24	3,925.24
300,000	5,717.27	5,773.99	5,830.85	5,887.86
400,000	7,623.02	7,698.65	7,774.47	7,850.47
500,000	9,528.78	9,623.32	9,718.09	9,813.09
1,000,000	19,057.56	19,246.64	19,436.18	19,626.18
5,000,000	95,287.80	96,233.19	97,180.91	98,130.92
10,000,000	190,575.60	192,466.37	194,361.82	196,261.84

Pago Mensual de Hipoteca a 15 Años

	Tasa de Interés			
Cantidad	**24.00%**	**24.25%**	**24.50%**	**24.75%**
100	2.06	2.08	2.10	2.12
200	4.12	4.16	4.19	4.23
300	6.17	6.23	6.29	6.35
400	8.23	8.31	8.39	8.46
500	10.29	10.39	10.48	10.58
1,000	20.58	20.78	20.97	21.16
2,000	41.17	41.55	41.94	42.32
3,000	61.75	62.33	62.90	63.48
4,000	82.33	83.10	83.87	84.65
5,000	102.91	103.88	104.84	105.81
10,000	205.83	207.75	209.68	211.62
20,000	411.65	415.51	419.36	423.23
30,000	617.48	623.26	629.05	634.85
40,000	823.31	831.01	838.73	846.46
50,000	1,029.14	1,038.76	1,048.41	1,058.08
100,000	2,058.27	2,077.53	2,096.82	2,116.16
200,000	4,116.55	4,155.06	4,193.65	4,232.32
300,000	6,174.82	6,232.59	6,290.47	6,348.47
400,000	8,233.09	8,310.12	8,387.30	8,464.63
500,000	10,291.37	10,387.65	10,484.12	10,580.79
1,000,000	20,582.74	20,775.29	20,968.24	21,161.58
5,000,000	102,913.68	103,876.46	104,841.21	105,807.88
10,000,000	205,827.36	207,752.92	209,682.41	211,615.76

Pago Mensual de Hipoteca a 15 Años

	Tasa de Interés			
Cantidad	**24.00%**	**24.25%**	**24.50%**	**24.75%**
100	2.06	2.08	2.10	2.12
200	4.12	4.16	4.19	4.23
300	6.17	6.23	6.29	6.35
400	8.23	8.31	8.39	8.46
500	10.29	10.39	10.48	10.58
1,000	20.58	20.78	20.97	21.16
2,000	41.17	41.55	41.94	42.32
3,000	61.75	62.33	62.90	63.48
4,000	82.33	83.10	83.87	84.65
5,000	102.91	103.88	104.84	105.81
10,000	205.83	207.75	209.68	211.62
20,000	411.65	415.51	419.36	423.23
30,000	617.48	623.26	629.05	634.85
40,000	823.31	831.01	838.73	846.46
50,000	1,029.14	1,038.76	1,048.41	1,058.08
100,000	2,058.27	2,077.53	2,096.82	2,116.16
200,000	4,116.55	4,155.06	4,193.65	4,232.32
300,000	6,174.82	6,232.59	6,290.47	6,348.47
400,000	8,233.09	8,310.12	8,387.30	8,464.63
500,000	10,291.37	10,387.65	10,484.12	10,580.79
1,000,000	20,582.74	20,775.29	20,968.24	21,161.58
5,000,000	102,913.68	103,876.46	104,841.21	105,807.88
10,000,000	205,827.36	207,752.92	209,682.41	211,615.76

Pago Mensual de Hipoteca a 15 Años

	Tasa de Interés			
Cantidad	**25.00%**	**25.25%**	**25.50%**	**25.75%**
100	2.14	2.15	2.17	2.19
200	4.27	4.31	4.35	4.39
300	6.41	6.46	6.52	6.58
400	8.54	8.62	8.70	8.78
500	10.68	10.77	10.87	10.97
1,000	21.36	21.55	21.74	21.94
2,000	42.71	43.10	43.49	43.88
3,000	64.07	64.65	65.23	65.82
4,000	85.42	86.20	86.98	87.75
5,000	106.78	107.75	108.72	109.69
10,000	213.55	215.49	217.44	219.39
20,000	427.11	430.99	434.88	438.77
30,000	640.66	646.48	652.31	658.16
40,000	854.21	861.97	869.75	877.54
50,000	1,067.76	1,077.47	1,087.19	1,096.93
100,000	2,135.53	2,154.94	2,174.38	2,193.86
200,000	4,271.06	4,309.87	4,348.76	4,387.72
300,000	6,406.59	6,464.81	6,523.14	6,581.58
400,000	8,542.12	8,619.75	8,697.53	8,775.44
500,000	10,677.64	10,774.69	10,871.91	10,969.30
1,000,000	21,355.29	21,549.37	21,743.81	21,938.61
5,000,000	106,776.45	107,746.86	108,719.07	109,693.05
10,000,000	213,552.89	215,493.71	217,438.14	219,386.10

Tabla de Hipoteca

Término
20 Años

Cantidad del Préstamo

$100 - $10,000,000

Utilice estas tablas para determinar el pago mensual necesario para amortizar una hipoteca con tasa fija de interés. Simplemente busque la cantidad del préstamo en la columna izquierda e identifique el pago mensual bajo la tasa de interés correspondiente a su derecha.

Pago Mensual de Hipoteca a 20 Años

	Tasa de Interés			
Cantidad	**1.00%**	**1.25%**	**1.50%**	**1.75%**
100	0.46	0.47	0.48	0.49
200	0.92	0.94	0.97	0.99
300	1.38	1.41	1.45	1.48
400	1.84	1.88	1.93	1.98
500	2.30	2.36	2.41	2.47
1,000	4.60	4.71	4.83	4.94
2,000	9.20	9.42	9.65	9.88
3,000	13.80	14.13	14.48	14.82
4,000	18.40	18.85	19.30	19.77
5,000	22.99	23.56	24.13	24.71
10,000	45.99	47.11	48.25	49.41
20,000	91.98	94.23	96.51	98.83
30,000	137.97	141.34	144.76	148.24
40,000	183.96	188.45	193.02	197.65
50,000	229.95	235.57	241.27	247.06
100,000	459.89	471.13	482.55	494.13
200,000	919.79	942.27	965.09	988.26
300,000	1,379.68	1,413.40	1,447.64	1,482.39
400,000	1,839.58	1,884.53	1,930.18	1,976.52
500,000	2,299.47	2,355.67	2,412.73	2,470.64
1,000,000	4,598.94	4,711.34	4,825.45	4,941.29
5,000,000	22,994.72	23,556.69	24,127.27	24,706.44
10,000,000	45,989.43	47,113.37	48,254.54	49,412.88

Pago Mensual de Hipoteca a 20 Años

	Tasa de Interés			
Cantidad	**2.00%**	**2.25%**	**2.50%**	**2.75%**
100	0.51	0.52	0.53	0.54
200	1.01	1.04	1.06	1.08
300	1.52	1.55	1.59	1.63
400	2.02	2.07	2.12	2.17
500	2.53	2.59	2.65	2.71
1,000	5.06	5.18	5.30	5.42
2,000	10.12	10.36	10.60	10.84
3,000	15.18	15.53	15.90	16.26
4,000	20.24	20.71	21.20	21.69
5,000	25.29	25.89	26.50	27.11
10,000	50.59	51.78	52.99	54.22
20,000	101.18	103.56	105.98	108.43
30,000	151.77	155.34	158.97	162.65
40,000	202.35	207.12	211.96	216.87
50,000	252.94	258.90	264.95	271.08
100,000	505.88	517.81	529.90	542.17
200,000	1,011.77	1,035.62	1,059.81	1,084.33
300,000	1,517.65	1,553.42	1,589.71	1,626.50
400,000	2,023.53	2,071.23	2,119.61	2,168.67
500,000	2,529.42	2,589.04	2,649.51	2,710.83
1,000,000	5,058.83	5,178.08	5,299.03	5,421.66
5,000,000	25,294.17	25,890.41	26,495.14	27,108.32
10,000,000	50,588.33	51,780.83	52,990.29	54,216.63

Pago Mensual de Hipoteca a 20 Años

	Tasa de Interés			
Cantidad	**3.00%**	**3.25%**	**3.50%**	**3.75%**
100	0.55	0.57	0.58	0.59
200	1.11	1.13	1.16	1.19
300	1.66	1.70	1.74	1.78
400	2.22	2.27	2.32	2.37
500	2.77	2.84	2.90	2.96
1,000	5.55	5.67	5.80	5.93
2,000	11.09	11.34	11.60	11.86
3,000	16.64	17.02	17.40	17.79
4,000	22.18	22.69	23.20	23.72
5,000	27.73	28.36	29.00	29.64
10,000	55.46	56.72	58.00	59.29
20,000	110.92	113.44	115.99	118.58
30,000	166.38	170.16	173.99	177.87
40,000	221.84	226.88	231.98	237.16
50,000	277.30	283.60	289.98	296.44
100,000	554.60	567.20	579.96	592.89
200,000	1,109.20	1,134.39	1,159.92	1,185.78
300,000	1,663.79	1,701.59	1,739.88	1,778.66
400,000	2,218.39	2,268.78	2,319.84	2,371.55
500,000	2,772.99	2,835.98	2,899.80	2,964.44
1,000,000	5,545.98	5,671.96	5,799.60	5,928.88
5,000,000	27,729.88	28,359.79	28,997.99	29,644.42
10,000,000	55,459.76	56,719.58	57,995.97	59,288.83

Pago Mensual de Hipoteca a 20 Años

	Tasa de Interés			
Cantidad	**4.00%**	**4.25%**	**4.50%**	**4.75%**
100	0.61	0.62	0.63	0.65
200	1.21	1.24	1.27	1.29
300	1.82	1.86	1.90	1.94
400	2.42	2.48	2.53	2.58
500	3.03	3.10	3.16	3.23
1,000	6.06	6.19	6.33	6.46
2,000	12.12	12.38	12.65	12.92
3,000	18.18	18.58	18.98	19.39
4,000	24.24	24.77	25.31	25.85
5,000	30.30	30.96	31.63	32.31
10,000	60.60	61.92	63.26	64.62
20,000	121.20	123.85	126.53	129.24
30,000	181.79	185.77	189.79	193.87
40,000	242.39	247.69	253.06	258.49
50,000	302.99	309.62	316.32	323.11
100,000	605.98	619.23	632.65	646.22
200,000	1,211.96	1,238.47	1,265.30	1,292.45
300,000	1,817.94	1,857.70	1,897.95	1,938.67
400,000	2,423.92	2,476.94	2,530.60	2,584.89
500,000	3,029.90	3,096.17	3,163.25	3,231.12
1,000,000	6,059.80	6,192.34	6,326.49	6,462.24
5,000,000	30,299.02	30,961.72	31,632.47	32,311.18
10,000,000	60,598.03	61,923.45	63,264.94	64,622.36

Pago Mensual de Hipoteca a 20 Años

	Tasa de Interés			
Cantidad	**5.00%**	**5.25%**	**5.50%**	**5.75%**
100	0.66	0.67	0.69	0.70
200	1.32	1.35	1.38	1.40
300	1.98	2.02	2.06	2.11
400	2.64	2.70	2.75	2.81
500	3.30	3.37	3.44	3.51
1,000	6.60	6.74	6.88	7.02
2,000	13.20	13.48	13.76	14.04
3,000	19.80	20.22	20.64	21.06
4,000	26.40	26.95	27.52	28.08
5,000	33.00	33.69	34.39	35.10
10,000	66.00	67.38	68.79	70.21
20,000	131.99	134.77	137.58	140.42
30,000	197.99	202.15	206.37	210.63
40,000	263.98	269.54	275.15	280.83
50,000	329.98	336.92	343.94	351.04
100,000	659.96	673.84	687.89	702.08
200,000	1,319.91	1,347.69	1,375.77	1,404.17
300,000	1,979.87	2,021.53	2,063.66	2,106.25
400,000	2,639.82	2,695.38	2,751.55	2,808.33
500,000	3,299.78	3,369.22	3,439.44	3,510.42
1,000,000	6,599.56	6,738.44	6,878.87	7,020.84
5,000,000	32,997.79	33,692.21	34,394.37	35,104.18
10,000,000	65,995.57	67,384.42	68,788.73	70,208.35

Pago Mensual de Hipoteca a 20 Años

	Tasa de Interés			
Cantidad	**6.00%**	**6.25%**	**6.50%**	**6.75%**
100	0.72	0.73	0.75	0.76
200	1.43	1.46	1.49	1.52
300	2.15	2.19	2.24	2.28
400	2.87	2.92	2.98	3.04
500	3.58	3.65	3.73	3.80
1,000	7.16	7.31	7.46	7.60
2,000	14.33	14.62	14.91	15.21
3,000	21.49	21.93	22.37	22.81
4,000	28.66	29.24	29.82	30.41
5,000	35.82	36.55	37.28	38.02
10,000	71.64	73.09	74.56	76.04
20,000	143.29	146.19	149.11	152.07
30,000	214.93	219.28	223.67	228.11
40,000	286.57	292.37	298.23	304.15
50,000	358.22	365.46	372.79	380.18
100,000	716.43	730.93	745.57	760.36
200,000	1,432.86	1,461.86	1,491.15	1,520.73
300,000	2,149.29	2,192.78	2,236.72	2,281.09
400,000	2,865.72	2,923.71	2,982.29	3,041.46
500,000	3,582.16	3,654.64	3,727.87	3,801.82
1,000,000	7,164.31	7,309.28	7,455.73	7,603.64
5,000,000	35,821.55	36,546.41	37,278.66	38,018.20
10,000,000	71,643.11	73,092.82	74,557.31	76,036.40

Pago Mensual de Hipoteca a 20 Años

	Tasa de Interés			
Cantidad	**7.00%**	**7.25%**	**7.50%**	**7.75%**
100	0.78	0.79	0.81	0.82
200	1.55	1.58	1.61	1.64
300	2.33	2.37	2.42	2.46
400	3.10	3.16	3.22	3.28
500	3.88	3.95	4.03	4.10
1,000	7.75	7.90	8.06	8.21
2,000	15.51	15.81	16.11	16.42
3,000	23.26	23.71	24.17	24.63
4,000	31.01	31.62	32.22	32.84
5,000	38.76	39.52	40.28	41.05
10,000	77.53	79.04	80.56	82.09
20,000	155.06	158.08	161.12	164.19
30,000	232.59	237.11	241.68	246.28
40,000	310.12	316.15	322.24	328.38
50,000	387.65	395.19	402.80	410.47
100,000	775.30	790.38	805.59	820.95
200,000	1,550.60	1,580.75	1,611.19	1,641.90
300,000	2,325.90	2,371.13	2,416.78	2,462.85
400,000	3,101.20	3,161.50	3,222.37	3,283.79
500,000	3,876.49	3,951.88	4,027.97	4,104.74
1,000,000	7,752.99	7,903.76	8,055.93	8,209.49
5,000,000	38,764.95	39,518.80	40,279.66	41,047.43
10,000,000	77,529.89	79,037.60	80,559.32	82,094.86

Pago Mensual de Hipoteca a 20 Años

Cantidad	Tasa de Interés			
	8.00%	**8.25%**	**8.50%**	**8.75%**
100	0.84	0.85	0.87	0.88
200	1.67	1.70	1.74	1.77
300	2.51	2.56	2.60	2.65
400	3.35	3.41	3.47	3.53
500	4.18	4.26	4.34	4.42
1,000	8.36	8.52	8.68	8.84
2,000	16.73	17.04	17.36	17.67
3,000	25.09	25.56	26.03	26.51
4,000	33.46	34.08	34.71	35.35
5,000	41.82	42.60	43.39	44.19
10,000	83.64	85.21	86.78	88.37
20,000	167.29	170.41	173.56	176.74
30,000	250.93	255.62	260.35	265.11
40,000	334.58	340.83	347.13	353.48
50,000	418.22	426.03	433.91	441.86
100,000	836.44	852.07	867.82	883.71
200,000	1,672.88	1,704.13	1,735.65	1,767.42
300,000	2,509.32	2,556.20	2,603.47	2,651.13
400,000	3,345.76	3,408.26	3,471.29	3,534.84
500,000	4,182.20	4,260.33	4,339.12	4,418.55
1,000,000	8,364.40	8,520.66	8,678.23	8,837.11
5,000,000	41,822.00	42,603.28	43,391.16	44,185.54
10,000,000	83,644.01	85,206.57	86,782.32	88,371.07

Pago Mensual de Hipoteca a 20 Años

	Tasa de Interés			
Cantidad	**9.00%**	**9.25%**	**9.50%**	**9.75%**
100	0.90	0.92	0.93	0.95
200	1.80	1.83	1.86	1.90
300	2.70	2.75	2.80	2.85
400	3.60	3.66	3.73	3.79
500	4.50	4.58	4.66	4.74
1,000	9.00	9.16	9.32	9.49
2,000	17.99	18.32	18.64	18.97
3,000	26.99	27.48	27.96	28.46
4,000	35.99	36.63	37.29	37.94
5,000	44.99	45.79	46.61	47.43
10,000	89.97	91.59	93.21	94.85
20,000	179.95	183.17	186.43	189.70
30,000	269.92	274.76	279.64	284.56
40,000	359.89	366.35	372.85	379.41
50,000	449.86	457.93	466.07	474.26
100,000	899.73	915.87	932.13	948.52
200,000	1,799.45	1,831.73	1,864.26	1,897.03
300,000	2,699.18	2,747.60	2,796.39	2,845.55
400,000	3,598.90	3,663.47	3,728.52	3,794.07
500,000	4,498.63	4,579.33	4,660.66	4,742.58
1,000,000	8,997.26	9,158.67	9,321.31	9,485.17
5,000,000	44,986.30	45,793.34	46,606.56	47,425.84
10,000,000	89,972.60	91,586.68	93,213.12	94,851.69

Pago Mensual de Hipoteca a 20 Años

	Tasa de Interés			
Cantidad	**10.00%**	**10.25%**	**10.50%**	**10.75%**
100	0.97	0.98	1.00	1.02
200	1.93	1.96	2.00	2.03
300	2.90	2.94	3.00	3.05
400	3.86	3.93	3.99	4.06
500	4.83	4.91	4.99	5.08
1,000	9.65	9.82	9.98	10.15
2,000	19.30	19.63	19.97	20.30
3,000	28.95	29.45	29.95	30.46
4,000	38.60	39.27	39.94	40.61
5,000	48.25	49.08	49.92	50.76
10,000	96.50	98.16	99.84	101.52
20,000	193.00	196.33	199.68	203.05
30,000	289.51	294.49	299.51	304.57
40,000	386.01	392.66	399.35	406.09
50,000	482.51	490.82	499.19	507.61
100,000	965.02	981.64	998.38	1,015.23
200,000	1,930.04	1,963.29	1,996.76	2,030.46
300,000	2,895.06	2,944.93	2,995.14	3,045.69
400,000	3,860.09	3,926.57	3,993.52	4,060.92
500,000	4,825.11	4,908.22	4,991.90	5,076.14
1,000,000	9,650.22	9,816.43	9,983.80	10,152.29
5,000,000	48,251.08	49,082.17	49,918.99	50,761.45
10,000,000	96,502.16	98,164.34	99,837.99	101,522.90

Pago Mensual de Hipoteca a 20 Años

	Tasa de Interés			
Cantidad	**11.00%**	**11.25%**	**11.50%**	**11.75%**
100	1.03	1.05	1.07	1.08
200	2.06	2.10	2.13	2.17
300	3.10	3.15	3.20	3.25
400	4.13	4.20	4.27	4.33
500	5.16	5.25	5.33	5.42
1,000	10.32	10.49	10.66	10.84
2,000	20.64	20.99	21.33	21.67
3,000	30.97	31.48	31.99	32.51
4,000	41.29	41.97	42.66	43.35
5,000	51.61	52.46	53.32	54.19
10,000	103.22	104.93	106.64	108.37
20,000	206.44	209.85	213.29	216.74
30,000	309.66	314.78	319.93	325.11
40,000	412.88	419.70	426.57	433.48
50,000	516.09	524.63	533.21	541.85
100,000	1,032.19	1,049.26	1,066.43	1,083.71
200,000	2,064.38	2,098.51	2,132.86	2,167.41
300,000	3,096.57	3,147.77	3,199.29	3,251.12
400,000	4,128.75	4,197.02	4,265.72	4,334.83
500,000	5,160.94	5,246.28	5,332.15	5,418.54
1,000,000	10,321.88	10,492.56	10,664.30	10,837.07
5,000,000	51,609.42	52,462.80	53,321.48	54,185.35
10,000,000	103,218.84	104,925.60	106,642.96	108,370.71

Pago Mensual de Hipoteca a 20 Años

	Tasa de Interés			
Cantidad	**12.00%**	**12.25%**	**12.50%**	**12.75%**
100	1.10	1.12	1.14	1.15
200	2.20	2.24	2.27	2.31
300	3.30	3.36	3.41	3.46
400	4.40	4.47	4.54	4.62
500	5.51	5.59	5.68	5.77
1,000	11.01	11.19	11.36	11.54
2,000	22.02	22.37	22.72	23.08
3,000	33.03	33.56	34.08	34.61
4,000	44.04	44.74	45.45	46.15
5,000	55.05	55.93	56.81	57.69
10,000	110.11	111.86	113.61	115.38
20,000	220.22	223.71	227.23	230.76
30,000	330.33	335.57	340.84	346.14
40,000	440.43	447.43	454.46	461.52
50,000	550.54	559.28	568.07	576.91
100,000	1,101.09	1,118.56	1,136.14	1,153.81
200,000	2,202.17	2,237.13	2,272.28	2,307.62
300,000	3,303.26	3,355.69	3,408.42	3,461.43
400,000	4,404.34	4,474.26	4,544.56	4,615.25
500,000	5,505.43	5,592.82	5,680.70	5,769.06
1,000,000	11,010.86	11,185.65	11,361.41	11,538.12
5,000,000	55,054.31	55,928.23	56,807.03	57,690.58
10,000,000	110,108.61	111,856.47	113,614.05	115,381.16

Pago Mensual de Hipoteca a 20 Años

	Tasa de Interés			
Cantidad	**13.00%**	**13.25%**	**13.50%**	**13.75%**
100	1.17	1.19	1.21	1.23
200	2.34	2.38	2.41	2.45
300	3.51	3.57	3.62	3.68
400	4.69	4.76	4.83	4.90
500	5.86	5.95	6.04	6.13
1,000	11.72	11.89	12.07	12.25
2,000	23.43	23.79	24.15	24.51
3,000	35.15	35.68	36.22	36.76
4,000	46.86	47.58	48.29	49.02
5,000	58.58	59.47	60.37	61.27
10,000	117.16	118.94	120.74	122.54
20,000	234.32	237.89	241.47	245.08
30,000	351.47	356.83	362.21	367.62
40,000	468.63	475.77	482.95	490.16
50,000	585.79	594.72	603.69	612.70
100,000	1,171.58	1,189.43	1,207.37	1,225.41
200,000	2,343.15	2,378.86	2,414.75	2,450.81
300,000	3,514.73	3,568.29	3,622.12	3,676.22
400,000	4,686.30	4,757.72	4,829.50	4,901.62
500,000	5,857.88	5,947.15	6,036.87	6,127.03
1,000,000	11,715.76	11,894.31	12,073.75	12,254.05
5,000,000	58,578.79	59,471.54	60,368.73	61,270.27
10,000,000	117,157.57	118,943.08	120,737.47	122,540.54

Pago Mensual de Hipoteca a 20 Años

	Tasa de Interés			
Cantidad	**14.00%**	**14.25%**	**14.50%**	**14.75%**
100	1.24	1.26	1.28	1.30
200	2.49	2.52	2.56	2.60
300	3.73	3.79	3.84	3.90
400	4.97	5.05	5.12	5.19
500	6.22	6.31	6.40	6.49
1,000	12.44	12.62	12.80	12.98
2,000	24.87	25.23	25.60	25.97
3,000	37.31	37.85	38.40	38.95
4,000	49.74	50.47	51.20	51.93
5,000	62.18	63.09	64.00	64.92
10,000	124.35	126.17	128.00	129.84
20,000	248.70	252.34	256.00	259.67
30,000	373.06	378.52	384.00	389.51
40,000	497.41	504.69	512.00	519.34
50,000	621.76	630.86	640.00	649.18
100,000	1,243.52	1,261.72	1,280.00	1,298.36
200,000	2,487.04	2,523.44	2,560.00	2,596.71
300,000	3,730.56	3,785.16	3,839.99	3,895.07
400,000	4,974.08	5,046.88	5,119.99	5,193.42
500,000	6,217.60	6,308.59	6,399.99	6,491.78
1,000,000	12,435.21	12,617.19	12,799.98	12,983.55
5,000,000	62,176.04	63,085.95	63,999.89	64,917.76
10,000,000	124,352.08	126,171.89	127,999.78	129,835.53

Pago Mensual de Hipoteca a 20 Años

	Tasa de Interés			
Cantidad	**15.00%**	**15.25%**	**15.50%**	**15.75%**
100	1.32	1.34	1.35	1.37
200	2.63	2.67	2.71	2.75
300	3.95	4.01	4.06	4.12
400	5.27	5.34	5.42	5.49
500	6.58	6.68	6.77	6.86
1,000	13.17	13.35	13.54	13.73
2,000	26.34	26.71	27.08	27.45
3,000	39.50	40.06	40.62	41.18
4,000	52.67	53.41	54.16	54.90
5,000	65.84	66.76	67.69	68.63
10,000	131.68	133.53	135.39	137.25
20,000	263.36	267.06	270.78	274.51
30,000	395.04	400.59	406.16	411.76
40,000	526.72	534.12	541.55	549.01
50,000	658.39	667.65	676.94	686.27
100,000	1,316.79	1,335.30	1,353.88	1,372.53
200,000	2,633.58	2,670.60	2,707.76	2,745.07
300,000	3,950.37	4,005.90	4,061.64	4,117.60
400,000	5,267.16	5,341.19	5,415.52	5,490.13
500,000	6,583.95	6,676.49	6,769.40	6,862.67
1,000,000	13,167.90	13,352.99	13,538.81	13,725.34
5,000,000	65,839.48	66,764.93	67,694.03	68,626.69
10,000,000	131,678.96	133,529.87	135,388.07	137,253.37

Pago Mensual de Hipoteca a 20 Años

	Tasa de Interés			
Cantidad	**16.00%**	**16.25%**	**16.50%**	**16.75%**
100	1.39	1.41	1.43	1.45
200	2.78	2.82	2.86	2.90
300	4.17	4.23	4.29	4.34
400	5.57	5.64	5.72	5.79
500	6.96	7.05	7.14	7.24
1,000	13.91	14.10	14.29	14.48
2,000	27.83	28.20	28.58	28.96
3,000	41.74	42.30	42.87	43.43
4,000	55.65	56.40	57.16	57.91
5,000	69.56	70.50	71.45	72.39
10,000	139.13	141.00	142.89	144.78
20,000	278.25	282.01	285.78	289.56
30,000	417.38	423.01	428.67	434.35
40,000	556.50	564.02	571.56	579.13
50,000	695.63	705.02	714.45	723.91
100,000	1,391.26	1,410.05	1,428.90	1,447.82
200,000	2,782.51	2,820.09	2,857.80	2,895.64
300,000	4,173.77	4,230.14	4,286.70	4,343.46
400,000	5,565.02	5,640.18	5,715.60	5,791.28
500,000	6,956.28	7,050.23	7,144.50	7,239.10
1,000,000	13,912.56	14,100.46	14,289.01	14,478.20
5,000,000	69,562.80	70,502.28	71,445.03	72,390.98
10,000,000	139,125.59	141,004.55	142,890.06	144,781.96

Pago Mensual de Hipoteca a 20 Años

	Tasa de Interés			
Cantidad	**17.00%**	**17.25%**	**17.50%**	**17.75%**
100	1.47	1.49	1.50	1.52
200	2.93	2.97	3.01	3.05
300	4.40	4.46	4.51	4.57
400	5.87	5.94	6.02	6.10
500	7.33	7.43	7.52	7.62
1,000	14.67	14.86	15.05	15.24
2,000	29.34	29.72	30.10	30.48
3,000	44.00	44.58	45.15	45.72
4,000	58.67	59.43	60.20	60.96
5,000	73.34	74.29	75.25	76.20
10,000	146.68	148.58	150.49	152.41
20,000	293.36	297.17	300.99	304.82
30,000	440.04	445.75	451.48	457.23
40,000	586.72	594.34	601.98	609.64
50,000	733.40	742.92	752.47	762.05
100,000	1,466.80	1,485.84	1,504.94	1,524.10
200,000	2,933.60	2,971.68	3,009.88	3,048.20
300,000	4,400.40	4,457.53	4,514.83	4,572.30
400,000	5,867.20	5,943.37	6,019.77	6,096.40
500,000	7,334.00	7,429.21	7,524.71	7,620.50
1,000,000	14,668.01	14,858.42	15,049.42	15,240.99
5,000,000	73,340.03	74,292.09	75,247.10	76,204.95
10,000,000	146,680.05	148,584.19	150,494.19	152,409.90

Pago Mensual de Hipoteca a 20 Años

	Tasa de Interés			
Cantidad	**18.00%**	**18.25%**	**18.50%**	**18.75%**
100	1.54	1.56	1.58	1.60
200	3.09	3.13	3.16	3.20
300	4.63	4.69	4.75	4.80
400	6.17	6.25	6.33	6.41
500	7.72	7.81	7.91	8.01
1,000	15.43	15.63	15.82	16.01
2,000	30.87	31.25	31.64	32.03
3,000	46.30	46.88	47.46	48.04
4,000	61.73	62.50	63.28	64.05
5,000	77.17	78.13	79.09	80.06
10,000	154.33	156.26	158.19	160.13
20,000	308.66	312.52	316.38	320.25
30,000	462.99	468.77	474.57	480.38
40,000	617.32	625.03	632.76	640.51
50,000	771.66	781.29	790.95	800.63
100,000	1,543.31	1,562.58	1,581.90	1,601.27
200,000	3,086.62	3,125.16	3,163.79	3,202.53
300,000	4,629.93	4,687.73	4,745.69	4,803.80
400,000	6,173.25	6,250.31	6,327.59	6,405.06
500,000	7,716.56	7,812.89	7,909.48	8,006.33
1,000,000	15,433.12	15,625.78	15,818.97	16,012.66
5,000,000	77,165.58	78,128.89	79,094.83	80,063.30
10,000,000	154,331.15	156,257.79	158,189.66	160,126.61

Pago Mensual de Hipoteca a 20 Años

	Tasa de Interés			
Cantidad	**19.00%**	**19.25%**	**19.50%**	**19.75%**
100	1.62	1.64	1.66	1.68
200	3.24	3.28	3.32	3.36
300	4.86	4.92	4.98	5.04
400	6.48	6.56	6.64	6.72
500	8.10	8.20	8.30	8.40
1,000	16.21	16.40	16.60	16.79
2,000	32.41	32.80	33.19	33.58
3,000	48.62	49.20	49.79	50.38
4,000	64.83	65.61	66.39	67.17
5,000	81.03	82.01	82.98	83.96
10,000	162.07	164.02	165.97	167.92
20,000	324.14	328.03	331.93	335.84
30,000	486.21	492.05	497.90	503.77
40,000	648.27	656.06	663.87	671.69
50,000	810.34	820.08	829.83	839.61
100,000	1,620.68	1,640.15	1,659.66	1,679.22
200,000	3,241.37	3,280.30	3,319.33	3,358.45
300,000	4,862.05	4,920.45	4,978.99	5,037.67
400,000	6,482.74	6,560.61	6,638.66	6,716.89
500,000	8,103.42	8,200.76	8,298.32	8,396.11
1,000,000	16,206.85	16,401.52	16,596.65	16,792.23
5,000,000	81,034.24	82,007.58	82,983.23	83,961.14
10,000,000	162,068.49	164,015.15	165,966.46	167,922.28

Pago Mensual de Hipoteca a 20 Años

	Tasa de Interés			
Cantidad	**20.00%**	**20.25%**	**20.50%**	**20.75%**
100	1.70	1.72	1.74	1.76
200	3.40	3.44	3.48	3.52
300	5.10	5.16	5.21	5.27
400	6.80	6.87	6.95	7.03
500	8.49	8.59	8.69	8.79
1,000	16.99	17.18	17.38	17.58
2,000	33.98	34.37	34.76	35.16
3,000	50.96	51.55	52.14	52.74
4,000	67.95	68.74	69.53	70.32
5,000	84.94	85.92	86.91	87.89
10,000	169.88	171.85	173.82	175.79
20,000	339.76	343.69	347.63	351.58
30,000	509.65	515.54	521.45	527.36
40,000	679.53	687.39	695.26	703.15
50,000	849.41	859.23	869.08	878.94
100,000	1,698.82	1,718.47	1,738.15	1,757.88
200,000	3,397.65	3,436.94	3,476.31	3,515.76
300,000	5,096.47	5,155.41	5,214.46	5,273.64
400,000	6,795.30	6,873.88	6,952.62	7,031.52
500,000	8,494.12	8,592.34	8,690.77	8,789.40
1,000,000	16,988.25	17,184.69	17,381.54	17,578.79
5,000,000	84,941.23	85,923.44	86,907.71	87,893.96
10,000,000	169,882.46	171,846.88	173,815.41	175,787.92

Pago Mensual de Hipoteca a 20 Años

	Tasa de Interés			
Cantidad	**21.00%**	**21.25%**	**21.50%**	**21.75%**
100	1.78	1.80	1.82	1.84
200	3.56	3.59	3.63	3.67
300	5.33	5.39	5.45	5.51
400	7.11	7.19	7.27	7.35
500	8.89	8.99	9.09	9.19
1,000	17.78	17.97	18.17	18.37
2,000	35.55	35.95	36.35	36.74
3,000	53.33	53.92	54.52	55.11
4,000	71.11	71.90	72.69	73.49
5,000	88.88	89.87	90.86	91.86
10,000	177.76	179.74	181.73	183.72
20,000	355.53	359.49	363.46	367.43
30,000	533.29	539.23	545.18	551.15
40,000	711.06	718.98	726.91	734.86
50,000	888.82	898.72	908.64	918.58
100,000	1,777.64	1,797.44	1,817.28	1,837.15
200,000	3,555.29	3,594.89	3,634.56	3,674.31
300,000	5,332.93	5,392.33	5,451.84	5,511.46
400,000	7,110.57	7,189.78	7,269.13	7,348.61
500,000	8,888.21	8,987.22	9,086.41	9,185.77
1,000,000	17,776.43	17,974.44	18,172.81	18,371.54
5,000,000	88,882.15	89,872.20	90,864.06	91,857.68
10,000,000	177,764.29	179,744.40	181,728.13	183,715.36

Pago Mensual de Hipoteca a 20 Años

	Tasa de Interés			
Cantidad	**22.00%**	**22.25%**	**22.50%**	**22.75%**
100	1.86	1.88	1.90	1.92
200	3.71	3.75	3.79	3.83
300	5.57	5.63	5.69	5.75
400	7.43	7.51	7.59	7.67
500	9.29	9.38	9.48	9.58
1,000	18.57	18.77	18.97	19.17
2,000	37.14	37.54	37.94	38.34
3,000	55.71	56.31	56.91	57.51
4,000	74.28	75.08	75.88	76.68
5,000	92.85	93.85	94.85	95.85
10,000	185.71	187.70	189.70	191.70
20,000	371.41	375.40	379.39	383.39
30,000	557.12	563.10	569.09	575.09
40,000	742.82	750.80	758.79	766.79
50,000	928.53	938.50	948.49	958.49
100,000	1,857.06	1,877.00	1,896.97	1,916.97
200,000	3,714.12	3,754.00	3,793.94	3,833.94
300,000	5,571.18	5,631.00	5,690.91	5,750.92
400,000	7,428.24	7,508.00	7,587.88	7,667.89
500,000	9,285.30	9,385.00	9,484.85	9,584.86
1,000,000	18,570.60	18,769.99	18,969.70	19,169.72
5,000,000	92,853.00	93,849.95	94,848.50	95,848.59
10,000,000	185,705.99	187,699.91	189,697.01	191,697.18

Pago Mensual de Hipoteca a 20 Años

	Tasa de Interés			
Cantidad	**23.00%**	**23.25%**	**23.50%**	**23.75%**
100	1.94	1.96	1.98	2.00
200	3.87	3.91	3.95	3.99
300	5.81	5.87	5.93	5.99
400	7.75	7.83	7.91	7.99
500	9.69	9.79	9.89	9.99
1,000	19.37	19.57	19.77	19.97
2,000	38.74	39.14	39.54	39.95
3,000	58.11	58.71	59.31	59.92
4,000	77.48	78.28	79.09	79.89
5,000	96.85	97.85	98.86	99.86
10,000	193.70	195.71	197.72	199.73
20,000	387.40	391.41	395.43	399.45
30,000	581.10	587.12	593.15	599.18
40,000	774.80	782.83	790.86	798.91
50,000	968.50	978.53	988.58	998.63
100,000	1,937.00	1,957.06	1,977.15	1,997.27
200,000	3,874.01	3,914.13	3,954.30	3,994.53
300,000	5,811.01	5,871.19	5,931.46	5,991.80
400,000	7,748.01	7,828.25	7,908.61	7,989.07
500,000	9,685.02	9,785.32	9,885.76	9,986.33
1,000,000	19,370.03	19,570.64	19,771.52	19,972.67
5,000,000	96,850.17	97,853.18	98,857.59	99,863.35
10,000,000	193,700.33	195,706.37	197,715.19	199,726.70

Pago Mensual de Hipoteca a 20 Años

	Tasa de Interés			
Cantidad	**24.00%**	**24.25%**	**24.50%**	**24.75%**
100	2.02	2.04	2.06	2.08
200	4.03	4.08	4.12	4.16
300	6.05	6.11	6.17	6.23
400	8.07	8.15	8.23	8.31
500	10.09	10.19	10.29	10.39
1,000	20.17	20.38	20.58	20.78
2,000	40.35	40.75	41.16	41.56
3,000	60.52	61.13	61.73	62.34
4,000	80.70	81.50	82.31	83.12
5,000	100.87	101.88	102.89	103.90
10,000	201.74	203.76	205.78	207.80
20,000	403.48	407.51	411.55	415.60
30,000	605.22	611.27	617.33	623.39
40,000	806.96	815.03	823.11	831.19
50,000	1,008.70	1,018.79	1,028.88	1,038.99
100,000	2,017.41	2,037.57	2,057.77	2,077.98
200,000	4,034.82	4,075.15	4,115.53	4,155.96
300,000	6,052.22	6,112.72	6,173.30	6,233.94
400,000	8,069.63	8,150.30	8,231.06	8,311.92
500,000	10,087.04	10,187.87	10,288.83	10,389.90
1,000,000	20,174.08	20,375.74	20,577.65	20,779.79
5,000,000	100,870.41	101,878.72	102,888.26	103,898.97
10,000,000	201,740.81	203,757.45	205,776.52	207,797.94

Pago Mensual de Hipoteca a 20 Años

	Tasa de Interés			
Cantidad	**25.00%**	**25.25%**	**25.50%**	**25.75%**
100	2.10	2.12	2.14	2.16
200	4.20	4.24	4.28	4.32
300	6.29	6.36	6.42	6.48
400	8.39	8.47	8.56	8.64
500	10.49	10.59	10.69	10.80
1,000	20.98	21.18	21.39	21.59
2,000	41.96	42.37	42.78	43.18
3,000	62.95	63.55	64.16	64.77
4,000	83.93	84.74	85.55	86.36
5,000	104.91	105.92	106.94	107.95
10,000	209.82	211.85	213.88	215.91
20,000	419.64	423.70	427.75	431.81
30,000	629.46	635.54	641.63	647.72
40,000	839.29	847.39	855.50	863.62
50,000	1,049.11	1,059.24	1,069.38	1,079.53
100,000	2,098.22	2,118.48	2,138.76	2,159.06
200,000	4,196.43	4,236.95	4,277.51	4,318.11
300,000	6,294.65	6,355.43	6,416.27	6,477.17
400,000	8,392.86	8,473.90	8,555.02	8,636.22
500,000	10,491.08	10,592.38	10,693.78	10,795.28
1,000,000	20,982.16	21,184.75	21,387.55	21,590.56
5,000,000	104,910.81	105,923.75	106,937.76	107,952.78
10,000,000	209,821.62	211,847.51	213,875.51	215,905.56

Tabla de Hipoteca

Término
25 Años

Cantidad del Préstamo

$100 - $10,000,000

Utilice estas tablas para determinar el pago mensual necesario para amortizar una hipoteca con tasa fija de interés. Simplemente busque la cantidad del préstamo en la columna izquierda e identifique el pago mensual bajo la tasa de interés correspondiente a su derecha.

Pago Mensual de Hipoteca a 25 Años

	Tasa de Interés			
Cantidad	**1.00%**	**1.25%**	**1.50%**	**1.75%**
100	0.38	0.39	0.40	0.41
200	0.75	0.78	0.80	0.82
300	1.13	1.16	1.20	1.24
400	1.51	1.55	1.60	1.65
500	1.88	1.94	2.00	2.06
1,000	3.77	3.88	4.00	4.12
2,000	7.54	7.77	8.00	8.24
3,000	11.31	11.65	12.00	12.35
4,000	15.07	15.53	16.00	16.47
5,000	18.84	19.41	20.00	20.59
10,000	37.69	38.83	39.99	41.18
20,000	75.37	77.66	79.99	82.36
30,000	113.06	116.49	119.98	123.54
40,000	150.75	155.32	159.97	164.72
50,000	188.44	194.15	199.97	205.89
100,000	376.87	388.30	399.94	411.79
200,000	753.74	776.59	799.87	823.58
300,000	1,130.62	1,164.89	1,199.81	1,235.37
400,000	1,507.49	1,553.19	1,599.75	1,647.16
500,000	1,884.36	1,941.49	1,999.68	2,058.95
1,000,000	3,768.72	3,882.97	3,999.36	4,117.89
5,000,000	18,843.62	19,414.86	19,996.82	20,589.46
10,000,000	37,687.25	38,829.71	39,993.63	41,178.91

Pago Mensual de Hipoteca a 25 Años

Cantidad	Tasa de Interés			
	2.00%	**2.25%**	**2.50%**	**2.75%**
100	0.42	0.44	0.45	0.46
200	0.85	0.87	0.90	0.92
300	1.27	1.31	1.35	1.38
400	1.70	1.74	1.79	1.85
500	2.12	2.18	2.24	2.31
1,000	4.24	4.36	4.49	4.61
2,000	8.48	8.72	8.97	9.23
3,000	12.72	13.08	13.46	13.84
4,000	16.95	17.45	17.94	18.45
5,000	21.19	21.81	22.43	23.07
10,000	42.39	43.61	44.86	46.13
20,000	84.77	87.23	89.72	92.26
30,000	127.16	130.84	134.59	138.39
40,000	169.54	174.45	179.45	184.52
50,000	211.93	218.07	224.31	230.66
100,000	423.85	436.13	448.62	461.31
200,000	847.71	872.26	897.23	922.62
300,000	1,271.56	1,308.39	1,345.85	1,383.93
400,000	1,695.42	1,744.52	1,794.47	1,845.24
500,000	2,119.27	2,180.65	2,243.08	2,306.55
1,000,000	4,238.54	4,361.31	4,486.17	4,613.11
5,000,000	21,192.72	21,806.53	22,430.84	23,065.54
10,000,000	42,385.43	43,613.07	44,861.67	46,131.09

Pago Mensual de Hipoteca a 25 Años

	Tasa de Interés			
Cantidad	**3.00%**	**3.25%**	**3.50%**	**3.75%**
100	0.47	0.49	0.50	0.51
200	0.95	0.97	1.00	1.03
300	1.42	1.46	1.50	1.54
400	1.90	1.95	2.00	2.06
500	2.37	2.44	2.50	2.57
1,000	4.74	4.87	5.01	5.14
2,000	9.48	9.75	10.01	10.28
3,000	14.23	14.62	15.02	15.42
4,000	18.97	19.49	20.02	20.57
5,000	23.71	24.37	25.03	25.71
10,000	47.42	48.73	50.06	51.41
20,000	94.84	97.46	100.12	102.83
30,000	142.26	146.19	150.19	154.24
40,000	189.68	194.93	200.25	205.65
50,000	237.11	243.66	250.31	257.07
100,000	474.21	487.32	500.62	514.13
200,000	948.42	974.63	1,001.25	1,028.26
300,000	1,422.63	1,461.95	1,501.87	1,542.39
400,000	1,896.85	1,949.26	2,002.49	2,056.52
500,000	2,371.06	2,436.58	2,503.12	2,570.66
1,000,000	4,742.11	4,873.16	5,006.24	5,141.31
5,000,000	23,710.57	24,365.81	25,031.18	25,706.56
10,000,000	47,421.13	48,731.62	50,062.36	51,413.12

Pago Mensual de Hipoteca a 25 Años

	Tasa de Interés			
Cantidad	**4.00%**	**4.25%**	**4.50%**	**4.75%**
100	0.53	0.54	0.56	0.57
200	1.06	1.08	1.11	1.14
300	1.58	1.63	1.67	1.71
400	2.11	2.17	2.22	2.28
500	2.64	2.71	2.78	2.85
1,000	5.28	5.42	5.56	5.70
2,000	10.56	10.83	11.12	11.40
3,000	15.84	16.25	16.67	17.10
4,000	21.11	21.67	22.23	22.80
5,000	26.39	27.09	27.79	28.51
10,000	52.78	54.17	55.58	57.01
20,000	105.57	108.35	111.17	114.02
30,000	158.35	162.52	166.75	171.04
40,000	211.13	216.70	222.33	228.05
50,000	263.92	270.87	277.92	285.06
100,000	527.84	541.74	555.83	570.12
200,000	1,055.67	1,083.48	1,111.66	1,140.23
300,000	1,583.51	1,625.21	1,667.50	1,710.35
400,000	2,111.35	2,166.95	2,223.33	2,280.47
500,000	2,639.18	2,708.69	2,779.16	2,850.59
1,000,000	5,278.37	5,417.38	5,558.32	5,701.17
5,000,000	26,391.84	27,086.91	27,791.62	28,505.87
10,000,000	52,783.68	54,173.81	55,583.25	57,011.74

Pago Mensual de Hipoteca a 25 Años

	Tasa de Interés			
Cantidad	**5.00%**	**5.25%**	**5.50%**	**5.75%**
100	0.58	0.60	0.61	0.63
200	1.17	1.20	1.23	1.26
300	1.75	1.80	1.84	1.89
400	2.34	2.40	2.46	2.52
500	2.92	3.00	3.07	3.15
1,000	5.85	5.99	6.14	6.29
2,000	11.69	11.98	12.28	12.58
3,000	17.54	17.98	18.42	18.87
4,000	23.38	23.97	24.56	25.16
5,000	29.23	29.96	30.70	31.46
10,000	58.46	59.92	61.41	62.91
20,000	116.92	119.85	122.82	125.82
30,000	175.38	179.77	184.23	188.73
40,000	233.84	239.70	245.63	251.64
50,000	292.30	299.62	307.04	314.55
100,000	584.59	599.25	614.09	629.11
200,000	1,169.18	1,198.50	1,228.17	1,258.21
300,000	1,753.77	1,797.74	1,842.26	1,887.32
400,000	2,338.36	2,396.99	2,456.35	2,516.43
500,000	2,922.95	2,996.24	3,070.44	3,145.53
1,000,000	5,845.90	5,992.48	6,140.87	6,291.06
5,000,000	29,229.50	29,962.39	30,704.37	31,455.32
10,000,000	58,459.00	59,924.77	61,408.75	62,910.64

Pago Mensual de Hipoteca a 25 Años

	Tasa de Interés			
Cantidad	**6.00%**	**6.25%**	**6.50%**	**6.75%**
100	0.64	0.66	0.68	0.69
200	1.29	1.32	1.35	1.38
300	1.93	1.98	2.03	2.07
400	2.58	2.64	2.70	2.76
500	3.22	3.30	3.38	3.45
1,000	6.44	6.60	6.75	6.91
2,000	12.89	13.19	13.50	13.82
3,000	19.33	19.79	20.26	20.73
4,000	25.77	26.39	27.01	27.64
5,000	32.22	32.98	33.76	34.55
10,000	64.43	65.97	67.52	69.09
20,000	128.86	131.93	135.04	138.18
30,000	193.29	197.90	202.56	207.27
40,000	257.72	263.87	270.08	276.36
50,000	322.15	329.83	337.60	345.46
100,000	644.30	659.67	675.21	690.91
200,000	1,288.60	1,319.34	1,350.41	1,381.82
300,000	1,932.90	1,979.01	2,025.62	2,072.73
400,000	2,577.21	2,638.68	2,700.83	2,763.65
500,000	3,221.51	3,298.35	3,376.04	3,454.56
1,000,000	6,443.01	6,596.69	6,752.07	6,909.12
5,000,000	32,215.07	32,983.47	33,760.36	34,545.58
10,000,000	64,430.14	65,966.94	67,520.72	69,091.15

Pago Mensual de Hipoteca a 25 Años

	Tasa de Interés			
Cantidad	**7.00%**	**7.25%**	**7.50%**	**7.75%**
100	0.71	0.72	0.74	0.76
200	1.41	1.45	1.48	1.51
300	2.12	2.17	2.22	2.27
400	2.83	2.89	2.96	3.02
500	3.53	3.61	3.69	3.78
1,000	7.07	7.23	7.39	7.55
2,000	14.14	14.46	14.78	15.11
3,000	21.20	21.68	22.17	22.66
4,000	28.27	28.91	29.56	30.21
5,000	35.34	36.14	36.95	37.77
10,000	70.68	72.28	73.90	75.53
20,000	141.36	144.56	147.80	151.07
30,000	212.03	216.84	221.70	226.60
40,000	282.71	289.12	295.60	302.13
50,000	353.39	361.40	369.50	377.66
100,000	706.78	722.81	738.99	755.33
200,000	1,413.56	1,445.61	1,477.98	1,510.66
300,000	2,120.34	2,168.42	2,216.97	2,265.99
400,000	2,827.12	2,891.23	2,955.96	3,021.32
500,000	3,533.90	3,614.03	3,694.96	3,776.64
1,000,000	7,067.79	7,228.07	7,389.91	7,553.29
5,000,000	35,338.96	36,140.34	36,949.56	37,766.44
10,000,000	70,677.92	72,280.69	73,899.12	75,532.88

Pago Mensual de Hipoteca a 25 Años

	Tasa de Interés			
Cantidad	**8.00%**	**8.25%**	**8.50%**	**8.75%**
100	0.77	0.79	0.81	0.82
200	1.54	1.58	1.61	1.64
300	2.32	2.37	2.42	2.47
400	3.09	3.15	3.22	3.29
500	3.86	3.94	4.03	4.11
1,000	7.72	7.88	8.05	8.22
2,000	15.44	15.77	16.10	16.44
3,000	23.15	23.65	24.16	24.66
4,000	30.87	31.54	32.21	32.89
5,000	38.59	39.42	40.26	41.11
10,000	77.18	78.85	80.52	82.21
20,000	154.36	157.69	161.05	164.43
30,000	231.54	236.54	241.57	246.64
40,000	308.73	315.38	322.09	328.86
50,000	385.91	394.23	402.61	411.07
100,000	771.82	788.45	805.23	822.14
200,000	1,543.63	1,576.90	1,610.45	1,644.29
300,000	2,315.45	2,365.35	2,415.68	2,466.43
400,000	3,087.26	3,153.80	3,220.91	3,288.57
500,000	3,859.08	3,942.25	4,026.14	4,110.72
1,000,000	7,718.16	7,884.50	8,052.27	8,221.44
5,000,000	38,590.81	39,422.51	40,261.35	41,107.18
10,000,000	77,181.62	78,845.01	80,522.71	82,214.36

Pago Mensual de Hipoteca a 25 Años

	Tasa de Interés			
Cantidad	**9.00%**	**9.25%**	**9.50%**	**9.75%**
100	0.84	0.86	0.87	0.89
200	1.68	1.71	1.75	1.78
300	2.52	2.57	2.62	2.67
400	3.36	3.43	3.49	3.56
500	4.20	4.28	4.37	4.46
1,000	8.39	8.56	8.74	8.91
2,000	16.78	17.13	17.47	17.82
3,000	25.18	25.69	26.21	26.73
4,000	33.57	34.26	34.95	35.65
5,000	41.96	42.82	43.68	44.56
10,000	83.92	85.64	87.37	89.11
20,000	167.84	171.28	174.74	178.23
30,000	251.76	256.91	262.11	267.34
40,000	335.68	342.55	349.48	356.45
50,000	419.60	428.19	436.85	445.57
100,000	839.20	856.38	873.70	891.14
200,000	1,678.39	1,712.76	1,747.39	1,782.27
300,000	2,517.59	2,569.15	2,621.09	2,673.41
400,000	3,356.79	3,425.53	3,494.79	3,564.55
500,000	4,195.98	4,281.91	4,368.48	4,455.69
1,000,000	8,391.96	8,563.82	8,736.97	8,911.37
5,000,000	41,959.82	42,819.09	43,684.83	44,556.87
10,000,000	83,919.64	85,638.18	87,369.67	89,113.74

Pago Mensual de Hipoteca a 25 Años

	Tasa de Interés			
Cantidad	**10.00%**	**10.25%**	**10.50%**	**10.75%**
100	0.91	0.93	0.94	0.96
200	1.82	1.85	1.89	1.92
300	2.73	2.78	2.83	2.89
400	3.63	3.71	3.78	3.85
500	4.54	4.63	4.72	4.81
1,000	9.09	9.26	9.44	9.62
2,000	18.17	18.53	18.88	19.24
3,000	27.26	27.79	28.33	28.86
4,000	36.35	37.06	37.77	38.48
5,000	45.44	46.32	47.21	48.10
10,000	90.87	92.64	94.42	96.21
20,000	181.74	185.28	188.84	192.42
30,000	272.61	277.91	283.25	288.63
40,000	363.48	370.55	377.67	384.84
50,000	454.35	463.19	472.09	481.05
100,000	908.70	926.38	944.18	962.09
200,000	1,817.40	1,852.77	1,888.36	1,924.19
300,000	2,726.10	2,779.15	2,832.55	2,886.28
400,000	3,634.80	3,705.53	3,776.73	3,848.37
500,000	4,543.50	4,631.92	4,720.91	4,810.46
1,000,000	9,087.01	9,263.83	9,441.82	9,620.93
5,000,000	45,435.04	46,319.16	47,209.09	48,104.64
10,000,000	90,870.07	92,638.33	94,418.17	96,209.27

Pago Mensual de Hipoteca a 25 Años

	Tasa de Interés			
Cantidad	**11.00%**	**11.25%**	**11.50%**	**11.75%**
100	0.98	1.00	1.02	1.03
200	1.96	2.00	2.03	2.07
300	2.94	2.99	3.05	3.10
400	3.92	3.99	4.07	4.14
500	4.90	4.99	5.08	5.17
1,000	9.80	9.98	10.16	10.35
2,000	19.60	19.96	20.33	20.70
3,000	29.40	29.95	30.49	31.04
4,000	39.20	39.93	40.66	41.39
5,000	49.01	49.91	50.82	51.74
10,000	98.01	99.82	101.65	103.48
20,000	196.02	199.65	203.29	206.96
30,000	294.03	299.47	304.94	310.44
40,000	392.05	399.30	406.59	413.92
50,000	490.06	499.12	508.23	517.40
100,000	980.11	998.24	1,016.47	1,034.80
200,000	1,960.23	1,996.48	2,032.94	2,069.60
300,000	2,940.34	2,994.72	3,049.41	3,104.39
400,000	3,920.45	3,992.96	4,065.88	4,139.19
500,000	4,900.57	4,991.20	5,082.34	5,173.99
1,000,000	9,801.13	9,982.40	10,164.69	10,347.98
5,000,000	49,005.65	49,911.98	50,823.45	51,739.91
10,000,000	98,011.31	99,823.95	101,646.90	103,479.82

Pago Mensual de Hipoteca a 25 Años

	Tasa de Interés			
Cantidad	**12.00%**	**12.25%**	**12.50%**	**12.75%**
100	1.05	1.07	1.09	1.11
200	2.11	2.14	2.18	2.22
300	3.16	3.22	3.27	3.33
400	4.21	4.29	4.36	4.44
500	5.27	5.36	5.45	5.55
1,000	10.53	10.72	10.90	11.09
2,000	21.06	21.43	21.81	22.18
3,000	31.60	32.15	32.71	33.27
4,000	42.13	42.87	43.61	44.36
5,000	52.66	53.59	54.52	55.45
10,000	105.32	107.17	109.04	110.91
20,000	210.64	214.35	218.07	221.81
30,000	315.97	321.52	327.11	332.72
40,000	421.29	428.70	436.14	443.62
50,000	526.61	535.87	545.18	554.53
100,000	1,053.22	1,071.74	1,090.35	1,109.05
200,000	2,106.45	2,143.49	2,180.71	2,218.10
300,000	3,159.67	3,215.23	3,271.06	3,327.16
400,000	4,212.90	4,286.98	4,361.42	4,436.21
500,000	5,266.12	5,358.72	5,451.77	5,545.26
1,000,000	10,532.24	10,717.44	10,903.54	11,090.52
5,000,000	52,661.21	53,587.19	54,517.71	55,452.61
10,000,000	105,322.41	107,174.38	109,035.41	110,905.23

Pago Mensual de Hipoteca a 25 Años

	Tasa de Interés			
Cantidad	**13.00%**	**13.25%**	**13.50%**	**13.75%**
100	1.13	1.15	1.17	1.18
200	2.26	2.29	2.33	2.37
300	3.38	3.44	3.50	3.55
400	4.51	4.59	4.66	4.74
500	5.64	5.73	5.83	5.92
1,000	11.28	11.47	11.66	11.85
2,000	22.56	22.93	23.31	23.69
3,000	33.84	34.40	34.97	35.54
4,000	45.11	45.87	46.63	47.39
5,000	56.39	57.34	58.28	59.23
10,000	112.78	114.67	116.56	118.47
20,000	225.57	229.34	233.13	236.93
30,000	338.35	344.01	349.69	355.40
40,000	451.13	458.68	466.26	473.87
50,000	563.92	573.35	582.82	592.33
100,000	1,127.84	1,146.70	1,165.64	1,184.67
200,000	2,255.67	2,293.40	2,331.29	2,369.33
300,000	3,383.51	3,440.10	3,496.93	3,554.00
400,000	4,511.34	4,586.80	4,662.58	4,738.66
500,000	5,639.18	5,733.50	5,828.22	5,923.33
1,000,000	11,278.35	11,467.00	11,656.45	11,846.66
5,000,000	56,391.77	57,335.02	58,282.24	59,233.30
10,000,000	112,783.53	114,670.04	116,564.49	118,466.60

Pago Mensual de Hipoteca a 25 Años

Cantidad	Tasa de Interés **14.00%**	**14.25%**	**14.50%**	**14.75%**
100	1.20	1.22	1.24	1.26
200	2.41	2.45	2.48	2.52
300	3.61	3.67	3.73	3.78
400	4.82	4.89	4.97	5.05
500	6.02	6.11	6.21	6.31
1,000	12.04	12.23	12.42	12.61
2,000	24.08	24.46	24.84	25.23
3,000	36.11	36.69	37.26	37.84
4,000	48.15	48.92	49.69	50.46
5,000	60.19	61.15	62.11	63.07
10,000	120.38	122.29	124.22	126.15
20,000	240.75	244.59	248.43	252.29
30,000	361.13	366.88	372.65	378.44
40,000	481.50	489.17	496.87	504.59
50,000	601.88	611.46	621.08	630.73
100,000	1,203.76	1,222.93	1,242.16	1,261.46
200,000	2,407.52	2,445.86	2,484.33	2,522.93
300,000	3,611.28	3,668.78	3,726.49	3,784.39
400,000	4,815.04	4,891.71	4,968.65	5,045.86
500,000	6,018.81	6,114.64	6,210.81	6,307.32
1,000,000	12,037.61	12,229.28	12,421.63	12,614.65
5,000,000	60,188.05	61,146.38	62,108.15	63,073.24
10,000,000	120,376.10	122,292.75	124,216.29	126,146.47

Pago Mensual de Hipoteca a 25 Años

	Tasa de Interés			
Cantidad	**15.00%**	**15.25%**	**15.50%**	**15.75%**
100	1.28	1.30	1.32	1.34
200	2.56	2.60	2.64	2.68
300	3.84	3.90	3.96	4.02
400	5.12	5.20	5.28	5.36
500	6.40	6.50	6.60	6.70
1,000	12.81	13.00	13.20	13.39
2,000	25.62	26.01	26.39	26.79
3,000	38.42	39.01	39.59	40.18
4,000	51.23	52.01	52.79	53.57
5,000	64.04	65.01	65.99	66.96
10,000	128.08	130.03	131.97	133.93
20,000	256.17	260.05	263.95	267.86
30,000	384.25	390.08	395.92	401.79
40,000	512.33	520.10	527.90	535.72
50,000	640.42	650.13	659.87	669.64
100,000	1,280.83	1,300.26	1,319.75	1,339.29
200,000	2,561.66	2,600.52	2,639.49	2,678.58
300,000	3,842.49	3,900.77	3,959.24	4,017.87
400,000	5,123.32	5,201.03	5,278.98	5,357.16
500,000	6,404.15	6,501.29	6,598.73	6,696.45
1,000,000	12,808.31	13,002.58	13,197.45	13,392.90
5,000,000	64,041.53	65,012.91	65,987.26	66,964.48
10,000,000	128,083.06	130,025.82	131,974.52	133,928.95

Pago Mensual de Hipoteca a 25 Años

	Tasa de Interés			
Cantidad	**16.00%**	**16.25%**	**16.50%**	**16.75%**
100	1.36	1.38	1.40	1.42
200	2.72	2.76	2.80	2.84
300	4.08	4.14	4.19	4.25
400	5.44	5.51	5.59	5.67
500	6.79	6.89	6.99	7.09
1,000	13.59	13.79	13.98	14.18
2,000	27.18	27.57	27.96	28.36
3,000	40.77	41.36	41.95	42.54
4,000	54.36	55.14	55.93	56.72
5,000	67.94	68.93	69.91	70.90
10,000	135.89	137.85	139.82	141.80
20,000	271.78	275.71	279.65	283.60
30,000	407.67	413.56	419.47	425.40
40,000	543.56	551.42	559.30	567.20
50,000	679.44	689.27	699.12	709.00
100,000	1,358.89	1,378.54	1,398.24	1,418.00
200,000	2,717.78	2,757.08	2,796.49	2,835.99
300,000	4,076.67	4,135.62	4,194.73	4,253.99
400,000	5,435.56	5,514.17	5,592.98	5,671.99
500,000	6,794.44	6,892.71	6,991.22	7,089.99
1,000,000	13,588.89	13,785.41	13,982.45	14,179.97
5,000,000	67,944.44	68,927.06	69,912.23	70,899.85
10,000,000	135,888.89	137,854.13	139,824.46	141,799.71

Pago Mensual de Hipoteca a 25 Años

	Tasa de Interés			
Cantidad	**17.00%**	**17.25%**	**17.50%**	**17.75%**
100	1.44	1.46	1.48	1.50
200	2.88	2.92	2.96	2.99
300	4.31	4.37	4.43	4.49
400	5.75	5.83	5.91	5.99
500	7.19	7.29	7.39	7.49
1,000	14.38	14.58	14.78	14.97
2,000	28.76	29.15	29.55	29.95
3,000	43.13	43.73	44.33	44.92
4,000	57.51	58.31	59.10	59.90
5,000	71.89	72.88	73.88	74.87
10,000	143.78	145.76	147.75	149.75
20,000	287.56	291.53	295.51	299.49
30,000	431.34	437.29	443.26	449.24
40,000	575.12	583.06	591.01	598.98
50,000	718.90	728.82	738.76	748.73
100,000	1,437.80	1,457.64	1,477.53	1,497.46
200,000	2,875.59	2,915.28	2,955.06	2,994.92
300,000	4,313.39	4,372.92	4,432.59	4,492.38
400,000	5,751.19	5,830.57	5,910.12	5,989.84
500,000	7,188.98	7,288.21	7,387.65	7,487.30
1,000,000	14,377.97	14,576.41	14,775.30	14,974.60
5,000,000	71,889.83	72,882.07	73,876.49	74,872.99
10,000,000	143,779.66	145,764.14	147,752.97	149,745.98

Pago Mensual de Hipoteca a 25 Años

	Tasa de Interés			
Cantidad	**18.00%**	**18.25%**	**18.50%**	**18.75%**
100	1.52	1.54	1.56	1.58
200	3.03	3.07	3.11	3.16
300	4.55	4.61	4.67	4.73
400	6.07	6.15	6.23	6.31
500	7.59	7.69	7.79	7.89
1,000	15.17	15.37	15.57	15.78
2,000	30.35	30.75	31.15	31.55
3,000	45.52	46.12	46.72	47.33
4,000	60.70	61.50	62.30	63.10
5,000	75.87	76.87	77.87	78.88
10,000	151.74	153.74	155.75	157.76
20,000	303.49	307.49	311.50	315.51
30,000	455.23	461.23	467.25	473.27
40,000	606.97	614.98	622.99	631.03
50,000	758.71	768.72	778.74	788.78
100,000	1,517.43	1,537.44	1,557.48	1,577.57
200,000	3,034.86	3,074.88	3,114.97	3,155.13
300,000	4,552.29	4,612.32	4,672.45	4,732.70
400,000	6,069.72	6,149.75	6,229.94	6,310.26
500,000	7,587.15	7,687.19	7,787.42	7,887.83
1,000,000	15,174.30	15,374.39	15,574.84	15,775.65
5,000,000	75,871.50	76,871.93	77,874.21	78,878.26
10,000,000	151,742.99	153,743.86	155,748.42	157,756.51

Pago Mensual de Hipoteca a 25 Años

	Tasa de Interés			
Cantidad	**19.00%**	**19.25%**	**19.50%**	**19.75%**
100	1.60	1.62	1.64	1.66
200	3.20	3.24	3.28	3.32
300	4.79	4.85	4.91	4.97
400	6.39	6.47	6.55	6.63
500	7.99	8.09	8.19	8.29
1,000	15.98	16.18	16.38	16.58
2,000	31.95	32.36	32.76	33.16
3,000	47.93	48.53	49.14	49.75
4,000	63.91	64.71	65.52	66.33
5,000	79.88	80.89	81.90	82.91
10,000	159.77	161.78	163.80	165.82
20,000	319.54	323.57	327.60	331.64
30,000	479.30	485.35	491.40	497.46
40,000	639.07	647.13	655.20	663.29
50,000	798.84	808.91	819.00	829.11
100,000	1,597.68	1,617.83	1,638.01	1,658.21
200,000	3,195.36	3,235.65	3,276.01	3,316.43
300,000	4,793.04	4,853.48	4,914.02	4,974.64
400,000	6,390.72	6,471.31	6,552.02	6,632.86
500,000	7,988.40	8,089.14	8,190.03	8,291.07
1,000,000	15,976.80	16,178.27	16,380.06	16,582.15
5,000,000	79,884.00	80,891.37	81,900.31	82,910.73
10,000,000	159,768.00	161,782.75	163,800.61	165,821.46

Pago Mensual de Hipoteca a 25 Años

	Tasa de Interés			
Cantidad	**20.00%**	**20.25%**	**20.50%**	**20.75%**
100	1.68	1.70	1.72	1.74
200	3.36	3.40	3.44	3.48
300	5.04	5.10	5.16	5.22
400	6.71	6.79	6.88	6.96
500	8.39	8.49	8.60	8.70
1,000	16.78	16.99	17.19	17.39
2,000	33.57	33.97	34.38	34.79
3,000	50.35	50.96	51.57	52.18
4,000	67.14	67.95	68.76	69.57
5,000	83.92	84.94	85.95	86.97
10,000	167.85	169.87	171.90	173.93
20,000	335.69	339.74	343.80	347.86
30,000	503.54	509.61	515.70	521.80
40,000	671.38	679.49	687.60	695.73
50,000	839.23	849.36	859.50	869.66
100,000	1,678.45	1,698.72	1,719.01	1,739.32
200,000	3,356.90	3,397.43	3,438.01	3,478.65
300,000	5,035.36	5,096.15	5,157.02	5,217.97
400,000	6,713.81	6,794.87	6,876.03	6,957.29
500,000	8,392.26	8,493.58	8,595.04	8,696.61
1,000,000	16,784.52	16,987.16	17,190.07	17,393.23
5,000,000	83,922.59	84,935.82	85,950.35	86,966.15
10,000,000	167,845.18	169,871.63	171,900.71	173,932.29

Pago Mensual de Hipoteca a 25 Años

	Tasa de Interés			
Cantidad	**21.00%**	**21.25%**	**21.50%**	**21.75%**
100	1.76	1.78	1.80	1.82
200	3.52	3.56	3.60	3.64
300	5.28	5.34	5.40	5.46
400	7.04	7.12	7.20	7.28
500	8.80	8.90	9.00	9.10
1,000	17.60	17.80	18.00	18.21
2,000	35.19	35.60	36.01	36.42
3,000	52.79	53.40	54.01	54.62
4,000	70.39	71.20	72.02	72.83
5,000	87.98	89.00	90.02	91.04
10,000	175.97	178.00	180.04	182.08
20,000	351.93	356.01	360.08	364.16
30,000	527.90	534.01	540.12	546.24
40,000	703.87	712.01	720.16	728.33
50,000	879.83	890.01	900.21	910.41
100,000	1,759.66	1,780.03	1,800.41	1,820.82
200,000	3,519.33	3,560.05	3,600.82	3,641.63
300,000	5,278.99	5,340.08	5,401.23	5,462.45
400,000	7,038.65	7,120.10	7,201.64	7,283.27
500,000	8,798.31	8,900.13	9,002.05	9,104.08
1,000,000	17,596.63	17,800.26	18,004.11	18,208.16
5,000,000	87,983.14	89,001.28	90,020.53	91,040.82
10,000,000	175,966.28	178,002.57	180,041.05	182,081.64

Pago Mensual de Hipoteca a 25 Años

	Tasa de Interés			
Cantidad	**22.00%**	**22.25%**	**22.50%**	**22.75%**
100	1.84	1.86	1.88	1.90
200	3.68	3.72	3.76	3.81
300	5.52	5.59	5.65	5.71
400	7.36	7.45	7.53	7.61
500	9.21	9.31	9.41	9.51
1,000	18.41	18.62	18.82	19.03
2,000	36.82	37.23	37.64	38.05
3,000	55.24	55.85	56.46	57.08
4,000	73.65	74.47	75.29	76.11
5,000	92.06	93.08	94.11	95.13
10,000	184.12	186.17	188.22	190.26
20,000	368.25	372.34	376.43	380.53
30,000	552.37	558.51	564.65	570.79
40,000	736.50	744.68	752.86	761.05
50,000	920.62	930.84	941.08	951.32
100,000	1,841.24	1,861.69	1,882.15	1,902.63
200,000	3,682.48	3,723.38	3,764.30	3,805.26
300,000	5,523.73	5,585.06	5,646.45	5,707.90
400,000	7,364.97	7,446.75	7,528.60	7,610.53
500,000	9,206.21	9,308.44	9,410.76	9,513.16
1,000,000	18,412.42	18,616.88	18,821.51	19,026.32
5,000,000	92,062.12	93,084.38	94,107.55	95,131.60
10,000,000	184,124.24	186,168.75	188,215.10	190,263.21

Pago Mensual de Hipoteca a 25 Años

	Tasa de Interés			
Cantidad	**23.00%**	**23.25%**	**23.50%**	**23.75%**
100	1.92	1.94	1.96	1.98
200	3.85	3.89	3.93	3.97
300	5.77	5.83	5.89	5.95
400	7.69	7.77	7.86	7.94
500	9.62	9.72	9.82	9.92
1,000	19.23	19.44	19.64	19.85
2,000	38.46	38.87	39.28	39.69
3,000	57.69	58.31	58.93	59.54
4,000	76.93	77.75	78.57	79.39
5,000	96.16	97.18	98.21	99.24
10,000	192.31	194.36	196.42	198.47
20,000	384.63	388.73	392.83	396.94
30,000	576.94	583.09	589.25	595.41
40,000	769.25	777.46	785.67	793.89
50,000	961.56	971.82	982.09	992.36
100,000	1,923.13	1,943.64	1,964.17	1,984.72
200,000	3,846.26	3,887.29	3,928.35	3,969.43
300,000	5,769.39	5,830.93	5,892.52	5,954.15
400,000	7,692.52	7,774.57	7,856.69	7,938.87
500,000	9,615.65	9,718.22	9,820.86	9,923.58
1,000,000	19,231.30	19,436.44	19,641.73	19,847.16
5,000,000	96,156.49	97,182.18	98,208.63	99,235.81
10,000,000	192,312.98	194,364.36	196,417.26	198,471.63

Pago Mensual de Hipoteca a 25 Años

	Tasa de Interés			
Cantidad	**24.00%**	**24.25%**	**24.50%**	**24.75%**
100	2.01	2.03	2.05	2.07
200	4.01	4.05	4.09	4.13
300	6.02	6.08	6.14	6.20
400	8.02	8.10	8.19	8.27
500	10.03	10.13	10.23	10.34
1,000	20.05	20.26	20.46	20.67
2,000	40.11	40.52	40.93	41.34
3,000	60.16	60.78	61.39	62.01
4,000	80.21	81.03	81.86	82.68
5,000	100.26	101.29	102.32	103.35
10,000	200.53	202.58	204.64	206.70
20,000	401.05	405.17	409.29	413.40
30,000	601.58	607.75	613.93	620.11
40,000	802.11	810.34	818.57	826.81
50,000	1,002.64	1,012.92	1,023.21	1,033.51
100,000	2,005.27	2,025.84	2,046.43	2,067.02
200,000	4,010.55	4,051.69	4,092.86	4,134.05
300,000	6,015.82	6,077.53	6,139.28	6,201.07
400,000	8,021.10	8,103.38	8,185.71	8,268.09
500,000	10,026.37	10,129.22	10,232.14	10,335.12
1,000,000	20,052.74	20,258.45	20,464.28	20,670.24
5,000,000	100,263.69	101,292.23	102,321.40	103,351.18
10,000,000	200,527.38	202,584.46	204,642.81	206,702.36

Pago Mensual de Hipoteca a 25 Años

	Tasa de Interés			
Cantidad	**25.00%**	**25.25%**	**25.50%**	**25.75%**
100	2.09	2.11	2.13	2.15
200	4.18	4.22	4.26	4.30
300	6.26	6.32	6.39	6.45
400	8.35	8.43	8.52	8.60
500	10.44	10.54	10.64	10.75
1,000	20.88	21.08	21.29	21.50
2,000	41.75	42.16	42.58	42.99
3,000	62.63	63.25	63.87	64.49
4,000	83.51	84.33	85.16	85.98
5,000	104.38	105.41	106.44	107.48
10,000	208.76	210.82	212.89	214.95
20,000	417.53	421.65	425.78	429.90
30,000	626.29	632.47	638.66	644.85
40,000	835.05	843.30	851.55	859.81
50,000	1,043.82	1,054.12	1,064.44	1,074.76
100,000	2,087.63	2,108.25	2,128.88	2,149.52
200,000	4,175.26	4,216.50	4,257.75	4,299.03
300,000	6,262.89	6,324.75	6,386.63	6,448.55
400,000	8,350.52	8,433.00	8,515.51	8,598.06
500,000	10,438.15	10,541.24	10,644.39	10,747.58
1,000,000	20,876.31	21,082.49	21,288.77	21,495.16
5,000,000	104,381.53	105,412.44	106,443.87	107,475.79
10,000,000	208,763.07	210,824.88	212,887.73	214,951.58

Tabla de Hipoteca

Término
30 Años

Cantidad del Préstamo

$100 - $10,000,000

Utilice estas tablas para determinar el pago mensual necesario para amortizar una hipoteca con tasa fija de interés. Simplemente busque la cantidad del préstamo en la columna izquierda e identifique el pago mensual bajo la tasa de interés correspondiente a su derecha.

Pago Mensual de Hipoteca a 30 Años

	Tasa de Interés			
Cantidad	**1.00%**	**1.25%**	**1.50%**	**1.75%**
100	0.32	0.33	0.35	0.36
200	0.64	0.67	0.69	0.71
300	0.96	1.00	1.04	1.07
400	1.29	1.33	1.38	1.43
500	1.61	1.67	1.73	1.79
1,000	3.22	3.33	3.45	3.57
2,000	6.43	6.67	6.90	7.14
3,000	9.65	10.00	10.35	10.72
4,000	12.87	13.33	13.80	14.29
5,000	16.08	16.66	17.26	17.86
10,000	32.16	33.33	34.51	35.72
20,000	64.33	66.65	69.02	71.45
30,000	96.49	99.98	103.54	107.17
40,000	128.66	133.30	138.05	142.90
50,000	160.82	166.63	172.56	178.62
100,000	321.64	333.25	345.12	357.24
200,000	643.28	666.50	690.24	714.49
300,000	964.92	999.76	1,035.36	1,071.73
400,000	1,286.56	1,333.01	1,380.48	1,428.97
500,000	1,608.20	1,666.26	1,725.60	1,786.22
1,000,000	3,216.40	3,332.52	3,451.20	3,572.43
5,000,000	16,081.98	16,662.58	17,256.01	17,862.17
10,000,000	32,163.95	33,325.17	34,512.02	35,724.34

Pago Mensual de Hipoteca a 30 Años

	Tasa de Interés			
Cantidad	**2.00%**	**2.25%**	**2.50%**	**2.75%**
100	0.37	0.38	0.40	0.41
200	0.74	0.76	0.79	0.82
300	1.11	1.15	1.19	1.22
400	1.48	1.53	1.58	1.63
500	1.85	1.91	1.98	2.04
1,000	3.70	3.82	3.95	4.08
2,000	7.39	7.64	7.90	8.16
3,000	11.09	11.47	11.85	12.25
4,000	14.78	15.29	15.80	16.33
5,000	18.48	19.11	19.76	20.41
10,000	36.96	38.22	39.51	40.82
20,000	73.92	76.45	79.02	81.65
30,000	110.89	114.67	118.54	122.47
40,000	147.85	152.90	158.05	163.30
50,000	184.81	191.12	197.56	204.12
100,000	369.62	382.25	395.12	408.24
200,000	739.24	764.49	790.24	816.48
300,000	1,108.86	1,146.74	1,185.36	1,224.72
400,000	1,478.48	1,528.98	1,580.48	1,632.96
500,000	1,848.10	1,911.23	1,975.60	2,041.21
1,000,000	3,696.19	3,822.46	3,951.21	4,082.41
5,000,000	18,480.97	19,112.31	19,756.04	20,412.06
10,000,000	36,961.95	38,224.61	39,512.09	40,824.12

Pago Mensual de Hipoteca a 30 Años

	Tasa de Interés			
Cantidad	**3.00%**	**3.25%**	**3.50%**	**3.75%**
100	0.42	0.44	0.45	0.46
200	0.84	0.87	0.90	0.93
300	1.26	1.31	1.35	1.39
400	1.69	1.74	1.80	1.85
500	2.11	2.18	2.25	2.32
1,000	4.22	4.35	4.49	4.63
2,000	8.43	8.70	8.98	9.26
3,000	12.65	13.06	13.47	13.89
4,000	16.86	17.41	17.96	18.52
5,000	21.08	21.76	22.45	23.16
10,000	42.16	43.52	44.90	46.31
20,000	84.32	87.04	89.81	92.62
30,000	126.48	130.56	134.71	138.93
40,000	168.64	174.08	179.62	185.25
50,000	210.80	217.60	224.52	231.56
100,000	421.60	435.21	449.04	463.12
200,000	843.21	870.41	898.09	926.23
300,000	1,264.81	1,305.62	1,347.13	1,389.35
400,000	1,686.42	1,740.83	1,796.18	1,852.46
500,000	2,108.02	2,176.03	2,245.22	2,315.58
1,000,000	4,216.04	4,352.06	4,490.45	4,631.16
5,000,000	21,080.20	21,760.32	22,452.23	23,155.78
10,000,000	42,160.40	43,520.63	44,904.47	46,311.56

Pago Mensual de Hipoteca a 30 Años

	Tasa de Interés			
Cantidad	**4.00%**	**4.25%**	**4.50%**	**4.75%**
100	0.48	0.49	0.51	0.52
200	0.95	0.98	1.01	1.04
300	1.43	1.48	1.52	1.56
400	1.91	1.97	2.03	2.09
500	2.39	2.46	2.53	2.61
1,000	4.77	4.92	5.07	5.22
2,000	9.55	9.84	10.13	10.43
3,000	14.32	14.76	15.20	15.65
4,000	19.10	19.68	20.27	20.87
5,000	23.87	24.60	25.33	26.08
10,000	47.74	49.19	50.67	52.16
20,000	95.48	98.39	101.34	104.33
30,000	143.22	147.58	152.01	156.49
40,000	190.97	196.78	202.67	208.66
50,000	238.71	245.97	253.34	260.82
100,000	477.42	491.94	506.69	521.65
200,000	954.83	983.88	1,013.37	1,043.29
300,000	1,432.25	1,475.82	1,520.06	1,564.94
400,000	1,909.66	1,967.76	2,026.74	2,086.59
500,000	2,387.08	2,459.70	2,533.43	2,608.24
1,000,000	4,774.15	4,919.40	5,066.85	5,216.47
5,000,000	23,870.76	24,596.99	25,334.27	26,082.37
10,000,000	47,741.53	49,193.99	50,668.53	52,164.73

Pago Mensual de Hipoteca a 30 Años

	Tasa de Interés			
Cantidad	**5.00%**	**5.25%**	**5.50%**	**5.75%**
100	0.54	0.55	0.57	0.58
200	1.07	1.10	1.14	1.17
300	1.61	1.66	1.70	1.75
400	2.15	2.21	2.27	2.33
500	2.68	2.76	2.84	2.92
1,000	5.37	5.52	5.68	5.84
2,000	10.74	11.04	11.36	11.67
3,000	16.10	16.57	17.03	17.51
4,000	21.47	22.09	22.71	23.34
5,000	26.84	27.61	28.39	29.18
10,000	53.68	55.22	56.78	58.36
20,000	107.36	110.44	113.56	116.71
30,000	161.05	165.66	170.34	175.07
40,000	214.73	220.88	227.12	233.43
50,000	268.41	276.10	283.89	291.79
100,000	536.82	552.20	567.79	583.57
200,000	1,073.64	1,104.41	1,135.58	1,167.15
300,000	1,610.46	1,656.61	1,703.37	1,750.72
400,000	2,147.29	2,208.81	2,271.16	2,334.29
500,000	2,684.11	2,761.02	2,838.95	2,917.86
1,000,000	5,368.22	5,522.04	5,677.89	5,835.73
5,000,000	26,841.08	27,610.19	28,389.45	29,178.64
10,000,000	53,682.16	55,220.37	56,778.90	58,357.29

Pago Mensual de Hipoteca a 30 Años

	Tasa de Interés			
Cantidad	**6.00%**	**6.25%**	**6.50%**	**6.75%**
100	0.60	0.62	0.63	0.65
200	1.20	1.23	1.26	1.30
300	1.80	1.85	1.90	1.95
400	2.40	2.46	2.53	2.59
500	3.00	3.08	3.16	3.24
1,000	6.00	6.16	6.32	6.49
2,000	11.99	12.31	12.64	12.97
3,000	17.99	18.47	18.96	19.46
4,000	23.98	24.63	25.28	25.94
5,000	29.98	30.79	31.60	32.43
10,000	59.96	61.57	63.21	64.86
20,000	119.91	123.14	126.41	129.72
30,000	179.87	184.72	189.62	194.58
40,000	239.82	246.29	252.83	259.44
50,000	299.78	307.86	316.03	324.30
100,000	599.55	615.72	632.07	648.60
200,000	1,199.10	1,231.43	1,264.14	1,297.20
300,000	1,798.65	1,847.15	1,896.20	1,945.79
400,000	2,398.20	2,462.87	2,528.27	2,594.39
500,000	2,997.75	3,078.59	3,160.34	3,242.99
1,000,000	5,995.51	6,157.17	6,320.68	6,485.98
5,000,000	29,977.53	30,785.86	31,603.40	32,429.90
10,000,000	59,955.05	61,571.72	63,206.80	64,859.81

Pago Mensual de Hipoteca a 30 Años

	Tasa de Interés			
Cantidad	**7.00%**	**7.25%**	**7.50%**	**7.75%**
100	0.67	0.68	0.70	0.72
200	1.33	1.36	1.40	1.43
300	2.00	2.05	2.10	2.15
400	2.66	2.73	2.80	2.87
500	3.33	3.41	3.50	3.58
1,000	6.65	6.82	6.99	7.16
2,000	13.31	13.64	13.98	14.33
3,000	19.96	20.47	20.98	21.49
4,000	26.61	27.29	27.97	28.66
5,000	33.27	34.11	34.96	35.82
10,000	66.53	68.22	69.92	71.64
20,000	133.06	136.44	139.84	143.28
30,000	199.59	204.65	209.76	214.92
40,000	266.12	272.87	279.69	286.56
50,000	332.65	341.09	349.61	358.21
100,000	665.30	682.18	699.21	716.41
200,000	1,330.60	1,364.35	1,398.43	1,432.82
300,000	1,995.91	2,046.53	2,097.64	2,149.24
400,000	2,661.21	2,728.71	2,796.86	2,865.65
500,000	3,326.51	3,410.88	3,496.07	3,582.06
1,000,000	6,653.02	6,821.76	6,992.15	7,164.12
5,000,000	33,265.12	34,108.81	34,960.73	35,820.61
10,000,000	66,530.25	68,217.63	69,921.45	71,641.22

Pago Mensual de Hipoteca a 30 Años

	Tasa de Interés			
Cantidad	**8.00%**	**8.25%**	**8.50%**	**8.75%**
100	0.73	0.75	0.77	0.79
200	1.47	1.50	1.54	1.57
300	2.20	2.25	2.31	2.36
400	2.94	3.01	3.08	3.15
500	3.67	3.76	3.84	3.93
1,000	7.34	7.51	7.69	7.87
2,000	14.68	15.03	15.38	15.73
3,000	22.01	22.54	23.07	23.60
4,000	29.35	30.05	30.76	31.47
5,000	36.69	37.56	38.45	39.34
10,000	73.38	75.13	76.89	78.67
20,000	146.75	150.25	153.78	157.34
30,000	220.13	225.38	230.67	236.01
40,000	293.51	300.51	307.57	314.68
50,000	366.88	375.63	384.46	393.35
100,000	733.76	751.27	768.91	786.70
200,000	1,467.53	1,502.53	1,537.83	1,573.40
300,000	2,201.29	2,253.80	2,306.74	2,360.10
400,000	2,935.06	3,005.07	3,075.65	3,146.80
500,000	3,668.82	3,756.33	3,844.57	3,933.50
1,000,000	7,337.65	7,512.67	7,689.13	7,867.00
5,000,000	36,688.23	37,563.33	38,445.67	39,335.02
10,000,000	73,376.46	75,126.66	76,891.35	78,670.04

Pago Mensual de Hipoteca a 30 Años

	Tasa de Interés			
Cantidad	**9.00%**	**9.25%**	**9.50%**	**9.75%**
100	0.80	0.82	0.84	0.86
200	1.61	1.65	1.68	1.72
300	2.41	2.47	2.52	2.58
400	3.22	3.29	3.36	3.44
500	4.02	4.11	4.20	4.30
1,000	8.05	8.23	8.41	8.59
2,000	16.09	16.45	16.82	17.18
3,000	24.14	24.68	25.23	25.77
4,000	32.18	32.91	33.63	34.37
5,000	40.23	41.13	42.04	42.96
10,000	80.46	82.27	84.09	85.92
20,000	160.92	164.54	168.17	171.83
30,000	241.39	246.80	252.26	257.75
40,000	321.85	329.07	336.34	343.66
50,000	402.31	411.34	420.43	429.58
100,000	804.62	822.68	840.85	859.15
200,000	1,609.25	1,645.35	1,681.71	1,718.31
300,000	2,413.87	2,468.03	2,522.56	2,577.46
400,000	3,218.49	3,290.70	3,363.42	3,436.62
500,000	4,023.11	4,113.38	4,204.27	4,295.77
1,000,000	8,046.23	8,226.75	8,408.54	8,591.54
5,000,000	40,231.13	41,133.77	42,042.71	42,957.72
10,000,000	80,462.26	82,267.54	84,085.42	85,915.44

Pago Mensual de Hipoteca a 30 Años

	Tasa de Interés			
Cantidad	**10.00%**	**10.25%**	**10.50%**	**10.75%**
100	0.88	0.90	0.91	0.93
200	1.76	1.79	1.83	1.87
300	2.63	2.69	2.74	2.80
400	3.51	3.58	3.66	3.73
500	4.39	4.48	4.57	4.67
1,000	8.78	8.96	9.15	9.33
2,000	17.55	17.92	18.29	18.67
3,000	26.33	26.88	27.44	28.00
4,000	35.10	35.84	36.59	37.34
5,000	43.88	44.81	45.74	46.67
10,000	87.76	89.61	91.47	93.35
20,000	175.51	179.22	182.95	186.70
30,000	263.27	268.83	274.42	280.04
40,000	351.03	358.44	365.90	373.39
50,000	438.79	448.05	457.37	466.74
100,000	877.57	896.10	914.74	933.48
200,000	1,755.14	1,792.20	1,829.48	1,866.96
300,000	2,632.71	2,688.30	2,744.22	2,800.44
400,000	3,510.29	3,584.41	3,658.96	3,733.93
500,000	4,387.86	4,480.51	4,573.70	4,667.41
1,000,000	8,775.72	8,961.01	9,147.39	9,334.81
5,000,000	43,878.58	44,805.06	45,736.96	46,674.07
10,000,000	87,757.16	89,610.13	91,473.93	93,348.14

Pago Mensual de Hipoteca a 30 Años

	Tasa de Interés			
Cantidad	**11.00%**	**11.25%**	**11.50%**	**11.75%**
100	0.95	0.97	0.99	1.01
200	1.90	1.94	1.98	2.02
300	2.86	2.91	2.97	3.03
400	3.81	3.89	3.96	4.04
500	4.76	4.86	4.95	5.05
1,000	9.52	9.71	9.90	10.09
2,000	19.05	19.43	19.81	20.19
3,000	28.57	29.14	29.71	30.28
4,000	38.09	38.85	39.61	40.38
5,000	47.62	48.56	49.51	50.47
10,000	95.23	97.13	99.03	100.94
20,000	190.46	194.25	198.06	201.88
30,000	285.70	291.38	297.09	302.82
40,000	380.93	388.50	396.12	403.76
50,000	476.16	485.63	495.15	504.70
100,000	952.32	971.26	990.29	1,009.41
200,000	1,904.65	1,942.52	1,980.58	2,018.82
300,000	2,856.97	2,913.78	2,970.87	3,028.23
400,000	3,809.29	3,885.05	3,961.17	4,037.64
500,000	4,761.62	4,856.31	4,951.46	5,047.05
1,000,000	9,523.23	9,712.61	9,902.91	10,094.10
5,000,000	47,616.17	48,563.07	49,514.57	50,470.49
10,000,000	95,232.34	97,126.14	99,029.14	100,940.97

Pago Mensual de Hipoteca a 30 Años

	Tasa de Interés			
Cantidad	**12.00%**	**12.25%**	**12.50%**	**12.75%**
100	1.03	1.05	1.07	1.09
200	2.06	2.10	2.13	2.17
300	3.09	3.14	3.20	3.26
400	4.11	4.19	4.27	4.35
500	5.14	5.24	5.34	5.43
1,000	10.29	10.48	10.67	10.87
2,000	20.57	20.96	21.35	21.73
3,000	30.86	31.44	32.02	32.60
4,000	41.14	41.92	42.69	43.47
5,000	51.43	52.39	53.36	54.33
10,000	102.86	104.79	106.73	108.67
20,000	205.72	209.58	213.45	217.34
30,000	308.58	314.37	320.18	326.01
40,000	411.45	419.16	426.90	434.68
50,000	514.31	523.95	533.63	543.35
100,000	1,028.61	1,047.90	1,067.26	1,086.69
200,000	2,057.23	2,095.79	2,134.52	2,173.39
300,000	3,085.84	3,143.69	3,201.77	3,260.08
400,000	4,114.45	4,191.59	4,269.03	4,346.77
500,000	5,143.06	5,239.48	5,336.29	5,433.47
1,000,000	10,286.13	10,478.96	10,672.58	10,866.93
5,000,000	51,430.63	52,394.82	53,362.89	54,334.66
10,000,000	102,861.26	104,789.64	106,725.78	108,669.32

Pago Mensual de Hipoteca a 30 Años

	Tasa de Interés			
Cantidad	**13.00%**	**13.25%**	**13.50%**	**13.75%**
100	1.11	1.13	1.15	1.17
200	2.21	2.25	2.29	2.33
300	3.32	3.38	3.44	3.50
400	4.42	4.50	4.58	4.66
500	5.53	5.63	5.73	5.83
1,000	11.06	11.26	11.45	11.65
2,000	22.12	22.52	22.91	23.30
3,000	33.19	33.77	34.36	34.95
4,000	44.25	45.03	45.82	46.60
5,000	55.31	56.29	57.27	58.26
10,000	110.62	112.58	114.54	116.51
20,000	221.24	225.15	229.08	233.02
30,000	331.86	337.73	343.62	349.53
40,000	442.48	450.31	458.16	466.05
50,000	553.10	562.89	572.71	582.56
100,000	1,106.20	1,125.77	1,145.41	1,165.11
200,000	2,212.40	2,251.55	2,290.82	2,330.23
300,000	3,318.60	3,377.32	3,436.24	3,495.34
400,000	4,424.80	4,503.09	4,581.65	4,660.45
500,000	5,531.00	5,628.87	5,727.06	5,825.56
1,000,000	11,062.00	11,257.74	11,454.12	11,651.13
5,000,000	55,309.98	56,288.68	57,270.61	58,255.63
10,000,000	110,619.95	112,577.35	114,541.22	116,511.25

Pago Mensual de Hipoteca a 30 Años

	Tasa de Interés			
Cantidad	**14.00%**	**14.25%**	**14.50%**	**14.75%**
100	1.18	1.20	1.22	1.24
200	2.37	2.41	2.45	2.49
300	3.55	3.61	3.67	3.73
400	4.74	4.82	4.90	4.98
500	5.92	6.02	6.12	6.22
1,000	11.85	12.05	12.25	12.44
2,000	23.70	24.09	24.49	24.89
3,000	35.55	36.14	36.74	37.33
4,000	47.39	48.19	48.98	49.78
5,000	59.24	60.23	61.23	62.22
10,000	118.49	120.47	122.46	124.45
20,000	236.97	240.94	244.91	248.90
30,000	355.46	361.41	367.37	373.34
40,000	473.95	481.87	489.82	497.79
50,000	592.44	602.34	612.28	622.24
100,000	1,184.87	1,204.69	1,224.56	1,244.48
200,000	2,369.74	2,409.37	2,449.11	2,488.95
300,000	3,554.62	3,614.06	3,673.67	3,733.43
400,000	4,739.49	4,818.75	4,898.22	4,977.90
500,000	5,924.36	6,023.44	6,122.78	6,222.38
1,000,000	11,848.72	12,046.87	12,245.56	12,444.76
5,000,000	59,243.59	60,234.35	61,227.80	62,223.79
10,000,000	118,487.18	120,468.71	122,455.59	124,447.57

Pago Mensual de Hipoteca a 30 Años

	Tasa de Interés			
Cantidad	**15.00%**	**15.25%**	**15.50%**	**15.75%**
100	1.26	1.28	1.30	1.32
200	2.53	2.57	2.61	2.65
300	3.79	3.85	3.91	3.97
400	5.06	5.14	5.22	5.30
500	6.32	6.42	6.52	6.62
1,000	12.64	12.84	13.05	13.25
2,000	25.29	25.69	26.09	26.49
3,000	37.93	38.53	39.14	39.74
4,000	50.58	51.38	52.18	52.98
5,000	63.22	64.22	65.23	66.23
10,000	126.44	128.45	130.45	132.46
20,000	252.89	256.89	260.90	264.92
30,000	379.33	385.34	391.36	397.39
40,000	505.78	513.78	521.81	529.85
50,000	632.22	642.23	652.26	662.31
100,000	1,264.44	1,284.46	1,304.52	1,324.62
200,000	2,528.89	2,568.92	2,609.03	2,649.23
300,000	3,793.33	3,853.38	3,913.55	3,973.85
400,000	5,057.78	5,137.83	5,218.07	5,298.47
500,000	6,322.22	6,422.29	6,522.58	6,623.09
1,000,000	12,644.44	12,844.59	13,045.17	13,246.17
5,000,000	63,222.20	64,222.93	65,225.85	66,230.86
10,000,000	126,444.40	128,445.85	130,451.69	132,461.71

Pago Mensual de Hipoteca a 30 Años

	Tasa de Interés			
Cantidad	**16.00%**	**16.25%**	**16.50%**	**16.75%**
100	1.34	1.36	1.39	1.41
200	2.69	2.73	2.77	2.81
300	4.03	4.09	4.16	4.22
400	5.38	5.46	5.54	5.62
500	6.72	6.82	6.93	7.03
1,000	13.45	13.65	13.85	14.05
2,000	26.90	27.30	27.70	28.11
3,000	40.34	40.95	41.55	42.16
4,000	53.79	54.60	55.41	56.22
5,000	67.24	68.25	69.26	70.27
10,000	134.48	136.49	138.51	140.54
20,000	268.95	272.99	277.03	281.08
30,000	403.43	409.48	415.54	421.62
40,000	537.90	545.97	554.06	562.16
50,000	672.38	682.47	692.57	702.70
100,000	1,344.76	1,364.93	1,385.15	1,405.40
200,000	2,689.51	2,729.87	2,770.30	2,810.79
300,000	4,034.27	4,094.80	4,155.44	4,216.19
400,000	5,379.03	5,459.74	5,540.59	5,621.58
500,000	6,723.78	6,824.67	6,925.74	7,026.98
1,000,000	13,447.57	13,649.35	13,851.48	14,053.96
5,000,000	67,237.85	68,246.73	69,257.40	70,269.78
10,000,000	134,475.70	136,493.46	138,514.81	140,539.56

Pago Mensual de Hipoteca a 30 Años

	Tasa de Interés			
Cantidad	**17.00%**	**17.25%**	**17.50%**	**17.75%**
100	1.43	1.45	1.47	1.49
200	2.85	2.89	2.93	2.97
300	4.28	4.34	4.40	4.46
400	5.70	5.78	5.87	5.95
500	7.13	7.23	7.33	7.43
1,000	14.26	14.46	14.66	14.87
2,000	28.51	28.92	29.33	29.73
3,000	42.77	43.38	43.99	44.60
4,000	57.03	57.84	58.65	59.47
5,000	71.28	72.30	73.32	74.33
10,000	142.57	144.60	146.63	148.67
20,000	285.14	289.20	293.27	297.34
30,000	427.70	433.80	439.90	446.01
40,000	570.27	578.39	586.53	594.68
50,000	712.84	722.99	733.16	743.35
100,000	1,425.68	1,445.99	1,466.33	1,486.69
200,000	2,851.35	2,891.97	2,932.65	2,973.38
300,000	4,277.03	4,337.96	4,398.98	4,460.08
400,000	5,702.70	5,783.94	5,865.30	5,946.77
500,000	7,128.38	7,229.93	7,331.63	7,433.46
1,000,000	14,256.75	14,459.86	14,663.25	14,866.92
5,000,000	71,283.77	72,299.29	73,316.26	74,334.61
10,000,000	142,567.53	144,598.58	146,632.52	148,669.22

Pago Mensual de Hipoteca a 30 Años

	Tasa de Interés			
Cantidad	**18.00%**	**18.25%**	**18.50%**	**18.75%**
100	1.51	1.53	1.55	1.57
200	3.01	3.06	3.10	3.14
300	4.52	4.58	4.64	4.71
400	6.03	6.11	6.19	6.27
500	7.54	7.64	7.74	7.84
1,000	15.07	15.28	15.48	15.68
2,000	30.14	30.55	30.96	31.37
3,000	45.21	45.83	46.44	47.05
4,000	60.28	61.10	61.92	62.74
5,000	75.35	76.38	77.40	78.42
10,000	150.71	152.75	154.79	156.84
20,000	301.42	305.50	309.59	313.68
30,000	452.13	458.25	464.38	470.52
40,000	602.83	611.00	619.18	627.36
50,000	753.54	763.75	773.97	784.20
100,000	1,507.09	1,527.50	1,547.94	1,568.41
200,000	3,014.17	3,055.01	3,095.89	3,136.82
300,000	4,521.26	4,582.51	4,643.83	4,705.22
400,000	6,028.34	6,110.01	6,191.78	6,273.63
500,000	7,535.43	7,637.52	7,739.72	7,842.04
1,000,000	15,070.85	15,275.03	15,479.45	15,684.08
5,000,000	75,354.27	76,375.16	77,397.23	78,420.40
10,000,000	150,708.54	152,750.32	154,794.45	156,840.80

Pago Mensual de Hipoteca a 30 Años

	Tasa de Interés			
Cantidad	**19.00%**	**19.25%**	**19.50%**	**19.75%**
100	1.59	1.61	1.63	1.65
200	3.18	3.22	3.26	3.30
300	4.77	4.83	4.89	4.95
400	6.36	6.44	6.52	6.60
500	7.94	8.05	8.15	8.25
1,000	15.89	16.09	16.30	16.50
2,000	31.78	32.19	32.60	33.01
3,000	47.67	48.28	48.90	49.51
4,000	63.56	64.38	65.20	66.02
5,000	79.44	80.47	81.50	82.52
10,000	158.89	160.94	162.99	165.05
20,000	317.78	321.88	325.98	330.09
30,000	476.67	482.82	488.98	495.14
40,000	635.56	643.76	651.97	660.18
50,000	794.45	804.70	814.96	825.23
100,000	1,588.89	1,609.40	1,629.92	1,650.46
200,000	3,177.78	3,218.79	3,259.84	3,300.92
300,000	4,766.68	4,828.19	4,889.76	4,951.38
400,000	6,355.57	6,437.59	6,519.68	6,601.84
500,000	7,944.46	8,046.98	8,149.60	8,252.30
1,000,000	15,888.92	16,093.97	16,299.20	16,504.61
5,000,000	79,444.62	80,469.84	81,496.00	82,523.05
10,000,000	158,889.25	160,939.68	162,992.00	165,046.09

Pago Mensual de Hipoteca a 30 Años

	Tasa de Interés			
Cantidad	**20.00%**	**20.25%**	**20.50%**	**20.75%**
100	1.67	1.69	1.71	1.73
200	3.34	3.38	3.42	3.47
300	5.01	5.07	5.14	5.20
400	6.68	6.77	6.85	6.93
500	8.36	8.46	8.56	8.66
1,000	16.71	16.92	17.12	17.33
2,000	33.42	33.83	34.24	34.66
3,000	50.13	50.75	51.37	51.98
4,000	66.84	67.66	68.49	69.31
5,000	83.55	84.58	85.61	86.64
10,000	167.10	169.16	171.22	173.28
20,000	334.20	338.32	342.44	346.56
30,000	501.31	507.48	513.65	519.84
40,000	668.41	676.64	684.87	693.11
50,000	835.51	845.80	856.09	866.39
100,000	1,671.02	1,691.59	1,712.18	1,732.78
200,000	3,342.04	3,383.18	3,424.36	3,465.57
300,000	5,013.06	5,074.78	5,136.54	5,198.35
400,000	6,684.07	6,766.37	6,848.72	6,931.14
500,000	8,355.09	8,457.96	8,560.90	8,663.92
1,000,000	16,710.19	16,915.92	17,121.81	17,327.84
5,000,000	83,550.93	84,579.62	85,609.05	86,639.19
10,000,000	167,101.87	169,159.23	171,218.10	173,278.38

Pago Mensual de Hipoteca a 30 Años

	Tasa de Interés			
Cantidad	**21.00%**	**21.25%**	**21.50%**	**21.75%**
100	1.75	1.77	1.79	1.82
200	3.51	3.55	3.59	3.63
300	5.26	5.32	5.38	5.45
400	7.01	7.10	7.18	7.26
500	8.77	8.87	8.97	9.08
1,000	17.53	17.74	17.95	18.15
2,000	35.07	35.48	35.89	36.31
3,000	52.60	53.22	53.84	54.46
4,000	70.14	70.96	71.79	72.61
5,000	87.67	88.70	89.73	90.77
10,000	175.34	177.40	179.47	181.53
20,000	350.68	354.81	358.93	363.06
30,000	526.02	532.21	538.40	544.60
40,000	701.36	709.61	717.87	726.13
50,000	876.70	887.01	897.33	907.66
100,000	1,753.40	1,774.03	1,794.67	1,815.32
200,000	3,506.80	3,548.06	3,589.34	3,630.64
300,000	5,260.20	5,322.09	5,384.01	5,445.97
400,000	7,013.60	7,096.12	7,178.68	7,261.29
500,000	8,767.00	8,870.15	8,973.35	9,076.61
1,000,000	17,534.00	17,740.29	17,946.70	18,153.22
5,000,000	87,670.00	88,701.45	89,733.49	90,766.10
10,000,000	175,340.01	177,402.90	179,466.99	181,532.20

Pago Mensual de Hipoteca a 30 Años

	Tasa de Interés			
Cantidad	**22.00%**	**22.25%**	**22.50%**	**22.75%**
100	1.84	1.86	1.88	1.90
200	3.67	3.71	3.75	3.80
300	5.51	5.57	5.63	5.69
400	7.34	7.43	7.51	7.59
500	9.18	9.28	9.39	9.49
1,000	18.36	18.57	18.77	18.98
2,000	36.72	37.13	37.55	37.96
3,000	55.08	55.70	56.32	56.94
4,000	73.44	74.27	75.09	75.92
5,000	91.80	92.83	93.87	94.90
10,000	183.60	185.67	187.73	189.80
20,000	367.20	371.33	375.47	379.61
30,000	550.80	557.00	563.20	569.41
40,000	734.39	742.66	750.94	759.21
50,000	917.99	928.33	938.67	949.02
100,000	1,835.98	1,856.66	1,877.34	1,898.03
200,000	3,671.97	3,713.32	3,754.68	3,796.06
300,000	5,507.95	5,569.97	5,632.02	5,694.09
400,000	7,343.94	7,426.63	7,509.36	7,592.12
500,000	9,179.92	9,283.29	9,386.70	9,490.16
1,000,000	18,359.85	18,566.58	18,773.40	18,980.31
5,000,000	91,799.24	92,832.88	93,867.00	94,901.56
10,000,000	183,598.48	185,665.76	187,733.99	189,803.11

Pago Mensual de Hipoteca a 30 Años

	Tasa de Interés			
Cantidad	**23.00%**	**23.25%**	**23.50%**	**23.75%**
100	1.92	1.94	1.96	1.98
200	3.84	3.88	3.92	3.96
300	5.76	5.82	5.88	5.94
400	7.67	7.76	7.84	7.92
500	9.59	9.70	9.80	9.90
1,000	19.19	19.39	19.60	19.81
2,000	38.37	38.79	39.20	39.62
3,000	57.56	58.18	58.80	59.43
4,000	76.75	77.58	78.41	79.24
5,000	95.94	96.97	98.01	99.04
10,000	191.87	193.94	196.02	198.09
20,000	383.75	387.89	392.03	396.18
30,000	575.62	581.83	588.05	594.26
40,000	767.49	775.78	784.06	792.35
50,000	959.37	969.72	980.08	990.44
100,000	1,918.73	1,939.44	1,960.15	1,980.88
200,000	3,837.46	3,878.88	3,920.31	3,961.75
300,000	5,756.19	5,818.32	5,880.46	5,942.63
400,000	7,674.92	7,757.75	7,840.61	7,923.50
500,000	9,593.65	9,697.19	9,800.77	9,904.38
1,000,000	19,187.31	19,394.38	19,601.53	19,808.76
5,000,000	95,936.54	96,971.92	98,007.67	99,043.78
10,000,000	191,873.08	193,943.84	196,015.35	198,087.56

Pago Mensual de Hipoteca a 30 Años

	Tasa de Interés			
Cantidad	**24.00%**	**24.25%**	**24.50%**	**24.75%**
100	2.00	2.02	2.04	2.06
200	4.00	4.04	4.09	4.13
300	6.00	6.07	6.13	6.19
400	8.01	8.09	8.17	8.26
500	10.01	10.11	10.22	10.32
1,000	20.02	20.22	20.43	20.64
2,000	40.03	40.45	40.86	41.28
3,000	60.05	60.67	61.29	61.91
4,000	80.06	80.89	81.72	82.55
5,000	100.08	101.12	102.15	103.19
10,000	200.16	202.23	204.31	206.38
20,000	400.32	404.47	408.62	412.77
30,000	600.48	606.70	612.92	619.15
40,000	800.64	808.94	817.23	825.53
50,000	1,000.80	1,011.17	1,021.54	1,031.91
100,000	2,001.60	2,022.34	2,043.08	2,063.83
200,000	4,003.21	4,044.68	4,086.16	4,127.65
300,000	6,004.81	6,067.02	6,129.24	6,191.48
400,000	8,006.42	8,089.36	8,172.32	8,255.31
500,000	10,008.02	10,111.70	10,215.40	10,319.13
1,000,000	20,016.04	20,223.39	20,430.80	20,638.27
5,000,000	100,080.22	101,116.97	102,154.02	103,191.35
10,000,000	200,160.44	202,233.95	204,308.04	206,382.69

Pago Mensual de Hipoteca a 30 Años

	Tasa de Interés			
Cantidad	**25.00%**	**25.25%**	**25.50%**	**25.75%**
100	2.08	2.11	2.13	2.15
200	4.17	4.21	4.25	4.29
300	6.25	6.32	6.38	6.44
400	8.34	8.42	8.50	8.59
500	10.42	10.53	10.63	10.73
1,000	20.85	21.05	21.26	21.47
2,000	41.69	42.11	42.52	42.94
3,000	62.54	63.16	63.78	64.41
4,000	83.38	84.21	85.04	85.87
5,000	104.23	105.27	106.30	107.34
10,000	208.46	210.53	212.61	214.69
20,000	416.92	421.07	425.22	429.37
30,000	625.37	631.60	637.83	644.06
40,000	833.83	842.13	850.44	858.74
50,000	1,042.29	1,052.67	1,063.05	1,073.43
100,000	2,084.58	2,105.34	2,126.10	2,146.86
200,000	4,169.16	4,210.67	4,252.19	4,293.72
300,000	6,253.74	6,316.01	6,378.29	6,440.59
400,000	8,338.31	8,421.34	8,504.39	8,587.45
500,000	10,422.89	10,526.68	10,630.48	10,734.31
1,000,000	20,845.79	21,053.35	21,260.97	21,468.62
5,000,000	104,228.93	105,266.76	106,304.83	107,343.11
10,000,000	208,457.86	210,533.53	212,609.66	214,686.22

Tabla de Hipoteca

Término
35 Años

Cantidad del Préstamo

$100 - $10,000,000

Utilice estas tablas para determinar el pago mensual necesario para amortizar una hipoteca con tasa fija de interés. Simplemente busque la cantidad del préstamo en la columna izquierda e identifique el pago mensual bajo la tasa de interés correspondiente a su derecha.

Pago Mensual de Hipoteca a 35 Años

Cantidad	Tasa de Interés			
	1.00%	**1.25%**	**1.50%**	**1.75%**
100	0.32	0.33	0.35	0.36
200	0.64	0.67	0.69	0.71
300	0.96	1.00	1.04	1.07
400	1.29	1.33	1.38	1.43
500	1.61	1.67	1.73	1.79
1,000	3.22	3.33	3.45	3.57
2,000	6.43	6.67	6.90	7.14
3,000	9.65	10.00	10.35	10.72
4,000	12.87	13.33	13.80	14.29
5,000	16.08	16.66	17.26	17.86
10,000	32.16	33.33	34.51	35.72
20,000	64.33	66.65	69.02	71.45
30,000	96.49	99.98	103.54	107.17
40,000	128.66	133.30	138.05	142.90
50,000	160.82	166.63	172.56	178.62
100,000	321.64	333.25	345.12	357.24
200,000	643.28	666.50	690.24	714.49
300,000	964.92	999.76	1,035.36	1,071.73
400,000	1,286.56	1,333.01	1,380.48	1,428.97
500,000	1,608.20	1,666.26	1,725.60	1,786.22
1,000,000	3,216.40	3,332.52	3,451.20	3,572.43
5,000,000	16,081.98	16,662.58	17,256.01	17,862.17
10,000,000	32,163.95	33,325.17	34,512.02	35,724.34

Pago Mensual de Hipoteca a 35 Años

	Tasa de Interés			
Cantidad	**2.00%**	**2.25%**	**2.50%**	**2.75%**
100	0.37	0.38	0.40	0.41
200	0.74	0.76	0.79	0.82
300	1.11	1.15	1.19	1.22
400	1.48	1.53	1.58	1.63
500	1.85	1.91	1.98	2.04
1,000	3.70	3.82	3.95	4.08
2,000	7.39	7.64	7.90	8.16
3,000	11.09	11.47	11.85	12.25
4,000	14.78	15.29	15.80	16.33
5,000	18.48	19.11	19.76	20.41
10,000	36.96	38.22	39.51	40.82
20,000	73.92	76.45	79.02	81.65
30,000	110.89	114.67	118.54	122.47
40,000	147.85	152.90	158.05	163.30
50,000	184.81	191.12	197.56	204.12
100,000	369.62	382.25	395.12	408.24
200,000	739.24	764.49	790.24	816.48
300,000	1,108.86	1,146.74	1,185.36	1,224.72
400,000	1,478.48	1,528.98	1,580.48	1,632.96
500,000	1,848.10	1,911.23	1,975.60	2,041.21
1,000,000	3,696.19	3,822.46	3,951.21	4,082.41
5,000,000	18,480.97	19,112.31	19,756.04	20,412.06
10,000,000	36,961.95	38,224.61	39,512.09	40,824.12

Pago Mensual de Hipoteca a 35 Años

	Tasa de Interés			
Cantidad	**3.00%**	**3.25%**	**3.50%**	**3.75%**
100	0.42	0.44	0.45	0.46
200	0.84	0.87	0.90	0.93
300	1.26	1.31	1.35	1.39
400	1.69	1.74	1.80	1.85
500	2.11	2.18	2.25	2.32
1,000	4.22	4.35	4.49	4.63
2,000	8.43	8.70	8.98	9.26
3,000	12.65	13.06	13.47	13.89
4,000	16.86	17.41	17.96	18.52
5,000	21.08	21.76	22.45	23.16
10,000	42.16	43.52	44.90	46.31
20,000	84.32	87.04	89.81	92.62
30,000	126.48	130.56	134.71	138.93
40,000	168.64	174.08	179.62	185.25
50,000	210.80	217.60	224.52	231.56
100,000	421.60	435.21	449.04	463.12
200,000	843.21	870.41	898.09	926.23
300,000	1,264.81	1,305.62	1,347.13	1,389.35
400,000	1,686.42	1,740.83	1,796.18	1,852.46
500,000	2,108.02	2,176.03	2,245.22	2,315.58
1,000,000	4,216.04	4,352.06	4,490.45	4,631.16
5,000,000	21,080.20	21,760.32	22,452.23	23,155.78
10,000,000	42,160.40	43,520.63	44,904.47	46,311.56

Pago Mensual de Hipoteca a 35 Años

	Tasa de Interés			
Cantidad	**4.00%**	**4.25%**	**4.50%**	**4.75%**
100	0.48	0.49	0.51	0.52
200	0.95	0.98	1.01	1.04
300	1.43	1.48	1.52	1.56
400	1.91	1.97	2.03	2.09
500	2.39	2.46	2.53	2.61
1,000	4.77	4.92	5.07	5.22
2,000	9.55	9.84	10.13	10.43
3,000	14.32	14.76	15.20	15.65
4,000	19.10	19.68	20.27	20.87
5,000	23.87	24.60	25.33	26.08
10,000	47.74	49.19	50.67	52.16
20,000	95.48	98.39	101.34	104.33
30,000	143.22	147.58	152.01	156.49
40,000	190.97	196.78	202.67	208.66
50,000	238.71	245.97	253.34	260.82
100,000	477.42	491.94	506.69	521.65
200,000	954.83	983.88	1,013.37	1,043.29
300,000	1,432.25	1,475.82	1,520.06	1,564.94
400,000	1,909.66	1,967.76	2,026.74	2,086.59
500,000	2,387.08	2,459.70	2,533.43	2,608.24
1,000,000	4,774.15	4,919.40	5,066.85	5,216.47
5,000,000	23,870.76	24,596.99	25,334.27	26,082.37
10,000,000	47,741.53	49,193.99	50,668.53	52,164.73

Pago Mensual de Hipoteca a 35 Años

	Tasa de Interés			
Cantidad	**5.00%**	**5.25%**	**5.50%**	**5.75%**
100	0.54	0.55	0.57	0.58
200	1.07	1.10	1.14	1.17
300	1.61	1.66	1.70	1.75
400	2.15	2.21	2.27	2.33
500	2.68	2.76	2.84	2.92
1,000	5.37	5.52	5.68	5.84
2,000	10.74	11.04	11.36	11.67
3,000	16.10	16.57	17.03	17.51
4,000	21.47	22.09	22.71	23.34
5,000	26.84	27.61	28.39	29.18
10,000	53.68	55.22	56.78	58.36
20,000	107.36	110.44	113.56	116.71
30,000	161.05	165.66	170.34	175.07
40,000	214.73	220.88	227.12	233.43
50,000	268.41	276.10	283.89	291.79
100,000	536.82	552.20	567.79	583.57
200,000	1,073.64	1,104.41	1,135.58	1,167.15
300,000	1,610.46	1,656.61	1,703.37	1,750.72
400,000	2,147.29	2,208.81	2,271.16	2,334.29
500,000	2,684.11	2,761.02	2,838.95	2,917.86
1,000,000	5,368.22	5,522.04	5,677.89	5,835.73
5,000,000	26,841.08	27,610.19	28,389.45	29,178.64
10,000,000	53,682.16	55,220.37	56,778.90	58,357.29

Pago Mensual de Hipoteca a 35 Años

	Tasa de Interés			
Cantidad	**6.00%**	**6.25%**	**6.50%**	**6.75%**
100	0.60	0.62	0.63	0.65
200	1.20	1.23	1.26	1.30
300	1.80	1.85	1.90	1.95
400	2.40	2.46	2.53	2.59
500	3.00	3.08	3.16	3.24
1,000	6.00	6.16	6.32	6.49
2,000	11.99	12.31	12.64	12.97
3,000	17.99	18.47	18.96	19.46
4,000	23.98	24.63	25.28	25.94
5,000	29.98	30.79	31.60	32.43
10,000	59.96	61.57	63.21	64.86
20,000	119.91	123.14	126.41	129.72
30,000	179.87	184.72	189.62	194.58
40,000	239.82	246.29	252.83	259.44
50,000	299.78	307.86	316.03	324.30
100,000	599.55	615.72	632.07	648.60
200,000	1,199.10	1,231.43	1,264.14	1,297.20
300,000	1,798.65	1,847.15	1,896.20	1,945.79
400,000	2,398.20	2,462.87	2,528.27	2,594.39
500,000	2,997.75	3,078.59	3,160.34	3,242.99
1,000,000	5,995.51	6,157.17	6,320.68	6,485.98
5,000,000	29,977.53	30,785.86	31,603.40	32,429.90
10,000,000	59,955.05	61,571.72	63,206.80	64,859.81

Pago Mensual de Hipoteca a 35 Años

	Tasa de Interés			
Cantidad	**7.00%**	**7.25%**	**7.50%**	**7.75%**
100	0.67	0.68	0.70	0.72
200	1.33	1.36	1.40	1.43
300	2.00	2.05	2.10	2.15
400	2.66	2.73	2.80	2.87
500	3.33	3.41	3.50	3.58
1,000	6.65	6.82	6.99	7.16
2,000	13.31	13.64	13.98	14.33
3,000	19.96	20.47	20.98	21.49
4,000	26.61	27.29	27.97	28.66
5,000	33.27	34.11	34.96	35.82
10,000	66.53	68.22	69.92	71.64
20,000	133.06	136.44	139.84	143.28
30,000	199.59	204.65	209.76	214.92
40,000	266.12	272.87	279.69	286.56
50,000	332.65	341.09	349.61	358.21
100,000	665.30	682.18	699.21	716.41
200,000	1,330.60	1,364.35	1,398.43	1,432.82
300,000	1,995.91	2,046.53	2,097.64	2,149.24
400,000	2,661.21	2,728.71	2,796.86	2,865.65
500,000	3,326.51	3,410.88	3,496.07	3,582.06
1,000,000	6,653.02	6,821.76	6,992.15	7,164.12
5,000,000	33,265.12	34,108.81	34,960.73	35,820.61
10,000,000	66,530.25	68,217.63	69,921.45	71,641.22

Pago Mensual de Hipoteca a 35 Años

	Tasa de Interés			
Cantidad	**8.00%**	**8.25%**	**8.50%**	**8.75%**
100	0.73	0.75	0.77	0.79
200	1.47	1.50	1.54	1.57
300	2.20	2.25	2.31	2.36
400	2.94	3.01	3.08	3.15
500	3.67	3.76	3.84	3.93
1,000	7.34	7.51	7.69	7.87
2,000	14.68	15.03	15.38	15.73
3,000	22.01	22.54	23.07	23.60
4,000	29.35	30.05	30.76	31.47
5,000	36.69	37.56	38.45	39.34
10,000	73.38	75.13	76.89	78.67
20,000	146.75	150.25	153.78	157.34
30,000	220.13	225.38	230.67	236.01
40,000	293.51	300.51	307.57	314.68
50,000	366.88	375.63	384.46	393.35
100,000	733.76	751.27	768.91	786.70
200,000	1,467.53	1,502.53	1,537.83	1,573.40
300,000	2,201.29	2,253.80	2,306.74	2,360.10
400,000	2,935.06	3,005.07	3,075.65	3,146.80
500,000	3,668.82	3,756.33	3,844.57	3,933.50
1,000,000	7,337.65	7,512.67	7,689.13	7,867.00
5,000,000	36,688.23	37,563.33	38,445.67	39,335.02
10,000,000	73,376.46	75,126.66	76,891.35	78,670.04

Pago Mensual de Hipoteca a 35 Años

	Tasa de Interés			
Cantidad	**9.00%**	**9.25%**	**9.50%**	**9.75%**
100	0.80	0.82	0.84	0.86
200	1.61	1.65	1.68	1.72
300	2.41	2.47	2.52	2.58
400	3.22	3.29	3.36	3.44
500	4.02	4.11	4.20	4.30
1,000	8.05	8.23	8.41	8.59
2,000	16.09	16.45	16.82	17.18
3,000	24.14	24.68	25.23	25.77
4,000	32.18	32.91	33.63	34.37
5,000	40.23	41.13	42.04	42.96
10,000	80.46	82.27	84.09	85.92
20,000	160.92	164.54	168.17	171.83
30,000	241.39	246.80	252.26	257.75
40,000	321.85	329.07	336.34	343.66
50,000	402.31	411.34	420.43	429.58
100,000	804.62	822.68	840.85	859.15
200,000	1,609.25	1,645.35	1,681.71	1,718.31
300,000	2,413.87	2,468.03	2,522.56	2,577.46
400,000	3,218.49	3,290.70	3,363.42	3,436.62
500,000	4,023.11	4,113.38	4,204.27	4,295.77
1,000,000	8,046.23	8,226.75	8,408.54	8,591.54
5,000,000	40,231.13	41,133.77	42,042.71	42,957.72
10,000,000	80,462.26	82,267.54	84,085.42	85,915.44

Pago Mensual de Hipoteca a 35 Años

	Tasa de Interés			
Cantidad	**10.00%**	**10.25%**	**10.50%**	**10.75%**
100	0.88	0.90	0.91	0.93
200	1.76	1.79	1.83	1.87
300	2.63	2.69	2.74	2.80
400	3.51	3.58	3.66	3.73
500	4.39	4.48	4.57	4.67
1,000	8.78	8.96	9.15	9.33
2,000	17.55	17.92	18.29	18.67
3,000	26.33	26.88	27.44	28.00
4,000	35.10	35.84	36.59	37.34
5,000	43.88	44.81	45.74	46.67
10,000	87.76	89.61	91.47	93.35
20,000	175.51	179.22	182.95	186.70
30,000	263.27	268.83	274.42	280.04
40,000	351.03	358.44	365.90	373.39
50,000	438.79	448.05	457.37	466.74
100,000	877.57	896.10	914.74	933.48
200,000	1,755.14	1,792.20	1,829.48	1,866.96
300,000	2,632.71	2,688.30	2,744.22	2,800.44
400,000	3,510.29	3,584.41	3,658.96	3,733.93
500,000	4,387.86	4,480.51	4,573.70	4,667.41
1,000,000	8,775.72	8,961.01	9,147.39	9,334.81
5,000,000	43,878.58	44,805.06	45,736.96	46,674.07
10,000,000	87,757.16	89,610.13	91,473.93	93,348.14

Pago Mensual de Hipoteca a 35 Años

	Tasa de Interés			
Cantidad	**11.00%**	**11.25%**	**11.50%**	**11.75%**
100	0.95	0.97	0.99	1.01
200	1.90	1.94	1.98	2.02
300	2.86	2.91	2.97	3.03
400	3.81	3.89	3.96	4.04
500	4.76	4.86	4.95	5.05
1,000	9.52	9.71	9.90	10.09
2,000	19.05	19.43	19.81	20.19
3,000	28.57	29.14	29.71	30.28
4,000	38.09	38.85	39.61	40.38
5,000	47.62	48.56	49.51	50.47
10,000	95.23	97.13	99.03	100.94
20,000	190.46	194.25	198.06	201.88
30,000	285.70	291.38	297.09	302.82
40,000	380.93	388.50	396.12	403.76
50,000	476.16	485.63	495.15	504.70
100,000	952.32	971.26	990.29	1,009.41
200,000	1,904.65	1,942.52	1,980.58	2,018.82
300,000	2,856.97	2,913.78	2,970.87	3,028.23
400,000	3,809.29	3,885.05	3,961.17	4,037.64
500,000	4,761.62	4,856.31	4,951.46	5,047.05
1,000,000	9,523.23	9,712.61	9,902.91	10,094.10
5,000,000	47,616.17	48,563.07	49,514.57	50,470.49
10,000,000	95,232.34	97,126.14	99,029.14	100,940.97

Pago Mensual de Hipoteca a 35 Años

	Tasa de Interés			
Cantidad	**12.00%**	**12.25%**	**12.50%**	**12.75%**
100	1.03	1.05	1.07	1.09
200	2.06	2.10	2.13	2.17
300	3.09	3.14	3.20	3.26
400	4.11	4.19	4.27	4.35
500	5.14	5.24	5.34	5.43
1,000	10.29	10.48	10.67	10.87
2,000	20.57	20.96	21.35	21.73
3,000	30.86	31.44	32.02	32.60
4,000	41.14	41.92	42.69	43.47
5,000	51.43	52.39	53.36	54.33
10,000	102.86	104.79	106.73	108.67
20,000	205.72	209.58	213.45	217.34
30,000	308.58	314.37	320.18	326.01
40,000	411.45	419.16	426.90	434.68
50,000	514.31	523.95	533.63	543.35
100,000	1,028.61	1,047.90	1,067.26	1,086.69
200,000	2,057.23	2,095.79	2,134.52	2,173.39
300,000	3,085.84	3,143.69	3,201.77	3,260.08
400,000	4,114.45	4,191.59	4,269.03	4,346.77
500,000	5,143.06	5,239.48	5,336.29	5,433.47
1,000,000	10,286.13	10,478.96	10,672.58	10,866.93
5,000,000	51,430.63	52,394.82	53,362.89	54,334.66
10,000,000	102,861.26	104,789.64	106,725.78	108,669.32

Pago Mensual de Hipoteca a 35 Años

	Tasa de Interés			
Cantidad	**13.00%**	**13.25%**	**13.50%**	**13.75%**
100	1.11	1.13	1.15	1.17
200	2.21	2.25	2.29	2.33
300	3.32	3.38	3.44	3.50
400	4.42	4.50	4.58	4.66
500	5.53	5.63	5.73	5.83
1,000	11.06	11.26	11.45	11.65
2,000	22.12	22.52	22.91	23.30
3,000	33.19	33.77	34.36	34.95
4,000	44.25	45.03	45.82	46.60
5,000	55.31	56.29	57.27	58.26
10,000	110.62	112.58	114.54	116.51
20,000	221.24	225.15	229.08	233.02
30,000	331.86	337.73	343.62	349.53
40,000	442.48	450.31	458.16	466.05
50,000	553.10	562.89	572.71	582.56
100,000	1,106.20	1,125.77	1,145.41	1,165.11
200,000	2,212.40	2,251.55	2,290.82	2,330.23
300,000	3,318.60	3,377.32	3,436.24	3,495.34
400,000	4,424.80	4,503.09	4,581.65	4,660.45
500,000	5,531.00	5,628.87	5,727.06	5,825.56
1,000,000	11,062.00	11,257.74	11,454.12	11,651.13
5,000,000	55,309.98	56,288.68	57,270.61	58,255.63
10,000,000	110,619.95	112,577.35	114,541.22	116,511.25

Pago Mensual de Hipoteca a 35 Años

	Tasa de Interés			
Cantidad	**14.00%**	**14.25%**	**14.50%**	**14.75%**
100	1.18	1.20	1.22	1.24
200	2.37	2.41	2.45	2.49
300	3.55	3.61	3.67	3.73
400	4.74	4.82	4.90	4.98
500	5.92	6.02	6.12	6.22
1,000	11.85	12.05	12.25	12.44
2,000	23.70	24.09	24.49	24.89
3,000	35.55	36.14	36.74	37.33
4,000	47.39	48.19	48.98	49.78
5,000	59.24	60.23	61.23	62.22
10,000	118.49	120.47	122.46	124.45
20,000	236.97	240.94	244.91	248.90
30,000	355.46	361.41	367.37	373.34
40,000	473.95	481.87	489.82	497.79
50,000	592.44	602.34	612.28	622.24
100,000	1,184.87	1,204.69	1,224.56	1,244.48
200,000	2,369.74	2,409.37	2,449.11	2,488.95
300,000	3,554.62	3,614.06	3,673.67	3,733.43
400,000	4,739.49	4,818.75	4,898.22	4,977.90
500,000	5,924.36	6,023.44	6,122.78	6,222.38
1,000,000	11,848.72	12,046.87	12,245.56	12,444.76
5,000,000	59,243.59	60,234.35	61,227.80	62,223.79
10,000,000	118,487.18	120,468.71	122,455.59	124,447.57

Pago Mensual de Hipoteca a 35 Años

	Tasa de Interés			
Cantidad	**15.00%**	**15.25%**	**15.50%**	**15.75%**
100	1.26	1.28	1.30	1.32
200	2.53	2.57	2.61	2.65
300	3.79	3.85	3.91	3.97
400	5.06	5.14	5.22	5.30
500	6.32	6.42	6.52	6.62
1,000	12.64	12.84	13.05	13.25
2,000	25.29	25.69	26.09	26.49
3,000	37.93	38.53	39.14	39.74
4,000	50.58	51.38	52.18	52.98
5,000	63.22	64.22	65.23	66.23
10,000	126.44	128.45	130.45	132.46
20,000	252.89	256.89	260.90	264.92
30,000	379.33	385.34	391.36	397.39
40,000	505.78	513.78	521.81	529.85
50,000	632.22	642.23	652.26	662.31
100,000	1,264.44	1,284.46	1,304.52	1,324.62
200,000	2,528.89	2,568.92	2,609.03	2,649.23
300,000	3,793.33	3,853.38	3,913.55	3,973.85
400,000	5,057.78	5,137.83	5,218.07	5,298.47
500,000	6,322.22	6,422.29	6,522.58	6,623.09
1,000,000	12,644.44	12,844.59	13,045.17	13,246.17
5,000,000	63,222.20	64,222.93	65,225.85	66,230.86
10,000,000	126,444.40	128,445.85	130,451.69	132,461.71

Pago Mensual de Hipoteca a 35 Años

	Tasa de Interés			
Cantidad	**16.00%**	**16.25%**	**16.50%**	**16.75%**
100	1.34	1.36	1.39	1.41
200	2.69	2.73	2.77	2.81
300	4.03	4.09	4.16	4.22
400	5.38	5.46	5.54	5.62
500	6.72	6.82	6.93	7.03
1,000	13.45	13.65	13.85	14.05
2,000	26.90	27.30	27.70	28.11
3,000	40.34	40.95	41.55	42.16
4,000	53.79	54.60	55.41	56.22
5,000	67.24	68.25	69.26	70.27
10,000	134.48	136.49	138.51	140.54
20,000	268.95	272.99	277.03	281.08
30,000	403.43	409.48	415.54	421.62
40,000	537.90	545.97	554.06	562.16
50,000	672.38	682.47	692.57	702.70
100,000	1,344.76	1,364.93	1,385.15	1,405.40
200,000	2,689.51	2,729.87	2,770.30	2,810.79
300,000	4,034.27	4,094.80	4,155.44	4,216.19
400,000	5,379.03	5,459.74	5,540.59	5,621.58
500,000	6,723.78	6,824.67	6,925.74	7,026.98
1,000,000	13,447.57	13,649.35	13,851.48	14,053.96
5,000,000	67,237.85	68,246.73	69,257.40	70,269.78
10,000,000	134,475.70	136,493.46	138,514.81	140,539.56

Pago Mensual de Hipoteca a 35 Años

	Tasa de Interés			
Cantidad	**17.00%**	**17.25%**	**17.50%**	**17.75%**
100	1.43	1.45	1.47	1.49
200	2.85	2.89	2.93	2.97
300	4.28	4.34	4.40	4.46
400	5.70	5.78	5.87	5.95
500	7.13	7.23	7.33	7.43
1,000	14.26	14.46	14.66	14.87
2,000	28.51	28.92	29.33	29.73
3,000	42.77	43.38	43.99	44.60
4,000	57.03	57.84	58.65	59.47
5,000	71.28	72.30	73.32	74.33
10,000	142.57	144.60	146.63	148.67
20,000	285.14	289.20	293.27	297.34
30,000	427.70	433.80	439.90	446.01
40,000	570.27	578.39	586.53	594.68
50,000	712.84	722.99	733.16	743.35
100,000	1,425.68	1,445.99	1,466.33	1,486.69
200,000	2,851.35	2,891.97	2,932.65	2,973.38
300,000	4,277.03	4,337.96	4,398.98	4,460.08
400,000	5,702.70	5,783.94	5,865.30	5,946.77
500,000	7,128.38	7,229.93	7,331.63	7,433.46
1,000,000	14,256.75	14,459.86	14,663.25	14,866.92
5,000,000	71,283.77	72,299.29	73,316.26	74,334.61
10,000,000	142,567.53	144,598.58	146,632.52	148,669.22

Pago Mensual de Hipoteca a 35 Años

	Tasa de Interés			
Cantidad	**18.00%**	**18.25%**	**18.50%**	**18.75%**
100	1.51	1.53	1.55	1.57
200	3.01	3.06	3.10	3.14
300	4.52	4.58	4.64	4.71
400	6.03	6.11	6.19	6.27
500	7.54	7.64	7.74	7.84
1,000	15.07	15.28	15.48	15.68
2,000	30.14	30.55	30.96	31.37
3,000	45.21	45.83	46.44	47.05
4,000	60.28	61.10	61.92	62.74
5,000	75.35	76.38	77.40	78.42
10,000	150.71	152.75	154.79	156.84
20,000	301.42	305.50	309.59	313.68
30,000	452.13	458.25	464.38	470.52
40,000	602.83	611.00	619.18	627.36
50,000	753.54	763.75	773.97	784.20
100,000	1,507.09	1,527.50	1,547.94	1,568.41
200,000	3,014.17	3,055.01	3,095.89	3,136.82
300,000	4,521.26	4,582.51	4,643.83	4,705.22
400,000	6,028.34	6,110.01	6,191.78	6,273.63
500,000	7,535.43	7,637.52	7,739.72	7,842.04
1,000,000	15,070.85	15,275.03	15,479.45	15,684.08
5,000,000	75,354.27	76,375.16	77,397.23	78,420.40
10,000,000	150,708.54	152,750.32	154,794.45	156,840.80

Pago Mensual de Hipoteca a 35 Años

	Tasa de Interés			
Cantidad	**19.00%**	**19.25%**	**19.50%**	**19.75%**
100	1.59	1.61	1.63	1.65
200	3.18	3.22	3.26	3.30
300	4.77	4.83	4.89	4.95
400	6.36	6.44	6.52	6.60
500	7.94	8.05	8.15	8.25
1,000	15.89	16.09	16.30	16.50
2,000	31.78	32.19	32.60	33.01
3,000	47.67	48.28	48.90	49.51
4,000	63.56	64.38	65.20	66.02
5,000	79.44	80.47	81.50	82.52
10,000	158.89	160.94	162.99	165.05
20,000	317.78	321.88	325.98	330.09
30,000	476.67	482.82	488.98	495.14
40,000	635.56	643.76	651.97	660.18
50,000	794.45	804.70	814.96	825.23
100,000	1,588.89	1,609.40	1,629.92	1,650.46
200,000	3,177.78	3,218.79	3,259.84	3,300.92
300,000	4,766.68	4,828.19	4,889.76	4,951.38
400,000	6,355.57	6,437.59	6,519.68	6,601.84
500,000	7,944.46	8,046.98	8,149.60	8,252.30
1,000,000	15,888.92	16,093.97	16,299.20	16,504.61
5,000,000	79,444.62	80,469.84	81,496.00	82,523.05
10,000,000	158,889.25	160,939.68	162,992.00	165,046.09

Pago Mensual de Hipoteca a 35 Años

	Tasa de Interés			
Cantidad	**20.00%**	**20.25%**	**20.50%**	**20.75%**
100	1.67	1.69	1.71	1.73
200	3.34	3.38	3.42	3.47
300	5.01	5.07	5.14	5.20
400	6.68	6.77	6.85	6.93
500	8.36	8.46	8.56	8.66
1,000	16.71	16.92	17.12	17.33
2,000	33.42	33.83	34.24	34.66
3,000	50.13	50.75	51.37	51.98
4,000	66.84	67.66	68.49	69.31
5,000	83.55	84.58	85.61	86.64
10,000	167.10	169.16	171.22	173.28
20,000	334.20	338.32	342.44	346.56
30,000	501.31	507.48	513.65	519.84
40,000	668.41	676.64	684.87	693.11
50,000	835.51	845.80	856.09	866.39
100,000	1,671.02	1,691.59	1,712.18	1,732.78
200,000	3,342.04	3,383.18	3,424.36	3,465.57
300,000	5,013.06	5,074.78	5,136.54	5,198.35
400,000	6,684.07	6,766.37	6,848.72	6,931.14
500,000	8,355.09	8,457.96	8,560.90	8,663.92
1,000,000	16,710.19	16,915.92	17,121.81	17,327.84
5,000,000	83,550.93	84,579.62	85,609.05	86,639.19
10,000,000	167,101.87	169,159.23	171,218.10	173,278.38

Pago Mensual de Hipoteca a 35 Años

	Tasa de Interés			
Cantidad	**21.00%**	**21.25%**	**21.50%**	**21.75%**
100	1.75	1.77	1.79	1.82
200	3.51	3.55	3.59	3.63
300	5.26	5.32	5.38	5.45
400	7.01	7.10	7.18	7.26
500	8.77	8.87	8.97	9.08
1,000	17.53	17.74	17.95	18.15
2,000	35.07	35.48	35.89	36.31
3,000	52.60	53.22	53.84	54.46
4,000	70.14	70.96	71.79	72.61
5,000	87.67	88.70	89.73	90.77
10,000	175.34	177.40	179.47	181.53
20,000	350.68	354.81	358.93	363.06
30,000	526.02	532.21	538.40	544.60
40,000	701.36	709.61	717.87	726.13
50,000	876.70	887.01	897.33	907.66
100,000	1,753.40	1,774.03	1,794.67	1,815.32
200,000	3,506.80	3,548.06	3,589.34	3,630.64
300,000	5,260.20	5,322.09	5,384.01	5,445.97
400,000	7,013.60	7,096.12	7,178.68	7,261.29
500,000	8,767.00	8,870.15	8,973.35	9,076.61
1,000,000	17,534.00	17,740.29	17,946.70	18,153.22
5,000,000	87,670.00	88,701.45	89,733.49	90,766.10
10,000,000	175,340.01	177,402.90	179,466.99	181,532.20

Pago Mensual de Hipoteca a 35 Años

	Tasa de Interés			
Cantidad	**22.00%**	**22.25%**	**22.50%**	**22.75%**
100	1.84	1.86	1.88	1.90
200	3.67	3.71	3.75	3.80
300	5.51	5.57	5.63	5.69
400	7.34	7.43	7.51	7.59
500	9.18	9.28	9.39	9.49
1,000	18.36	18.57	18.77	18.98
2,000	36.72	37.13	37.55	37.96
3,000	55.08	55.70	56.32	56.94
4,000	73.44	74.27	75.09	75.92
5,000	91.80	92.83	93.87	94.90
10,000	183.60	185.67	187.73	189.80
20,000	367.20	371.33	375.47	379.61
30,000	550.80	557.00	563.20	569.41
40,000	734.39	742.66	750.94	759.21
50,000	917.99	928.33	938.67	949.02
100,000	1,835.98	1,856.66	1,877.34	1,898.03
200,000	3,671.97	3,713.32	3,754.68	3,796.06
300,000	5,507.95	5,569.97	5,632.02	5,694.09
400,000	7,343.94	7,426.63	7,509.36	7,592.12
500,000	9,179.92	9,283.29	9,386.70	9,490.16
1,000,000	18,359.85	18,566.58	18,773.40	18,980.31
5,000,000	91,799.24	92,832.88	93,867.00	94,901.56
10,000,000	183,598.48	185,665.76	187,733.99	189,803.11

Pago Mensual de Hipoteca a 35 Años

	Tasa de Interés			
Cantidad	**23.00%**	**23.25%**	**23.50%**	**23.75%**
100	1.92	1.94	1.96	1.98
200	3.84	3.88	3.92	3.96
300	5.76	5.82	5.88	5.94
400	7.67	7.76	7.84	7.92
500	9.59	9.70	9.80	9.90
1,000	19.19	19.39	19.60	19.81
2,000	38.37	38.79	39.20	39.62
3,000	57.56	58.18	58.80	59.43
4,000	76.75	77.58	78.41	79.24
5,000	95.94	96.97	98.01	99.04
10,000	191.87	193.94	196.02	198.09
20,000	383.75	387.89	392.03	396.18
30,000	575.62	581.83	588.05	594.26
40,000	767.49	775.78	784.06	792.35
50,000	959.37	969.72	980.08	990.44
100,000	1,918.73	1,939.44	1,960.15	1,980.88
200,000	3,837.46	3,878.88	3,920.31	3,961.75
300,000	5,756.19	5,818.32	5,880.46	5,942.63
400,000	7,674.92	7,757.75	7,840.61	7,923.50
500,000	9,593.65	9,697.19	9,800.77	9,904.38
1,000,000	19,187.31	19,394.38	19,601.53	19,808.76
5,000,000	95,936.54	96,971.92	98,007.67	99,043.78
10,000,000	191,873.08	193,943.84	196,015.35	198,087.56

Pago Mensual de Hipoteca a 35 Años

	Tasa de Interés			
Cantidad	**24.00%**	**24.25%**	**24.50%**	**24.75%**
100	2.00	2.02	2.04	2.06
200	4.00	4.04	4.09	4.13
300	6.00	6.07	6.13	6.19
400	8.01	8.09	8.17	8.26
500	10.01	10.11	10.22	10.32
1,000	20.02	20.22	20.43	20.64
2,000	40.03	40.45	40.86	41.28
3,000	60.05	60.67	61.29	61.91
4,000	80.06	80.89	81.72	82.55
5,000	100.08	101.12	102.15	103.19
10,000	200.16	202.23	204.31	206.38
20,000	400.32	404.47	408.62	412.77
30,000	600.48	606.70	612.92	619.15
40,000	800.64	808.94	817.23	825.53
50,000	1,000.80	1,011.17	1,021.54	1,031.91
100,000	2,001.60	2,022.34	2,043.08	2,063.83
200,000	4,003.21	4,044.68	4,086.16	4,127.65
300,000	6,004.81	6,067.02	6,129.24	6,191.48
400,000	8,006.42	8,089.36	8,172.32	8,255.31
500,000	10,008.02	10,111.70	10,215.40	10,319.13
1,000,000	20,016.04	20,223.39	20,430.80	20,638.27
5,000,000	100,080.22	101,116.97	102,154.02	103,191.35
10,000,000	200,160.44	202,233.95	204,308.04	206,382.69

Pago Mensual de Hipoteca a 35 Años

	Tasa de Interés			
Cantidad	**25.00%**	**25.25%**	**25.50%**	**25.75%**
100	2.08	2.11	2.13	2.15
200	4.17	4.21	4.25	4.29
300	6.25	6.32	6.38	6.44
400	8.34	8.42	8.50	8.59
500	10.42	10.53	10.63	10.73
1,000	20.85	21.05	21.26	21.47
2,000	41.69	42.11	42.52	42.94
3,000	62.54	63.16	63.78	64.41
4,000	83.38	84.21	85.04	85.87
5,000	104.23	105.27	106.30	107.34
10,000	208.46	210.53	212.61	214.69
20,000	416.92	421.07	425.22	429.37
30,000	625.37	631.60	637.83	644.06
40,000	833.83	842.13	850.44	858.74
50,000	1,042.29	1,052.67	1,063.05	1,073.43
100,000	2,084.58	2,105.34	2,126.10	2,146.86
200,000	4,169.16	4,210.67	4,252.19	4,293.72
300,000	6,253.74	6,316.01	6,378.29	6,440.59
400,000	8,338.31	8,421.34	8,504.39	8,587.45
500,000	10,422.89	10,526.68	10,630.48	10,734.31
1,000,000	20,845.79	21,053.35	21,260.97	21,468.62
5,000,000	104,228.93	105,266.76	106,304.83	107,343.11
10,000,000	208,457.86	210,533.53	212,609.66	214,686.22

Tabla de Hipoteca

Término
40 Años

Cantidad del Préstamo

$100 - $10,000,000

Utilice estas tablas para determinar el pago mensual necesario para amortizar una hipoteca con tasa fija de interés. Simplemente busque la cantidad del préstamo en la columna izquierda e identifique el pago mensual bajo la tasa de interés correspondiente a su derecha.

Pago Mensual de Hipoteca a 40 Años

	Tasa de Interés			
Cantidad	**1.00%**	**1.25%**	**1.50%**	**1.75%**
100	0.25	0.26	0.28	0.29
200	0.51	0.53	0.55	0.58
300	0.76	0.79	0.83	0.87
400	1.01	1.06	1.11	1.16
500	1.26	1.32	1.39	1.45
1,000	2.53	2.65	2.77	2.90
2,000	5.06	5.30	5.54	5.80
3,000	7.59	7.95	8.32	8.70
4,000	10.11	10.59	11.09	11.59
5,000	12.64	13.24	13.86	14.49
10,000	25.29	26.48	27.72	28.98
20,000	50.57	52.97	55.43	57.97
30,000	75.86	79.45	83.15	86.95
40,000	101.14	105.94	110.87	115.93
50,000	126.43	132.42	138.59	144.92
100,000	252.86	264.85	277.17	289.83
200,000	505.71	529.69	554.34	579.67
300,000	758.57	794.54	831.52	869.50
400,000	1,011.42	1,059.38	1,108.69	1,159.34
500,000	1,264.28	1,324.23	1,385.86	1,449.17
1,000,000	2,528.56	2,648.45	2,771.72	2,898.34
5,000,000	12,642.80	13,242.26	13,858.62	14,491.70
10,000,000	25,285.60	26,484.52	27,717.25	28,983.41

Pago Mensual de Hipoteca a 40 Años

	Tasa de Interés			
Cantidad	**2.00%**	**2.25%**	**2.50%**	**2.75%**
100	0.30	0.32	0.33	0.34
200	0.61	0.63	0.66	0.69
300	0.91	0.95	0.99	1.03
400	1.21	1.26	1.32	1.37
500	1.51	1.58	1.65	1.72
1,000	3.03	3.16	3.30	3.44
2,000	6.06	6.32	6.60	6.87
3,000	9.08	9.48	9.89	10.31
4,000	12.11	12.65	13.19	13.75
5,000	15.14	15.81	16.49	17.19
10,000	30.28	31.61	32.98	34.37
20,000	60.57	63.23	65.96	68.75
30,000	90.85	94.84	98.93	103.12
40,000	121.13	126.46	131.91	137.49
50,000	151.41	158.07	164.89	171.86
100,000	302.83	316.14	329.78	343.73
200,000	605.65	632.28	659.56	687.46
300,000	908.48	948.43	989.33	1,031.18
400,000	1,211.30	1,264.57	1,319.11	1,374.91
500,000	1,514.13	1,580.71	1,648.89	1,718.64
1,000,000	3,028.26	3,161.42	3,297.78	3,437.28
5,000,000	15,141.28	15,807.11	16,488.91	17,186.39
10,000,000	30,282.56	31,614.22	32,977.82	34,372.78

Pago Mensual de Hipoteca a 40 Años

	Tasa de Interés			
Cantidad	**3.00%**	**3.25%**	**3.50%**	**3.75%**
100	0.36	0.37	0.39	0.40
200	0.72	0.75	0.77	0.81
300	1.07	1.12	1.16	1.21
400	1.43	1.49	1.55	1.61
500	1.79	1.86	1.94	2.01
1,000	3.58	3.73	3.87	4.03
2,000	7.16	7.45	7.75	8.05
3,000	10.74	11.18	11.62	12.08
4,000	14.32	14.90	15.50	16.10
5,000	17.90	18.63	19.37	20.13
10,000	35.80	37.25	38.74	40.25
20,000	71.60	74.51	77.48	80.51
30,000	107.40	111.76	116.22	120.76
40,000	143.19	149.02	154.96	161.01
50,000	178.99	186.27	193.70	201.26
100,000	357.98	372.54	387.39	402.53
200,000	715.97	745.08	774.78	805.05
300,000	1,073.95	1,117.62	1,162.17	1,207.58
400,000	1,431.94	1,490.16	1,549.56	1,610.10
500,000	1,789.92	1,862.71	1,936.95	2,012.63
1,000,000	3,579.84	3,725.41	3,873.91	4,025.26
5,000,000	17,899.22	18,627.06	19,369.55	20,126.30
10,000,000	35,798.44	37,254.12	38,739.10	40,252.60

Pago Mensual de Hipoteca a 40 Años

	Tasa de Interés			
Cantidad	**4.00%**	**4.25%**	**4.50%**	**4.75%**
100	0.42	0.43	0.45	0.47
200	0.84	0.87	0.90	0.93
300	1.25	1.30	1.35	1.40
400	1.67	1.73	1.80	1.86
500	2.09	2.17	2.25	2.33
1,000	4.18	4.34	4.50	4.66
2,000	8.36	8.67	8.99	9.32
3,000	12.54	13.01	13.49	13.97
4,000	16.72	17.34	17.98	18.63
5,000	20.90	21.68	22.48	23.29
10,000	41.79	43.36	44.96	46.58
20,000	83.59	86.72	89.91	93.15
30,000	125.38	130.09	134.87	139.73
40,000	167.18	173.45	179.83	186.30
50,000	208.97	216.81	224.78	232.88
100,000	417.94	433.62	449.56	465.76
200,000	835.88	867.24	899.13	931.52
300,000	1,253.82	1,300.86	1,348.69	1,397.27
400,000	1,671.75	1,734.48	1,798.25	1,863.03
500,000	2,089.69	2,168.10	2,247.81	2,328.79
1,000,000	4,179.38	4,336.20	4,495.63	4,657.58
5,000,000	20,896.92	21,681.01	22,478.14	23,287.89
10,000,000	41,793.85	43,362.02	44,956.28	46,575.79

Pago Mensual de Hipoteca a 40 Años

	Tasa de Interés			
Cantidad	**5.00%**	**5.25%**	**5.50%**	**5.75%**
100	0.48	0.50	0.52	0.53
200	0.96	1.00	1.03	1.07
300	1.45	1.50	1.55	1.60
400	1.93	2.00	2.06	2.13
500	2.41	2.49	2.58	2.66
1,000	4.82	4.99	5.16	5.33
2,000	9.64	9.98	10.32	10.66
3,000	14.47	14.97	15.47	15.99
4,000	19.29	19.95	20.63	21.32
5,000	24.11	24.94	25.79	26.64
10,000	48.22	49.89	51.58	53.29
20,000	96.44	99.77	103.15	106.58
30,000	144.66	149.66	154.73	159.87
40,000	192.88	199.55	206.31	213.16
50,000	241.10	249.44	257.89	266.44
100,000	482.20	498.87	515.77	532.89
200,000	964.39	997.74	1,031.54	1,065.78
300,000	1,446.59	1,496.61	1,547.31	1,598.66
400,000	1,928.79	1,995.48	2,063.08	2,131.55
500,000	2,410.98	2,494.35	2,578.85	2,664.44
1,000,000	4,821.97	4,988.70	5,157.70	5,328.88
5,000,000	24,109.83	24,943.52	25,788.51	26,644.38
10,000,000	48,219.66	49,887.03	51,577.03	53,288.76

Pago Mensual de Hipoteca a 40 Años

	Tasa de Interés			
Cantidad	**6.00%**	**6.25%**	**6.50%**	**6.75%**
100	0.55	0.57	0.59	0.60
200	1.10	1.14	1.17	1.21
300	1.65	1.70	1.76	1.81
400	2.20	2.27	2.34	2.41
500	2.75	2.84	2.93	3.02
1,000	5.50	5.68	5.85	6.03
2,000	11.00	11.35	11.71	12.07
3,000	16.51	17.03	17.56	18.10
4,000	22.01	22.71	23.42	24.13
5,000	27.51	28.39	29.27	30.17
10,000	55.02	56.77	58.55	60.34
20,000	110.04	113.55	117.09	120.67
30,000	165.06	170.32	175.64	181.01
40,000	220.09	227.10	234.18	241.34
50,000	275.11	283.87	292.73	301.68
100,000	550.21	567.74	585.46	603.36
200,000	1,100.43	1,135.48	1,170.91	1,206.71
300,000	1,650.64	1,703.22	1,756.37	1,810.07
400,000	2,200.85	2,270.96	2,341.83	2,413.43
500,000	2,751.07	2,838.70	2,927.28	3,016.78
1,000,000	5,502.14	5,677.40	5,854.57	6,033.57
5,000,000	27,510.68	28,386.98	29,272.84	30,167.84
10,000,000	55,021.36	56,773.96	58,545.68	60,335.68

Pago Mensual de Hipoteca a 40 Años

	Tasa de Interés			
Cantidad	**7.00%**	**7.25%**	**7.50%**	**7.75%**
100	0.62	0.64	0.66	0.68
200	1.24	1.28	1.32	1.35
300	1.86	1.92	1.97	2.03
400	2.49	2.56	2.63	2.71
500	3.11	3.20	3.29	3.38
1,000	6.21	6.40	6.58	6.77
2,000	12.43	12.79	13.16	13.53
3,000	18.64	19.19	19.74	20.30
4,000	24.86	25.59	26.32	27.06
5,000	31.07	31.98	32.90	33.83
10,000	62.14	63.97	65.81	67.66
20,000	124.29	127.93	131.61	135.32
30,000	186.43	191.90	197.42	202.99
40,000	248.57	255.87	263.23	270.65
50,000	310.72	319.84	329.04	338.31
100,000	621.43	639.67	658.07	676.62
200,000	1,242.86	1,279.34	1,316.14	1,353.24
300,000	1,864.29	1,919.02	1,974.21	2,029.86
400,000	2,485.73	2,558.69	2,632.28	2,706.48
500,000	3,107.16	3,198.36	3,290.35	3,383.10
1,000,000	6,214.31	6,396.72	6,580.71	6,766.20
5,000,000	31,071.56	31,983.60	32,903.54	33,830.99
10,000,000	62,143.13	63,967.19	65,807.07	67,661.99

Pago Mensual de Hipoteca a 40 Años

	Tasa de Interés			
Cantidad	**8.00%**	**8.25%**	**8.50%**	**8.75%**
100	0.70	0.71	0.73	0.75
200	1.39	1.43	1.47	1.50
300	2.09	2.14	2.20	2.26
400	2.78	2.86	2.93	3.01
500	3.48	3.57	3.67	3.76
1,000	6.95	7.14	7.33	7.52
2,000	13.91	14.28	14.66	15.04
3,000	20.86	21.42	21.99	22.57
4,000	27.81	28.57	29.32	30.09
5,000	34.77	35.71	36.65	37.61
10,000	69.53	71.41	73.31	75.22
20,000	139.06	142.83	146.62	150.43
30,000	208.59	214.24	219.93	225.65
40,000	278.12	285.66	293.24	300.87
50,000	347.66	357.07	366.55	376.09
100,000	695.31	714.14	733.09	752.17
200,000	1,390.62	1,428.28	1,466.19	1,504.34
300,000	2,085.94	2,142.42	2,199.28	2,256.51
400,000	2,781.25	2,856.56	2,932.38	3,008.68
500,000	3,476.56	3,570.69	3,665.47	3,760.85
1,000,000	6,953.12	7,141.39	7,330.94	7,521.71
5,000,000	34,765.58	35,706.94	36,654.70	37,608.53
10,000,000	69,531.17	71,413.88	73,309.41	75,217.05

Pago Mensual de Hipoteca a 40 Años

	Tasa de Interés			
Cantidad	**9.00%**	**9.25%**	**9.50%**	**9.75%**
100	0.77	0.79	0.81	0.83
200	1.54	1.58	1.62	1.66
300	2.31	2.37	2.43	2.49
400	3.09	3.16	3.24	3.32
500	3.86	3.95	4.05	4.15
1,000	7.71	7.91	8.10	8.30
2,000	15.43	15.81	16.20	16.59
3,000	23.14	23.72	24.30	24.89
4,000	30.85	31.63	32.40	33.18
5,000	38.57	39.53	40.50	41.48
10,000	77.14	79.07	81.01	82.96
20,000	154.27	158.13	162.01	165.91
30,000	231.41	237.20	243.02	248.87
40,000	308.54	316.26	324.02	331.82
50,000	385.68	395.33	405.03	414.78
100,000	771.36	790.66	810.06	829.56
200,000	1,542.72	1,581.32	1,620.12	1,659.12
300,000	2,314.08	2,371.98	2,430.18	2,488.68
400,000	3,085.45	3,162.64	3,240.25	3,318.23
500,000	3,856.81	3,953.30	4,050.31	4,147.79
1,000,000	7,713.61	7,906.61	8,100.62	8,295.59
5,000,000	38,568.07	39,533.03	40,503.08	41,477.93
10,000,000	77,136.15	79,066.06	81,006.16	82,955.86

Pago Mensual de Hipoteca a 40 Años

	Tasa de Interés			
Cantidad	**10.00%**	**10.25%**	**10.50%**	**10.75%**
100	0.85	0.87	0.89	0.91
200	1.70	1.74	1.78	1.82
300	2.55	2.61	2.67	2.73
400	3.40	3.48	3.55	3.63
500	4.25	4.34	4.44	4.54
1,000	8.49	8.69	8.89	9.08
2,000	16.98	17.38	17.77	18.17
3,000	25.47	26.06	26.66	27.25
4,000	33.97	34.75	35.54	36.34
5,000	42.46	43.44	44.43	45.42
10,000	84.91	86.88	88.86	90.84
20,000	169.83	173.76	177.71	181.68
30,000	254.74	260.65	266.57	272.52
40,000	339.66	347.53	355.43	363.36
50,000	424.57	434.41	444.29	454.20
100,000	849.15	868.82	888.57	908.40
200,000	1,698.29	1,737.64	1,777.14	1,816.79
300,000	2,547.44	2,606.45	2,665.71	2,725.19
400,000	3,396.58	3,475.27	3,554.28	3,633.59
500,000	4,245.73	4,344.09	4,442.85	4,541.99
1,000,000	8,491.46	8,688.18	8,885.70	9,083.97
5,000,000	42,457.30	43,440.91	44,428.51	45,419.86
10,000,000	84,914.59	86,881.82	88,857.03	90,839.72

Pago Mensual de Hipoteca a 40 Años

	Tasa de Interés			
Cantidad	**11.00%**	**11.25%**	**11.50%**	**11.75%**
100	0.93	0.95	0.97	0.99
200	1.86	1.90	1.94	1.98
300	2.78	2.84	2.90	2.97
400	3.71	3.79	3.87	3.95
500	4.64	4.74	4.84	4.94
1,000	9.28	9.48	9.68	9.88
2,000	18.57	18.97	19.37	19.77
3,000	27.85	28.45	29.05	29.65
4,000	37.13	37.93	38.73	39.53
5,000	46.41	47.41	48.41	49.42
10,000	92.83	94.83	96.83	98.84
20,000	185.66	189.65	193.66	197.67
30,000	278.49	284.48	290.48	296.51
40,000	371.32	379.30	387.31	395.35
50,000	464.15	474.13	484.14	494.18
100,000	928.29	948.26	968.28	988.36
200,000	1,856.59	1,896.51	1,936.56	1,976.73
300,000	2,784.88	2,844.77	2,904.85	2,965.09
400,000	3,713.18	3,793.03	3,873.13	3,953.46
500,000	4,641.47	4,741.29	4,841.41	4,941.82
1,000,000	9,282.94	9,482.57	9,682.82	9,883.64
5,000,000	46,414.72	47,412.87	48,414.09	49,418.20
10,000,000	92,829.44	94,825.73	96,828.19	98,836.40

Pago Mensual de Hipoteca a 40 Años

Cantidad	Tasa de Interés 12.00%	12.25%	12.50%	12.75%
100	1.01	1.03	1.05	1.07
200	2.02	2.06	2.10	2.14
300	3.03	3.09	3.15	3.21
400	4.03	4.11	4.20	4.28
500	5.04	5.14	5.24	5.35
1,000	10.08	10.29	10.49	10.69
2,000	20.17	20.57	20.98	21.38
3,000	30.25	30.86	31.47	32.08
4,000	40.34	41.15	41.96	42.77
5,000	50.42	51.43	52.45	53.46
10,000	100.85	102.87	104.89	106.92
20,000	201.70	205.74	209.78	213.84
30,000	302.55	308.61	314.68	320.76
40,000	403.40	411.47	419.57	427.68
50,000	504.25	514.34	524.46	534.60
100,000	1,008.50	1,028.69	1,048.92	1,069.20
200,000	2,017.00	2,057.37	2,097.84	2,138.39
300,000	3,025.50	3,086.06	3,146.76	3,207.59
400,000	4,034.00	4,114.74	4,195.68	4,276.79
500,000	5,042.50	5,143.43	5,244.60	5,345.98
1,000,000	10,085.00	10,286.86	10,489.19	10,691.96
5,000,000	50,425.00	51,434.31	52,445.97	53,459.82
10,000,000	100,850.00	102,868.62	104,891.94	106,919.64

Pago Mensual de Hipoteca a 40 Años

	Tasa de Interés			
Cantidad	**13.00%**	**13.25%**	**13.50%**	**13.75%**
100	1.09	1.11	1.13	1.15
200	2.18	2.22	2.26	2.30
300	3.27	3.33	3.39	3.45
400	4.36	4.44	4.52	4.60
500	5.45	5.55	5.65	5.75
1,000	10.90	11.10	11.30	11.51
2,000	21.79	22.20	22.61	23.01
3,000	32.69	33.30	33.91	34.52
4,000	43.58	44.39	45.21	46.03
5,000	54.48	55.49	56.51	57.53
10,000	108.95	110.99	113.03	115.07
20,000	217.90	221.97	226.05	230.14
30,000	326.85	332.96	339.08	345.21
40,000	435.81	443.95	452.10	460.27
50,000	544.76	554.93	565.13	575.34
100,000	1,089.51	1,109.87	1,130.26	1,150.69
200,000	2,179.03	2,219.74	2,260.52	2,301.37
300,000	3,268.54	3,329.61	3,390.78	3,452.06
400,000	4,358.06	4,439.48	4,521.04	4,602.74
500,000	5,447.57	5,549.35	5,651.31	5,753.43
1,000,000	10,895.14	11,098.70	11,302.61	11,506.85
5,000,000	54,475.71	55,493.50	56,513.06	57,534.27
10,000,000	108,951.42	110,987.00	113,026.12	115,068.53

Pago Mensual de Hipoteca a 40 Años

	Tasa de Interés			
Cantidad	**14.00%**	**14.25%**	**14.50%**	**14.75%**
100	1.17	1.19	1.21	1.23
200	2.34	2.38	2.42	2.47
300	3.51	3.57	3.64	3.70
400	4.68	4.77	4.85	4.93
500	5.86	5.96	6.06	6.16
1,000	11.71	11.92	12.12	12.33
2,000	23.42	23.83	24.24	24.65
3,000	35.13	35.75	36.36	36.98
4,000	46.85	47.66	48.49	49.31
5,000	58.56	59.58	60.61	61.63
10,000	117.11	119.16	121.21	123.27
20,000	234.23	238.32	242.43	246.53
30,000	351.34	357.49	363.64	369.80
40,000	468.46	476.65	484.85	493.07
50,000	585.57	595.81	606.07	616.33
100,000	1,171.14	1,191.62	1,212.13	1,232.67
200,000	2,342.28	2,383.25	2,424.27	2,465.33
300,000	3,513.42	3,574.87	3,636.40	3,698.00
400,000	4,684.56	4,766.49	4,848.53	4,930.67
500,000	5,855.70	5,958.12	6,060.66	6,163.34
1,000,000	11,711.40	11,916.23	12,121.33	12,326.67
5,000,000	58,557.00	59,581.16	60,606.65	61,633.36
10,000,000	117,114.01	119,162.33	121,213.29	123,266.72

Pago Mensual de Hipoteca a 40 Años

	Tasa de Interés			
Cantidad	**15.00%**	**15.25%**	**15.50%**	**15.75%**
100	1.25	1.27	1.29	1.32
200	2.51	2.55	2.59	2.63
300	3.76	3.82	3.88	3.95
400	5.01	5.10	5.18	5.26
500	6.27	6.37	6.47	6.58
1,000	12.53	12.74	12.94	13.15
2,000	25.06	25.48	25.89	26.30
3,000	37.60	38.21	38.83	39.45
4,000	50.13	50.95	51.78	52.60
5,000	62.66	63.69	64.72	65.75
10,000	125.32	127.38	129.44	131.50
20,000	250.64	254.76	258.88	263.00
30,000	375.97	382.14	388.32	394.50
40,000	501.29	509.52	517.76	526.01
50,000	626.61	636.90	647.20	657.51
100,000	1,253.22	1,273.80	1,294.40	1,315.02
200,000	2,506.45	2,547.60	2,588.80	2,630.03
300,000	3,759.67	3,821.41	3,883.20	3,945.05
400,000	5,012.90	5,095.21	5,177.60	5,260.06
500,000	6,266.12	6,369.01	6,472.00	6,575.08
1,000,000	12,532.24	12,738.02	12,944.00	13,150.16
5,000,000	62,661.21	63,690.11	64,720.00	65,750.79
10,000,000	125,322.41	127,380.22	129,439.99	131,501.58

Pago Mensual de Hipoteca a 40 Años

	Tasa de Interés			
Cantidad	**16.00%**	**16.25%**	**16.50%**	**16.75%**
100	1.34	1.36	1.38	1.40
200	2.67	2.71	2.75	2.80
300	4.01	4.07	4.13	4.19
400	5.34	5.43	5.51	5.59
500	6.68	6.78	6.88	6.99
1,000	13.36	13.56	13.77	13.98
2,000	26.71	27.13	27.54	27.95
3,000	40.07	40.69	41.31	41.93
4,000	53.43	54.25	55.08	55.91
5,000	66.78	67.81	68.85	69.88
10,000	133.56	135.63	137.70	139.76
20,000	267.13	271.26	275.39	279.53
30,000	400.69	406.89	413.09	419.29
40,000	534.26	542.52	550.78	559.05
50,000	667.82	678.15	688.48	698.82
100,000	1,335.65	1,356.30	1,376.96	1,397.64
200,000	2,671.30	2,712.59	2,753.92	2,795.27
300,000	4,006.95	4,068.89	4,130.88	4,192.91
400,000	5,342.59	5,425.19	5,507.84	5,590.54
500,000	6,678.24	6,781.48	6,884.80	6,988.18
1,000,000	13,356.48	13,562.97	13,769.59	13,976.35
5,000,000	66,782.42	67,814.83	68,847.97	69,881.76
10,000,000	133,564.85	135,629.67	137,695.93	139,763.53

Pago Mensual de Hipoteca a 40 Años

	Tasa de Interés			
Cantidad	**17.00%**	**17.25%**	**17.50%**	**17.75%**
100	1.42	1.44	1.46	1.48
200	2.84	2.88	2.92	2.96
300	4.25	4.32	4.38	4.44
400	5.67	5.76	5.84	5.92
500	7.09	7.20	7.30	7.40
1,000	14.18	14.39	14.60	14.80
2,000	28.37	28.78	29.19	29.61
3,000	42.55	43.17	43.79	44.41
4,000	56.73	57.56	58.39	59.22
5,000	70.92	71.95	72.99	74.02
10,000	141.83	143.90	145.97	148.05
20,000	283.66	287.80	291.95	296.09
30,000	425.50	431.71	437.92	444.14
40,000	567.33	575.61	583.89	592.18
50,000	709.16	719.51	729.87	740.23
100,000	1,418.32	1,439.02	1,459.73	1,480.45
200,000	2,836.65	2,878.05	2,919.47	2,960.91
300,000	4,254.97	4,317.07	4,379.20	4,441.36
400,000	5,673.29	5,756.09	5,838.93	5,921.81
500,000	7,091.62	7,195.12	7,298.67	7,402.27
1,000,000	14,183.24	14,390.23	14,597.33	14,804.53
5,000,000	70,916.18	71,951.16	72,986.67	74,022.67
10,000,000	141,832.36	143,902.32	145,973.35	148,045.34

Pago Mensual de Hipoteca a 40 Años

	Tasa de Interés			
Cantidad	**18.00%**	**18.25%**	**18.50%**	**18.75%**
100	1.50	1.52	1.54	1.56
200	3.00	3.04	3.09	3.13
300	4.50	4.57	4.63	4.69
400	6.00	6.09	6.17	6.25
500	7.51	7.61	7.71	7.82
1,000	15.01	15.22	15.43	15.63
2,000	30.02	30.44	30.85	31.27
3,000	45.04	45.66	46.28	46.90
4,000	60.05	60.88	61.71	62.54
5,000	75.06	76.10	77.13	78.17
10,000	150.12	152.19	154.27	156.34
20,000	300.24	304.38	308.53	312.68
30,000	450.35	456.58	462.80	469.02
40,000	600.47	608.77	617.07	625.37
50,000	750.59	760.96	771.33	781.71
100,000	1,501.18	1,521.92	1,542.66	1,563.42
200,000	3,002.36	3,043.84	3,085.33	3,126.83
300,000	4,503.55	4,565.76	4,627.99	4,690.25
400,000	6,004.73	6,087.68	6,170.66	6,253.67
500,000	7,505.91	7,609.60	7,713.32	7,817.08
1,000,000	15,011.82	15,219.20	15,426.64	15,634.16
5,000,000	75,059.12	76,095.98	77,133.22	78,170.82
10,000,000	150,118.23	152,191.95	154,266.44	156,341.63

Pago Mensual de Hipoteca a 40 Años

	Tasa de Interés			
Cantidad	**19.00%**	**19.25%**	**19.50%**	**19.75%**
100	1.58	1.60	1.63	1.65
200	3.17	3.21	3.25	3.29
300	4.75	4.81	4.88	4.94
400	6.34	6.42	6.50	6.59
500	7.92	8.02	8.13	8.23
1,000	15.84	16.05	16.26	16.46
2,000	31.68	32.10	32.51	32.93
3,000	47.53	48.15	48.77	49.39
4,000	63.37	64.20	65.03	65.86
5,000	79.21	80.25	81.29	82.32
10,000	158.42	160.49	162.57	164.65
20,000	316.83	320.99	325.14	329.30
30,000	475.25	481.48	487.71	493.95
40,000	633.67	641.98	650.28	658.59
50,000	792.09	802.47	812.85	823.24
100,000	1,584.17	1,604.94	1,625.71	1,646.48
200,000	3,168.35	3,209.88	3,251.42	3,292.97
300,000	4,752.52	4,814.82	4,877.13	4,939.45
400,000	6,336.70	6,419.76	6,502.84	6,585.94
500,000	7,920.87	8,024.70	8,128.55	8,232.42
1,000,000	15,841.75	16,049.39	16,257.09	16,464.84
5,000,000	79,208.74	80,246.96	81,285.46	82,324.22
10,000,000	158,417.48	160,493.92	162,570.92	164,648.43

Pago Mensual de Hipoteca a 40 Años

	Tasa de Interés			
Cantidad	**20.00%**	**20.25%**	**20.50%**	**20.75%**
100	1.67	1.69	1.71	1.73
200	3.33	3.38	3.42	3.46
300	5.00	5.06	5.13	5.19
400	6.67	6.75	6.84	6.92
500	8.34	8.44	8.54	8.65
1,000	16.67	16.88	17.09	17.30
2,000	33.35	33.76	34.18	34.59
3,000	50.02	50.64	51.27	51.89
4,000	66.69	67.52	68.35	69.19
5,000	83.36	84.40	85.44	86.48
10,000	166.73	168.80	170.88	172.96
20,000	333.45	337.61	341.77	345.93
30,000	500.18	506.41	512.65	518.89
40,000	666.91	675.22	683.53	691.85
50,000	833.63	844.02	854.42	864.81
100,000	1,667.26	1,688.05	1,708.84	1,729.63
200,000	3,334.53	3,376.10	3,417.67	3,459.26
300,000	5,001.79	5,064.14	5,126.51	5,188.88
400,000	6,669.06	6,752.19	6,835.35	6,918.51
500,000	8,336.32	8,440.24	8,544.18	8,648.14
1,000,000	16,672.64	16,880.48	17,088.36	17,296.28
5,000,000	83,363.20	84,402.41	85,441.82	86,481.41
10,000,000	166,726.41	168,804.82	170,883.63	172,962.81

Pago Mensual de Hipoteca a 40 Años

	Tasa de Interés			
Cantidad	**21.00%**	**21.25%**	**21.50%**	**21.75%**
100	1.75	1.77	1.79	1.81
200	3.50	3.54	3.58	3.63
300	5.25	5.31	5.38	5.44
400	7.00	7.08	7.17	7.25
500	8.75	8.86	8.96	9.06
1,000	17.50	17.71	17.92	18.13
2,000	35.01	35.42	35.84	36.26
3,000	52.51	53.14	53.76	54.38
4,000	70.02	70.85	71.68	72.51
5,000	87.52	88.56	89.60	90.64
10,000	175.04	177.12	179.20	181.28
20,000	350.08	354.24	358.40	362.57
30,000	525.13	531.37	537.61	543.85
40,000	700.17	708.49	716.81	725.13
50,000	875.21	885.61	896.01	906.41
100,000	1,750.42	1,771.22	1,792.02	1,812.83
200,000	3,500.85	3,542.44	3,584.05	3,625.65
300,000	5,251.27	5,313.66	5,376.07	5,438.48
400,000	7,001.69	7,084.89	7,168.09	7,251.31
500,000	8,752.12	8,856.11	8,960.11	9,064.13
1,000,000	17,504.23	17,712.22	17,920.23	18,128.26
5,000,000	87,521.16	88,561.08	89,601.13	90,641.32
10,000,000	175,042.33	177,122.15	179,202.27	181,282.65

Pago Mensual de Hipoteca a 40 Años

	Tasa de Interés			
Cantidad	**22.00%**	**22.25%**	**22.50%**	**22.75%**
100	1.83	1.85	1.88	1.90
200	3.67	3.71	3.75	3.79
300	5.50	5.56	5.63	5.69
400	7.33	7.42	7.50	7.58
500	9.17	9.27	9.38	9.48
1,000	18.34	18.54	18.75	18.96
2,000	36.67	37.09	37.51	37.92
3,000	55.01	55.63	56.26	56.88
4,000	73.35	74.18	75.01	75.84
5,000	91.68	92.72	93.76	94.80
10,000	183.36	185.44	187.53	189.61
20,000	366.73	370.89	375.05	379.21
30,000	550.09	556.33	562.58	568.82
40,000	733.45	741.78	750.10	758.43
50,000	916.82	927.22	937.63	948.03
100,000	1,833.63	1,854.44	1,875.25	1,896.06
200,000	3,667.27	3,708.88	3,750.50	3,792.13
300,000	5,500.90	5,563.32	5,625.75	5,688.19
400,000	7,334.53	7,417.76	7,501.01	7,584.26
500,000	9,168.16	9,272.21	9,376.26	9,480.32
1,000,000	18,336.33	18,544.41	18,752.52	18,960.64
5,000,000	91,681.63	92,722.05	93,762.58	94,803.19
10,000,000	183,363.27	185,444.11	187,525.15	189,606.39

Pago Mensual de Hipoteca a 40 Años

	Tasa de Interés			
Cantidad	**23.00%**	**23.25%**	**23.50%**	**23.75%**
100	1.92	1.94	1.96	1.98
200	3.83	3.88	3.92	3.96
300	5.75	5.81	5.88	5.94
400	7.67	7.75	7.83	7.92
500	9.58	9.69	9.79	9.90
1,000	19.17	19.38	19.59	19.79
2,000	38.34	38.75	39.17	39.59
3,000	57.51	58.13	58.76	59.38
4,000	76.68	77.51	78.34	79.17
5,000	95.84	96.88	97.93	98.97
10,000	191.69	193.77	195.85	197.93
20,000	383.38	387.54	391.70	395.87
30,000	575.06	581.31	587.55	593.80
40,000	766.75	775.08	783.40	791.73
50,000	958.44	968.85	979.26	989.66
100,000	1,916.88	1,937.69	1,958.51	1,979.33
200,000	3,833.76	3,875.39	3,917.02	3,958.66
300,000	5,750.63	5,813.08	5,875.53	5,937.99
400,000	7,667.51	7,750.77	7,834.04	7,917.32
500,000	9,584.39	9,688.47	9,792.55	9,896.65
1,000,000	19,168.78	19,376.94	19,585.11	19,793.29
5,000,000	95,843.90	96,884.68	97,925.54	98,966.46
10,000,000	191,687.80	193,769.36	195,851.08	197,932.92

Pago Mensual de Hipoteca a 40 Años

	Tasa de Interés			
Cantidad	**24.00%**	**24.25%**	**24.50%**	**24.75%**
100	2.00	2.02	2.04	2.06
200	4.00	4.04	4.08	4.13
300	6.00	6.06	6.13	6.19
400	8.00	8.08	8.17	8.25
500	10.00	10.10	10.21	10.31
1,000	20.00	20.21	20.42	20.63
2,000	40.00	40.42	40.84	41.25
3,000	60.00	60.63	61.25	61.88
4,000	80.01	80.84	81.67	82.50
5,000	100.01	101.05	102.09	103.13
10,000	200.01	202.10	204.18	206.26
20,000	400.03	404.19	408.36	412.52
30,000	600.04	606.29	612.54	618.78
40,000	800.06	808.39	816.72	825.05
50,000	1,000.07	1,010.48	1,020.90	1,031.31
100,000	2,000.15	2,020.97	2,041.79	2,062.61
200,000	4,000.30	4,041.94	4,083.58	4,125.23
300,000	6,000.45	6,062.91	6,125.37	6,187.84
400,000	8,000.60	8,083.88	8,167.17	8,250.46
500,000	10,000.74	10,104.85	10,208.96	10,313.07
1,000,000	20,001.49	20,209.70	20,417.92	20,626.14
5,000,000	100,007.45	101,048.49	102,089.58	103,130.72
10,000,000	200,014.89	202,096.98	204,179.16	206,261.45

Pago Mensual de Hipoteca a 40 Años

	Tasa de Interés			
Cantidad	**25.00%**	**25.25%**	**25.50%**	**25.75%**
100	2.08	2.10	2.13	2.15
200	4.17	4.21	4.25	4.29
300	6.25	6.31	6.38	6.44
400	8.33	8.42	8.50	8.58
500	10.42	10.52	10.63	10.73
1,000	20.83	21.04	21.25	21.46
2,000	41.67	42.09	42.50	42.92
3,000	62.50	63.13	63.75	64.38
4,000	83.34	84.17	85.00	85.84
5,000	104.17	105.21	106.25	107.30
10,000	208.34	210.43	212.51	214.59
20,000	416.69	420.85	425.02	429.18
30,000	625.03	631.28	637.53	643.77
40,000	833.38	841.71	850.04	858.37
50,000	1,041.72	1,052.13	1,062.54	1,072.96
100,000	2,083.44	2,104.26	2,125.09	2,145.91
200,000	4,166.88	4,208.53	4,250.18	4,291.83
300,000	6,250.31	6,312.79	6,375.26	6,437.74
400,000	8,333.75	8,417.05	8,500.35	8,583.66
500,000	10,417.19	10,521.31	10,625.44	10,729.57
1,000,000	20,834.38	21,042.63	21,250.88	21,459.14
5,000,000	104,171.91	105,213.13	106,254.39	107,295.69
10,000,000	208,343.82	210,426.27	212,508.79	214,591.38

Tablas de Hipotecas
$1,000

Tablas de Hipotecas

Utilice estas tablas para determinar el pago mensual necesario para amortizar una hipoteca de $1,000 con tasa fija de interés. Busque la tasa de interés en la columna de la izquierda y el término en años de su hipoteca en la parte superior. Luego, localice el punto donde éstas se interceptan e identifique el pago mensual necesario para amortizar $1,000. Después, divida la cantidad de su préstamo entre 1,000 y multiplique por el factor dado. El resultado será la cantidad mensual de su pago.

Practiquemos un ejemplo:

Ejemplo

Determine el pago mensual de una hipoteca de $254,800 con tasa de interés de 7.5% y un término de 20 años.

Respuesta

Identifique el *Factor* en la intersección de la tasa de interés 7.5% y el término de 20 años. Corresponde a 8.06. Ésta es la cantidad necesaria para amortizar un préstamo de $1,000. Divida $254,800 entre 1,000 Multiplique este factor por $325,000 y el resultado es $2,194 redondeado.

Pago Mensual = Cantidad del Préstamo ÷ 1,000 × Factor
Pago Mensual = 254,800 ÷ 1,000 × 8.06
Pago Mensual = 2,053

El pago mensual es $2,053.

Tabla de Hipoteca

Términos
5 a 40 Años

$1,000

Utilice estas tablas para identificar el pago mensual necesario para amortizar una hipoteca de $1,000 con tasa fija de interés.

	Término en Años			
%	**5**	**10**	**15**	**20**
4.0	18.42	10.13	7.40	6.06
4.5	18.65	10.37	7.65	6.33
5.0	18.88	10.61	7.91	6.60
5.5	19.10	10.86	8.18	6.88
6.0	19.33	11.10	8.44	7.16
6.5	19.57	11.35	8.71	7.46
7.0	19.80	11.61	8.99	7.75
7.5	20.04	11.87	9.27	8.06
8.0	20.28	12.13	9.56	8.36
8.5	20.52	12.40	9.85	8.68
9.0	20.76	12.67	10.15	9.00
9.5	21.01	12.94	10.45	9.33
10.0	21.25	13.22	10.75	9.66
10.5	21.50	13.50	11.06	9.99
11.0	21.75	13.78	11.37	10.33
11.5	22.00	14.06	11.69	10.67
12.0	22.25	14.35	12.01	11.02
12.5	22.50	14.64	12.33	11.37
13.0	22.76	14.94	12.66	11.72
13.5	23.01	15.23	12.98	12.07
14.0	23.27	15.53	13.32	12.44
14.5	23.53	15.83	13.66	12.80
15.0	23.79	16.13	14.00	13.17

	Término en Años			
%	**25**	**30**	**35**	**40**
4.0	5.28	4.78	4.43	4.18
4.5	5.56	5.07	4.74	4.50
5.0	5.85	5.37	5.05	4.83
5.5	6.15	5.68	5.37	5.16
6.0	6.44	6.00	5.70	5.50
6.5	6.75	6.32	6.04	5.85
7.0	7.07	6.65	6.39	6.21
7.5	7.39	6.99	6.74	6.58
8.0	7.72	7.34	7.10	6.95
8.5	8.06	7.69	7.47	7.34
9.0	8.40	8.05	7.84	7.72
9.5	8.74	8.41	8.22	8.11
10.0	9.09	8.78	8.60	8.50
10.5	9.45	9.15	8.99	8.89
11.0	9.81	9.53	9.37	9.29
11.5	10.17	9.91	9.77	9.69
12.0	10.54	10.29	10.16	10.09
12.5	10.91	10.68	10.56	10.49
13.0	11.28	11.07	10.96	10.90
13.5	11.66	11.45	11.35	11.30
14.0	12.04	11.85	11.76	11.71
14.5	12.42	12.25	12.16	12.12
15.0	12.81	12.64	12.57	12.53

Factores Constantes de Hipoteca por $1

Factores Constantes de Hipoteca por $1

La manera más común de estructurar una hipoteca es con pagos fijos por un período de tiempo determinado. Esto tiene el efecto de disminuir el principal adeudado de manera paulatina y consistente. Una de las maneras más fáciles de calcular el pago mensual de una hipoteca o préstamo con interés fijo es utilizando "factores constantes de hipotecas". Un factor constante de hipoteca es la cantidad de dinero necesaria para amortizar $1 con una tasa de interés y período en particular.

Si usted conoce el factor constante necesario para amortizar $1, simplemente multiplique éste por la cantidad total de la hipoteca o préstamo y obtendrá como resultado su pago mensual.

Practiquemos un ejemplo:

Ejemplo

Determine el pago mensual de una hipoteca de $325,000 con tasa de interés de 6.5% y un término de 30 años.

Respuesta

Identifique el *Factor Constante de Hipoteca* en la intersección de la tasa de interés 6.5% y el término de 25 años. Corresponde a 0.00675207. Multiplique este factor por $325,000 y el resultado es $2,194 redondeado.

Pago Mensual = Factor de la tabla × Cantidad Hipoteca
Pago Mensual = 0.00675207 × 325,000
Pago Mensual = 2,194

El pago mensual es $2,194.

Pago Mensual de Hipoteca por $1

Términos
1 a 30 Años

Tasas de Interés

1% a 25.875%

Utilice estas tablas para determinar el pago mensual por cada dólar de su hipoteca.

Factores Constantes de Hipotecas por $1

	Tasa de Interés			
Años	**1.000%**	**1.125%**	**1.250%**	**1.375%**
1	0.08378541	0.08384202	0.08389865	0.08395530
2	0.04210208	0.04215670	0.04221137	0.04226607
3	0.02820810	0.02826218	0.02831633	0.02837054
4	0.02126146	0.02131536	0.02136935	0.02142343
5	0.01709375	0.01714762	0.01720160	0.01725569
6	0.01431551	0.01436942	0.01442346	0.01447763
7	0.01233125	0.01238524	0.01243939	0.01249368
8	0.01084323	0.01089733	0.01095160	0.01100605
9	0.00968603	0.00974025	0.00979467	0.00984929
10	0.00876041	0.00881477	0.00886935	0.00892414
11	0.00800321	0.00805772	0.00811246	0.00816744
12	0.00737233	0.00742699	0.00748190	0.00753708
13	0.00683862	0.00689343	0.00694852	0.00700389
14	0.00638124	0.00643621	0.00649149	0.00654707
15	0.00598495	0.00604008	0.00609554	0.00615132
16	0.00563827	0.00569357	0.00574922	0.00580521
17	0.00533246	0.00538793	0.00544377	0.00549997
18	0.00506071	0.00511635	0.00517238	0.00522879
19	0.00481764	0.00487345	0.00492967	0.00498630
20	0.00459894	0.00465492	0.00471134	0.00476818
21	0.00440114	0.00445730	0.00451390	0.00457096
22	0.00422138	0.00427771	0.00433451	0.00439179
23	0.00405732	0.00411382	0.00417082	0.00422831
24	0.00390698	0.00396366	0.00402085	0.00407856
25	0.00376872	0.00382558	0.00388297	0.00394090
26	0.00364116	0.00369819	0.00375578	0.00381393
27	0.00352309	0.00358030	0.00363809	0.00369645
28	0.00341351	0.00347089	0.00352888	0.00358746
29	0.00331153	0.00336909	0.00342727	0.00348608
30	0.00321640	0.00327413	0.00333252	0.00339154

Factores Constantes de Hipotecas por $1

	Tasa de Interés			
Años	**1.500%**	**1.625%**	**1.750%**	**1.875%**
1	0.08401197	0.08406866	0.08412537	0.08418211
2	0.04232083	0.04237562	0.04243046	0.04248534
3	0.02842482	0.02847916	0.02853357	0.02858804
4	0.02147760	0.02153185	0.02158619	0.02164061
5	0.01730989	0.01736419	0.01741861	0.01747313
6	0.01453194	0.01458637	0.01464093	0.01469562
7	0.01254813	0.01260273	0.01265748	0.01271238
8	0.01106066	0.01111546	0.01117042	0.01122556
9	0.00990409	0.00995910	0.01001429	0.01006969
10	0.00897915	0.00903437	0.00908982	0.00914547
11	0.00822266	0.00827812	0.00833381	0.00838974
12	0.00759251	0.00764821	0.00770416	0.00776037
13	0.00705955	0.00711548	0.00717170	0.00722820
14	0.00660295	0.00665913	0.00671561	0.00677239
15	0.00620743	0.00626386	0.00632061	0.00637769
16	0.00586155	0.00591823	0.00597526	0.00603262
17	0.00555654	0.00561348	0.00567078	0.00572844
18	0.00528560	0.00534279	0.00540036	0.00545832
19	0.00504333	0.00510078	0.00515863	0.00521689
20	0.00482545	0.00488316	0.00494129	0.00499985
21	0.00462847	0.00468643	0.00474484	0.00480370
22	0.00444954	0.00450776	0.00456645	0.00462560
23	0.00428630	0.00434477	0.00440374	0.00446320
24	0.00413679	0.00419553	0.00425478	0.00431454
25	0.00399936	0.00405836	0.00411789	0.00417795
26	0.00387263	0.00393189	0.00399170	0.00405206
27	0.00375539	0.00381491	0.00387500	0.00393567
28	0.00364665	0.00370642	0.00376680	0.00382776
29	0.00354550	0.00360554	0.00366619	0.00372746
30	0.00345120	0.00351150	0.00357243	0.00363400

Factores Constantes de Hipotecas por $1

Años	Tasa de Interés 2.000%	2.125%	2.250%	2.375%
1	0.08423887	0.08429565	0.08435245	0.08440927
2	0.04254026	0.04259523	0.04265024	0.04270530
3	0.02864258	0.02869718	0.02875185	0.02880658
4	0.02169512	0.02174972	0.02180441	0.02185918
5	0.01752776	0.01758250	0.01763734	0.01769230
6	0.01475044	0.01480539	0.01486047	0.01491568
7	0.01276744	0.01282264	0.01287800	0.01293350
8	0.01128087	0.01133636	0.01139201	0.01144784
9	0.01012527	0.01018105	0.01023703	0.01029319
10	0.00920135	0.00925743	0.00931374	0.00937026
11	0.00844591	0.00850231	0.00855895	0.00861583
12	0.00781684	0.00787356	0.00793055	0.00798779
13	0.00728497	0.00734203	0.00739936	0.00745697
14	0.00682948	0.00688687	0.00694455	0.00700254
15	0.00643509	0.00649281	0.00655085	0.00660921
16	0.00609034	0.00614839	0.00620679	0.00626553
17	0.00578647	0.00584486	0.00590362	0.00596274
18	0.00551667	0.00557540	0.00563452	0.00569402
19	0.00527556	0.00533463	0.00539411	0.00545399
20	0.00505883	0.00511825	0.00517808	0.00523834
21	0.00486301	0.00492276	0.00498296	0.00504360
22	0.00468523	0.00474533	0.00480589	0.00486691
23	0.00452315	0.00458359	0.00464451	0.00470592
24	0.00437481	0.00443558	0.00449687	0.00455865
25	0.00423854	0.00429966	0.00436131	0.00442348
26	0.00411297	0.00417443	0.00423644	0.00429899
27	0.00399690	0.00405870	0.00412107	0.00418400
28	0.00388931	0.00395146	0.00401418	0.00407749
29	0.00378933	0.00385181	0.00391490	0.00397859
30	0.00369619	0.00375902	0.00382246	0.00388653

Factores Constantes de Hipotecas por $1

	Tasa de Interés			
Años	**2.500%**	**2.625%**	**2.750%**	**2.875%**
1	0.08446611	0.08452298	0.08457986	0.08463677
2	0.04276039	0.04281553	0.04287072	0.04292594
3	0.02886138	0.02891624	0.02897116	0.02902615
4	0.02191403	0.02196898	0.02202401	0.02207912
5	0.01774736	0.01780253	0.01785781	0.01791320
6	0.01497102	0.01502649	0.01508209	0.01513782
7	0.01298916	0.01304497	0.01310093	0.01315704
8	0.01150384	0.01156002	0.01161636	0.01167288
9	0.01034956	0.01040611	0.01046286	0.01051980
10	0.00942699	0.00948394	0.00954110	0.00959848
11	0.00867295	0.00873030	0.00878788	0.00884571
12	0.00804529	0.00810305	0.00816107	0.00821934
13	0.00751486	0.00757303	0.00763148	0.00769021
14	0.00706082	0.00711941	0.00717829	0.00723747
15	0.00666789	0.00672689	0.00678622	0.00684586
16	0.00632461	0.00638403	0.00644379	0.00650390
17	0.00602222	0.00608206	0.00614226	0.00620283
18	0.00575390	0.00581416	0.00587481	0.00593583
19	0.00551427	0.00557496	0.00563604	0.00569753
20	0.00529903	0.00536014	0.00542166	0.00548361
21	0.00510469	0.00516622	0.00522819	0.00529060
22	0.00492840	0.00499035	0.00505276	0.00511563
23	0.00476781	0.00483018	0.00489303	0.00495636
24	0.00462095	0.00468374	0.00474703	0.00481082
25	0.00448617	0.00454938	0.00461311	0.00467735
26	0.00436208	0.00442571	0.00448988	0.00455458
27	0.00424749	0.00431154	0.00437614	0.00444130
28	0.00414138	0.00420585	0.00427089	0.00433650
29	0.00404287	0.00410776	0.00417323	0.00423929
30	0.00395121	0.00401651	0.00408241	0.00414892

Factores Constantes de Hipotecas por $1

	Tasa de Interés			
Años	**3.000%**	**3.125%**	**3.250%**	**3.375%**
1	0.08469370	0.08475065	0.08480762	0.08486461
2	0.04298121	0.04303652	0.04309188	0.04314728
3	0.02908121	0.02913633	0.02919152	0.02924677
4	0.02213433	0.02218962	0.02224499	0.02230045
5	0.01796869	0.01802429	0.01808000	0.01813582
6	0.01519368	0.01524966	0.01530578	0.01536202
7	0.01321330	0.01326971	0.01332627	0.01338299
8	0.01172957	0.01178643	0.01184347	0.01190067
9	0.01057694	0.01063427	0.01069179	0.01074951
10	0.00965607	0.00971388	0.00977190	0.00983014
11	0.00890376	0.00896206	0.00902058	0.00907935
12	0.00827787	0.00833665	0.00839569	0.00845499
13	0.00774921	0.00780849	0.00786805	0.00792788
14	0.00729695	0.00735673	0.00741681	0.00747718
15	0.00690582	0.00696609	0.00702669	0.00708760
16	0.00656434	0.00662511	0.00668623	0.00674768
17	0.00626375	0.00632503	0.00638666	0.00644866
18	0.00599723	0.00605901	0.00612117	0.00618371
19	0.00575941	0.00582169	0.00588437	0.00594745
20	0.00554598	0.00560876	0.00567196	0.00573557
21	0.00535344	0.00541672	0.00548044	0.00554459
22	0.00517896	0.00524274	0.00530697	0.00537166
23	0.00502016	0.00508444	0.00514919	0.00521442
24	0.00487510	0.00493987	0.00500514	0.00507089
25	0.00474211	0.00480738	0.00487316	0.00493945
26	0.00461981	0.00468558	0.00475186	0.00481868
27	0.00450701	0.00457326	0.00464006	0.00470740
28	0.00440267	0.00446942	0.00453672	0.00460458
29	0.00430594	0.00437317	0.00444098	0.00450936
30	0.00421604	0.00428375	0.00435206	0.00442096

Factores Constantes de Hipotecas por $1

	Tasa de Interés			
Años	**3.500%**	**3.625%**	**3.750%**	**3.875%**
1	0.08492163	0.08497867	0.08503572	0.08509280
2	0.04320272	0.04325821	0.04331374	0.04336931
3	0.02930208	0.02935746	0.02941290	0.02946841
4	0.02235600	0.02241164	0.02246736	0.02252316
5	0.01819174	0.01824778	0.01830392	0.01836017
6	0.01541840	0.01547490	0.01553153	0.01558829
7	0.01343985	0.01349686	0.01355403	0.01361134
8	0.01195805	0.01201560	0.01207332	0.01213121
9	0.01080741	0.01086551	0.01092381	0.01098229
10	0.00988859	0.00994725	0.01000612	0.01006521
11	0.00913834	0.00919758	0.00925704	0.00931674
12	0.00851454	0.00857434	0.00863440	0.00869472
13	0.00798798	0.00804837	0.00810902	0.00816996
14	0.00753784	0.00759880	0.00766006	0.00772161
15	0.00714883	0.00721037	0.00727222	0.00733440
16	0.00680947	0.00687159	0.00693405	0.00699684
17	0.00651100	0.00657371	0.00663676	0.00670017
18	0.00624661	0.00630990	0.00637355	0.00643758
19	0.00601091	0.00607478	0.00613903	0.00620367
20	0.00579960	0.00586404	0.00592888	0.00599414
21	0.00560918	0.00567419	0.00573963	0.00580550
22	0.00543680	0.00550238	0.00556842	0.00563489
23	0.00528011	0.00534626	0.00541288	0.00547996
24	0.00513714	0.00520386	0.00527106	0.00533875
25	0.00500624	0.00507352	0.00514131	0.00520959
26	0.00488601	0.00495386	0.00502223	0.00509111
27	0.00477527	0.00484368	0.00491262	0.00498209
28	0.00467300	0.00474196	0.00481148	0.00488153
29	0.00457831	0.00464783	0.00471791	0.00478854
30	0.00449045	0.00456051	0.00463116	0.00470237

Factores Constantes de Hipotecas por $1

Años	Tasa de Interés			
	4.000%	**4.125%**	**4.250%**	**4.375%**
1	0.08514990	0.08520703	0.08526417	0.08532134
2	0.04342492	0.04348058	0.04353628	0.04359202
3	0.02952399	0.02957962	0.02963533	0.02969109
4	0.02257905	0.02263503	0.02269110	0.02274725
5	0.01841652	0.01847299	0.01852956	0.01858623
6	0.01564518	0.01570220	0.01575935	0.01581663
7	0.01366881	0.01372642	0.01378418	0.01384210
8	0.01218928	0.01224751	0.01230591	0.01236449
9	0.01104097	0.01109984	0.01115890	0.01121815
10	0.01012451	0.01018403	0.01024375	0.01030369
11	0.00937667	0.00943684	0.00949723	0.00955786
12	0.00875528	0.00881610	0.00887718	0.00893850
13	0.00823116	0.00829264	0.00835439	0.00841641
14	0.00778346	0.00784559	0.00790802	0.00797075
15	0.00739688	0.00745968	0.00752278	0.00758620
16	0.00705996	0.00712342	0.00718720	0.00725132
17	0.00676393	0.00682805	0.00689251	0.00695732
18	0.00650198	0.00656674	0.00663188	0.00669738
19	0.00626870	0.00633412	0.00639993	0.00646612
20	0.00605980	0.00612587	0.00619234	0.00625922
21	0.00587179	0.00593851	0.00600564	0.00607320
22	0.00570181	0.00576917	0.00583696	0.00590520
23	0.00554750	0.00561550	0.00568395	0.00575286
24	0.00540691	0.00547554	0.00554464	0.00561421
25	0.00527837	0.00534763	0.00541738	0.00548761
26	0.00516049	0.00523038	0.00530077	0.00537166
27	0.00505208	0.00512259	0.00519362	0.00526516
28	0.00495212	0.00502325	0.00509491	0.00516709
29	0.00485973	0.00493147	0.00500376	0.00507658
30	0.00477415	0.00484650	0.00491940	0.00499285

Factores Constantes de Hipotecas por $1

Años	Tasa de Interés			
	4.500%	**4.625%**	**4.750%**	**4.875%**
1	0.08537852	0.08543573	0.08549296	0.08555021
2	0.04364781	0.04370364	0.04375951	0.04381543
3	0.02974692	0.02980282	0.02985878	0.02991481
4	0.02280349	0.02285981	0.02291622	0.02297271
5	0.01864302	0.01869991	0.01875691	0.01881402
6	0.01587403	0.01593156	0.01598922	0.01604701
7	0.01390016	0.01395837	0.01401674	0.01407525
8	0.01242323	0.01248215	0.01254124	0.01260049
9	0.01127759	0.01133723	0.01139705	0.01145707
10	0.01036384	0.01042420	0.01048477	0.01054556
11	0.00961873	0.00967982	0.00974115	0.00980270
12	0.00900008	0.00906191	0.00912399	0.00918632
13	0.00847871	0.00854128	0.00860411	0.00866722
14	0.00803376	0.00809706	0.00816065	0.00822454
15	0.00764993	0.00771397	0.00777832	0.00784297
16	0.00731576	0.00738053	0.00744563	0.00751106
17	0.00702247	0.00708798	0.00715383	0.00722002
18	0.00676325	0.00682948	0.00689607	0.00696302
19	0.00653269	0.00659964	0.00666698	0.00673469
20	0.00632649	0.00639417	0.00646224	0.00653070
21	0.00614117	0.00620956	0.00627836	0.00634757
22	0.00597386	0.00604296	0.00611248	0.00618243
23	0.00582221	0.00589201	0.00596225	0.00603294
24	0.00568425	0.00575475	0.00582570	0.00589711
25	0.00555832	0.00562951	0.00570117	0.00577330
26	0.00544304	0.00551491	0.00558727	0.00566011
27	0.00533720	0.00540976	0.00548281	0.00555635
28	0.00523980	0.00531302	0.00538675	0.00546099
29	0.00514993	0.00522382	0.00529823	0.00537316
30	0.00506685	0.00514140	0.00521647	0.00529208

Factores Constantes de Hipotecas por $1

	Tasa de Interés			
Años	**5.000%**	**5.125%**	**5.250%**	**5.375%**
1	0.08560748	0.08566478	0.08572209	0.08577943
2	0.04387139	0.04392739	0.04398344	0.04403953
3	0.02997090	0.03002705	0.03008327	0.03013955
4	0.02302929	0.02308596	0.02314271	0.02319955
5	0.01887123	0.01892856	0.01898598	0.01904352
6	0.01610493	0.01616298	0.01622115	0.01627946
7	0.01413391	0.01419272	0.01425168	0.01431079
8	0.01265992	0.01271952	0.01277928	0.01283922
9	0.01151727	0.01157767	0.01163826	0.01169903
10	0.01060655	0.01066776	0.01072917	0.01079079
11	0.00986449	0.00992651	0.00998875	0.01005123
12	0.00924890	0.00931174	0.00937482	0.00943814
13	0.00873060	0.00879424	0.00885816	0.00892234
14	0.00828871	0.00835317	0.00841791	0.00848294
15	0.00790794	0.00797320	0.00803878	0.00810465
16	0.00757681	0.00764288	0.00770928	0.00777600
17	0.00728655	0.00735343	0.00742064	0.00748820
18	0.00703034	0.00709801	0.00716604	0.00723443
19	0.00680278	0.00687124	0.00694008	0.00700928
20	0.00659956	0.00666881	0.00673844	0.00680847
21	0.00641719	0.00648721	0.00655764	0.00662847
22	0.00625281	0.00632360	0.00639482	0.00646645
23	0.00610406	0.00617562	0.00624761	0.00632003
24	0.00596898	0.00604129	0.00611405	0.00618725
25	0.00584590	0.00591896	0.00599248	0.00606645
26	0.00573344	0.00580723	0.00588150	0.00595623
27	0.00563039	0.00570491	0.00577992	0.00585541
28	0.00553574	0.00561098	0.00568672	0.00576295
29	0.00544860	0.00552456	0.00560101	0.00567797
30	0.00536822	0.00544487	0.00552204	0.00559971

Factores Constantes de Hipotecas por $1

	Tasa de Interés			
Años	**5.500%**	**5.625%**	**5.750%**	**5.875%**
1	0.08583678	0.08589416	0.08595156	0.08600899
2	0.04409566	0.04415183	0.04420805	0.04426431
3	0.03019590	0.03025231	0.03030879	0.03036533
4	0.02325648	0.02331349	0.02337058	0.02342776
5	0.01910116	0.01915891	0.01921677	0.01927473
6	0.01633789	0.01639645	0.01645513	0.01651395
7	0.01437004	0.01442945	0.01448900	0.01454870
8	0.01289932	0.01295960	0.01302004	0.01308065
9	0.01176000	0.01182115	0.01188250	0.01194403
10	0.01085263	0.01091467	0.01097692	0.01103938
11	0.01011393	0.01017687	0.01024003	0.01030342
12	0.00950172	0.00956555	0.00962962	0.00969394
13	0.00898679	0.00905150	0.00911648	0.00918172
14	0.00854826	0.00861386	0.00867974	0.00874591
15	0.00817083	0.00823732	0.00830410	0.00837118
16	0.00784304	0.00791040	0.00797807	0.00804607
17	0.00755609	0.00762432	0.00769288	0.00776178
18	0.00730316	0.00737225	0.00744170	0.00751149
19	0.00707886	0.00714881	0.00721912	0.00728979
20	0.00687887	0.00694966	0.00702084	0.00709238
21	0.00669970	0.00677133	0.00684335	0.00691577
22	0.00653849	0.00661095	0.00668381	0.00675707
23	0.00639288	0.00646615	0.00653984	0.00661395
24	0.00626089	0.00633497	0.00640948	0.00648442
25	0.00614087	0.00621575	0.00629106	0.00636682
26	0.00603143	0.00610709	0.00618320	0.00625976
27	0.00593137	0.00600780	0.00608469	0.00616204
28	0.00583966	0.00591685	0.00599451	0.00607264
29	0.00575542	0.00583336	0.00591178	0.00599068
30	0.00567789	0.00575656	0.00583573	0.00591538

Factores Constantes de Hipotecas por $1

	Tasa de Interés			
Años	**6.000%**	**6.125%**	**6.250%**	**6.375%**
1	0.08606643	0.08612389	0.08618138	0.08623889
2	0.04432061	0.04437696	0.04443334	0.04448978
3	0.03042194	0.03047861	0.03053534	0.03059214
4	0.02348503	0.02354238	0.02359982	0.02365734
5	0.01933280	0.01939098	0.01944926	0.01950765
6	0.01657289	0.01663196	0.01669115	0.01675048
7	0.01460855	0.01466855	0.01472870	0.01478899
8	0.01314143	0.01320238	0.01326350	0.01332478
9	0.01200575	0.01206766	0.01212976	0.01219204
10	0.01110205	0.01116493	0.01122801	0.01129130
11	0.01036703	0.01043088	0.01049495	0.01055925
12	0.00975850	0.00982331	0.00988837	0.00995367
13	0.00924723	0.00931301	0.00937904	0.00944534
14	0.00881236	0.00887909	0.00894610	0.00901339
15	0.00843857	0.00850625	0.00857423	0.00864250
16	0.00811438	0.00818300	0.00825194	0.00832119
17	0.00783101	0.00790057	0.00797045	0.00804067
18	0.00758162	0.00765211	0.00772293	0.00779410
19	0.00736083	0.00743223	0.00750398	0.00757609
20	0.00716431	0.00723661	0.00730928	0.00738232
21	0.00698857	0.00706176	0.00713534	0.00720929
22	0.00683074	0.00690481	0.00697928	0.00705414
23	0.00668847	0.00676341	0.00683875	0.00691450
24	0.00655978	0.00663557	0.00671177	0.00678839
25	0.00644301	0.00651964	0.00659669	0.00667417
26	0.00633677	0.00641422	0.00649211	0.00657043
27	0.00623985	0.00631811	0.00639682	0.00647597
28	0.00615124	0.00623030	0.00630980	0.00638976
29	0.00607005	0.00614988	0.00623018	0.00631093
30	0.00599551	0.00607611	0.00615717	0.00623870

Factores Constantes de Hipotecas por $1

	Tasa de Interés			
Años	**6.500%**	**6.625%**	**6.750%**	**6.875%**
1	0.08629642	0.08635397	0.08641154	0.08646913
2	0.04454625	0.04460277	0.04465933	0.04471593
3	0.03064900	0.03070593	0.03076292	0.03081998
4	0.02371495	0.02377265	0.02383043	0.02388829
5	0.01956615	0.01962475	0.01968346	0.01974228
6	0.01680993	0.01686951	0.01692921	0.01698905
7	0.01484944	0.01491003	0.01497076	0.01503165
8	0.01338623	0.01344785	0.01350964	0.01357160
9	0.01225452	0.01231718	0.01238002	0.01244306
10	0.01135480	0.01141850	0.01148241	0.01154653
11	0.01062377	0.01068851	0.01075349	0.01081868
12	0.01001921	0.01008500	0.01015103	0.01021730
13	0.00951190	0.00957872	0.00964580	0.00971314
14	0.00908096	0.00914881	0.00921693	0.00928533
15	0.00871107	0.00877994	0.00884909	0.00891854
16	0.00839075	0.00846062	0.00853080	0.00860129
17	0.00811121	0.00818208	0.00825327	0.00832478
18	0.00786561	0.00793746	0.00800965	0.00808217
19	0.00764856	0.00772138	0.00779455	0.00786806
20	0.00745573	0.00752950	0.00760364	0.00767814
21	0.00728363	0.00735834	0.00743343	0.00750889
22	0.00712939	0.00720503	0.00728105	0.00735746
23	0.00699065	0.00706719	0.00714414	0.00722147
24	0.00686543	0.00694287	0.00702071	0.00709895
25	0.00675207	0.00683039	0.00690912	0.00698825
26	0.00664918	0.00672835	0.00680795	0.00688796
27	0.00655555	0.00663556	0.00671601	0.00679687
28	0.00647016	0.00655100	0.00663227	0.00671397
29	0.00639213	0.00647377	0.00655585	0.00663836
30	0.00632068	0.00640311	0.00648598	0.00656929

Factores Constantes de Hipotecas por $1

Años	Tasa de Interés 7.000%	7.125%	7.250%	7.375%
1	0.08652675	0.08658438	0.08664204	0.08669972
2	0.04477258	0.04482927	0.04488600	0.04494277
3	0.03087710	0.03093428	0.03099153	0.03104884
4	0.02394624	0.02400428	0.02406240	0.02412061
5	0.01980120	0.01986023	0.01991936	0.01997860
6	0.01704901	0.01710909	0.01716931	0.01722965
7	0.01509268	0.01515386	0.01521518	0.01527666
8	0.01363372	0.01369601	0.01375846	0.01382108
9	0.01250628	0.01256968	0.01263328	0.01269705
10	0.01161085	0.01167537	0.01174010	0.01180504
11	0.01088410	0.01094974	0.01101561	0.01108170
12	0.01028381	0.01035056	0.01041756	0.01048479
13	0.00978074	0.00984860	0.00991671	0.00998508
14	0.00935401	0.00942295	0.00949218	0.00956167
15	0.00898828	0.00905831	0.00912863	0.00919923
16	0.00867208	0.00874318	0.00881458	0.00888628
17	0.00839661	0.00846876	0.00854122	0.00861400
18	0.00815502	0.00822821	0.00830172	0.00837556
19	0.00794192	0.00801613	0.00809068	0.00816556
20	0.00775299	0.00782820	0.00790376	0.00797967
21	0.00758472	0.00766091	0.00773747	0.00781439
22	0.00743424	0.00751140	0.00758893	0.00766684
23	0.00729919	0.00737730	0.00745579	0.00753465
24	0.00717760	0.00725663	0.00733605	0.00741586
25	0.00706779	0.00714773	0.00722807	0.00730880
26	0.00696838	0.00704920	0.00713043	0.00721206
27	0.00687815	0.00695984	0.00704194	0.00712444
28	0.00679609	0.00687862	0.00696157	0.00704492
29	0.00672130	0.00680466	0.00688843	0.00697262
30	0.00665302	0.00673719	0.00682176	0.00690675

Factores Constantes de Hipotecas por $1

	Tasa de Interés			
Años	**7.500%**	**7.625%**	**7.750%**	**7.875%**
1	0.08675742	0.08681514	0.08687288	0.08693064
2	0.04499959	0.04505645	0.04511336	0.04517030
3	0.03110622	0.03116366	0.03122116	0.03127873
4	0.02417890	0.02423728	0.02429574	0.02435429
5	0.02003795	0.02009740	0.02015696	0.02021662
6	0.01729011	0.01735071	0.01741142	0.01747227
7	0.01533828	0.01540004	0.01546195	0.01552401
8	0.01388387	0.01394682	0.01400994	0.01407323
9	0.01276102	0.01282516	0.01288950	0.01295401
10	0.01187018	0.01193552	0.01200106	0.01206681
11	0.01114801	0.01121454	0.01128129	0.01134826
12	0.01055226	0.01061997	0.01068792	0.01075611
13	0.01005370	0.01012258	0.01019172	0.01026110
14	0.00963143	0.00970147	0.00977177	0.00984234
15	0.00927012	0.00934130	0.00941276	0.00948450
16	0.00895828	0.00903058	0.00910317	0.00917606
17	0.00868709	0.00876050	0.00883421	0.00890824
18	0.00844973	0.00852423	0.00859904	0.00867417
19	0.00824079	0.00831635	0.00839224	0.00846846
20	0.00805593	0.00813254	0.00820949	0.00828677
21	0.00789166	0.00796929	0.00804727	0.00812560
22	0.00774510	0.00782374	0.00790273	0.00798208
23	0.00761389	0.00769350	0.00777348	0.00785382
24	0.00749605	0.00757662	0.00765756	0.00773887
25	0.00738991	0.00747141	0.00755329	0.00763554
26	0.00729407	0.00737648	0.00745927	0.00754244
27	0.00720734	0.00729063	0.00737430	0.00745836
28	0.00712868	0.00721282	0.00729736	0.00738229
29	0.00705720	0.00714218	0.00722756	0.00731332
30	0.00699215	0.00707794	0.00716412	0.00725069

Factores Constantes de Hipotecas por $1

	Tasa de Interés			
Años	**8.000%**	**8.125%**	**8.250%**	**8.375%**
1	0.08698843	0.08704624	0.08710406	0.08716191
2	0.04522729	0.04528432	0.04534140	0.04539851
3	0.03133637	0.03139406	0.03145182	0.03150965
4	0.02441292	0.02447164	0.02453044	0.02458933
5	0.02027639	0.02033627	0.02039625	0.02045634
6	0.01753324	0.01759434	0.01765556	0.01771691
7	0.01558621	0.01564856	0.01571106	0.01577370
8	0.01413668	0.01420029	0.01426407	0.01432802
9	0.01301871	0.01308360	0.01314867	0.01321392
10	0.01213276	0.01219891	0.01226526	0.01233182
11	0.01141545	0.01148286	0.01155048	0.01161833
12	0.01082453	0.01089318	0.01096207	0.01103120
13	0.01033074	0.01040063	0.01047077	0.01054115
14	0.00991318	0.00998429	0.01005566	0.01012729
15	0.00955652	0.00962882	0.00970140	0.00977426
16	0.00924925	0.00932273	0.00939650	0.00947056
17	0.00898257	0.00905720	0.00913214	0.00920738
18	0.00874963	0.00882539	0.00890148	0.00897787
19	0.00854501	0.00862189	0.00869909	0.00877661
20	0.00836440	0.00844236	0.00852066	0.00859928
21	0.00820428	0.00828330	0.00836266	0.00844236
22	0.00806178	0.00814183	0.00822223	0.00830298
23	0.00793453	0.00801558	0.00809700	0.00817876
24	0.00782054	0.00790258	0.00798497	0.00806772
25	0.00771816	0.00780115	0.00788450	0.00796821
26	0.00762598	0.00770989	0.00779417	0.00787881
27	0.00754280	0.00762761	0.00771278	0.00779832
28	0.00746759	0.00755326	0.00763930	0.00772571
29	0.00739946	0.00748597	0.00757286	0.00766010
30	0.00733765	0.00742497	0.00751267	0.00760072

Factores Constantes de Hipotecas por $1

Años	Tasa de Interés			
	8.500%	8.625%	8.750%	8.875%
1	0.08721978	0.08727767	0.08733559	0.08739352
2	0.04545567	0.04551288	0.04557012	0.04562741
3	0.03156754	0.03162549	0.03168351	0.03174159
4	0.02464830	0.02470736	0.02476650	0.02482573
5	0.02051653	0.02057683	0.02063723	0.02069774
6	0.01777838	0.01783998	0.01790171	0.01796356
7	0.01583649	0.01589942	0.01596249	0.01602571
8	0.01439213	0.01445640	0.01452084	0.01458544
9	0.01327935	0.01334497	0.01341077	0.01347675
10	0.01239857	0.01246552	0.01253268	0.01260003
11	0.01168639	0.01175467	0.01182317	0.01189188
12	0.01110056	0.01117015	0.01123997	0.01131002
13	0.01061179	0.01068268	0.01075381	0.01082518
14	0.01019919	0.01027134	0.01034376	0.01041644
15	0.00984740	0.00992080	0.00999449	0.01006844
16	0.00954491	0.00961955	0.00969447	0.00976967
17	0.00928292	0.00935876	0.00943489	0.00951132
18	0.00905457	0.00913159	0.00920890	0.00928653
19	0.00885446	0.00893261	0.00901109	0.00908987
20	0.00867823	0.00875751	0.00883711	0.00891702
21	0.00852239	0.00860276	0.00868345	0.00876447
22	0.00838406	0.00846548	0.00854724	0.00862933
23	0.00826087	0.00834332	0.00842610	0.00850923
24	0.00815082	0.00823427	0.00831806	0.00840218
25	0.00805227	0.00813668	0.00822144	0.00830653
26	0.00796380	0.00804914	0.00813483	0.00822087
27	0.00788421	0.00797046	0.00805705	0.00814398
28	0.00781247	0.00789959	0.00798705	0.00807486
29	0.00774770	0.00783566	0.00792396	0.00801260
30	0.00768913	0.00777790	0.00786700	0.00795645

Factores Constantes de Hipotecas por $1

	Tasa de Interés			
Años	**9.000%**	**9.125%**	**9.250%**	**9.375%**
1	0.08745148	0.08750945	0.08756745	0.08762547
2	0.04568474	0.04574212	0.04579953	0.04585699
3	0.03179973	0.03185794	0.03191621	0.03197455
4	0.02488504	0.02494444	0.02500392	0.02506349
5	0.02075836	0.02081907	0.02087990	0.02094083
6	0.01802554	0.01808764	0.01814986	0.01821222
7	0.01608908	0.01615259	0.01621624	0.01628004
8	0.01465020	0.01471513	0.01478022	0.01484547
9	0.01354291	0.01360925	0.01367577	0.01374248
10	0.01266758	0.01273533	0.01280327	0.01287142
11	0.01196080	0.01202994	0.01209930	0.01216887
12	0.01138031	0.01145082	0.01152156	0.01159253
13	0.01089681	0.01096867	0.01104078	0.01111313
14	0.01048938	0.01056257	0.01063602	0.01070972
15	0.01014267	0.01021716	0.01029192	0.01036695
16	0.00984516	0.00992093	0.00999697	0.01007330
17	0.00958804	0.00966505	0.00974235	0.00981994
18	0.00936445	0.00944267	0.00952119	0.00960001
19	0.00916897	0.00924837	0.00932808	0.00940809
20	0.00899726	0.00907781	0.00915867	0.00923984
21	0.00884581	0.00892747	0.00900945	0.00909174
22	0.00871174	0.00879448	0.00887754	0.00896092
23	0.00859268	0.00867646	0.00876057	0.00884500
24	0.00848664	0.00857143	0.00865655	0.00874199
25	0.00839196	0.00847773	0.00856382	0.00865023
26	0.00830723	0.00839394	0.00848096	0.00856832
27	0.00823125	0.00831886	0.00840679	0.00849504
28	0.00816300	0.00825147	0.00834027	0.00842938
29	0.00810158	0.00819088	0.00828051	0.00837046
30	0.00804623	0.00813633	0.00822675	0.00831749

Factores Constantes de Hipotecas por $1

	Tasa de Interés			
Años	**9.500%**	**9.625%**	**9.750%**	**9.875%**
1	0.08768351	0.08774157	0.08779966	0.08785776
2	0.04591449	0.04597204	0.04602962	0.04608725
3	0.03203295	0.03209141	0.03214994	0.03220853
4	0.02512314	0.02518287	0.02524269	0.02530260
5	0.02100186	0.02106300	0.02112424	0.02118559
6	0.01827469	0.01833729	0.01840002	0.01846286
7	0.01634398	0.01640807	0.01647230	0.01653667
8	0.01491089	0.01497646	0.01504220	0.01510810
9	0.01380936	0.01387642	0.01394367	0.01401109
10	0.01293976	0.01300829	0.01307702	0.01314595
11	0.01223865	0.01230864	0.01237884	0.01244925
12	0.01166373	0.01173516	0.01180681	0.01187868
13	0.01118572	0.01125855	0.01133163	0.01140493
14	0.01078368	0.01085789	0.01093235	0.01100707
15	0.01044225	0.01051781	0.01059363	0.01066971
16	0.01014990	0.01022677	0.01030392	0.01038133
17	0.00989781	0.00997596	0.01005440	0.01013311
18	0.00967911	0.00975851	0.00983820	0.00991818
19	0.00948840	0.00956900	0.00964991	0.00973110
20	0.00932131	0.00940309	0.00948517	0.00956754
21	0.00917434	0.00925725	0.00934047	0.00942398
22	0.00904461	0.00912862	0.00921293	0.00929754
23	0.00892974	0.00901480	0.00910017	0.00918584
24	0.00882775	0.00891382	0.00900020	0.00908689
25	0.00873697	0.00882402	0.00891137	0.00899904
26	0.00865599	0.00874397	0.00883227	0.00892087
27	0.00858361	0.00867250	0.00876169	0.00885118
28	0.00851882	0.00860856	0.00869861	0.00878896
29	0.00846071	0.00855128	0.00864215	0.00873331
30	0.00840854	0.00849989	0.00859154	0.00868349

Factores Constantes de Hipotecas por $1

	Tasa de Interés			
Años	**10.000%**	**10.125%**	**10.250%**	**10.375%**
1	0.08791589	0.08797403	0.08803220	0.08809039
2	0.04614493	0.04620264	0.04626040	0.04631820
3	0.03226719	0.03232591	0.03238469	0.03244353
4	0.02536258	0.02542266	0.02548281	0.02554305
5	0.02124704	0.02130860	0.02137026	0.02143203
6	0.01852584	0.01858894	0.01865216	0.01871550
7	0.01660118	0.01666584	0.01673064	0.01679559
8	0.01517416	0.01524039	0.01530677	0.01537331
9	0.01407869	0.01414646	0.01421442	0.01428255
10	0.01321507	0.01328439	0.01335390	0.01342360
11	0.01251988	0.01259071	0.01266175	0.01273300
12	0.01195078	0.01202311	0.01209565	0.01216842
13	0.01147848	0.01155226	0.01162628	0.01170053
14	0.01108203	0.01115724	0.01123269	0.01130839
15	0.01074605	0.01082265	0.01089951	0.01097662
16	0.01045902	0.01053697	0.01061519	0.01069368
17	0.01021210	0.01029137	0.01037091	0.01045073
18	0.00999844	0.01007898	0.01015980	0.01024090
19	0.00981259	0.00989436	0.00997642	0.01005877
20	0.00965022	0.00973318	0.00981643	0.00989997
21	0.00950780	0.00959191	0.00967631	0.00976101
22	0.00938246	0.00946767	0.00955318	0.00963898
23	0.00927182	0.00935809	0.00944466	0.00953152
24	0.00917389	0.00926118	0.00934877	0.00943664
25	0.00908701	0.00917527	0.00926383	0.00935268
26	0.00900977	0.00909897	0.00918846	0.00927823
27	0.00894098	0.00903106	0.00912144	0.00921210
28	0.00887960	0.00897054	0.00906176	0.00915326
29	0.00882477	0.00891651	0.00900854	0.00910084
30	0.00877572	0.00886823	0.00896101	0.00905407

Factores Constantes de Hipotecas por $1

	Tasa de Interés			
Años	**10.500%**	**10.625%**	**10.750%**	**10.875%**
1	0.08814860	0.08820683	0.08826509	0.08832336
2	0.04637604	0.04643393	0.04649185	0.04654983
3	0.03250244	0.03256142	0.03262045	0.03267955
4	0.02560338	0.02566379	0.02572428	0.02578486
5	0.02149390	0.02155587	0.02161795	0.02168014
6	0.01877897	0.01884256	0.01890628	0.01897012
7	0.01686067	0.01692590	0.01699127	0.01705678
8	0.01544002	0.01550688	0.01557390	0.01564108
9	0.01435086	0.01441935	0.01448801	0.01455685
10	0.01349350	0.01356359	0.01363387	0.01370434
11	0.01280446	0.01287612	0.01294799	0.01302007
12	0.01224141	0.01231462	0.01238804	0.01246169
13	0.01177502	0.01184974	0.01192469	0.01199987
14	0.01138434	0.01146053	0.01153696	0.01161363
15	0.01105399	0.01113161	0.01120948	0.01128760
16	0.01077242	0.01085143	0.01093070	0.01101022
17	0.01053081	0.01061116	0.01069178	0.01077266
18	0.01032228	0.01040393	0.01048585	0.01056804
19	0.01014139	0.01022429	0.01030747	0.01039092
20	0.00998380	0.01006790	0.01015229	0.01023695
21	0.00984599	0.00993125	0.01001679	0.01010261
22	0.00972507	0.00981144	0.00989810	0.00998503
23	0.00961867	0.00970611	0.00979382	0.00988181
24	0.00952481	0.00961326	0.00970199	0.00979099
25	0.00944182	0.00953123	0.00962093	0.00971089
26	0.00936829	0.00945863	0.00954924	0.00964012
27	0.00930304	0.00939425	0.00948574	0.00957749
28	0.00924504	0.00933708	0.00942940	0.00952197
29	0.00919341	0.00928624	0.00937934	0.00947269
30	0.00914739	0.00924098	0.00933481	0.00942890

Factores Constantes de Hipotecas por $1

Años	Tasa de Interés			
	11.000%	11.125%	11.250%	11.375%
1	0.08838166	0.08843998	0.08849831	0.08855667
2	0.04660784	0.04666589	0.04672399	0.04678213
3	0.03273872	0.03279794	0.03285723	0.03291659
4	0.02584552	0.02590627	0.02596710	0.02602801
5	0.02174242	0.02180481	0.02186731	0.02192991
6	0.01903408	0.01909816	0.01916237	0.01922670
7	0.01712244	0.01718823	0.01725417	0.01732024
8	0.01570843	0.01577593	0.01584358	0.01591140
9	0.01462586	0.01469505	0.01476441	0.01483395
10	0.01377500	0.01384585	0.01391689	0.01398813
11	0.01309235	0.01316483	0.01323752	0.01331041
12	0.01253555	0.01260963	0.01268393	0.01275844
13	0.01207527	0.01215091	0.01222677	0.01230286
14	0.01169054	0.01176769	0.01184508	0.01192270
15	0.01136597	0.01144459	0.01152345	0.01160255
16	0.01109000	0.01117004	0.01125033	0.01133086
17	0.01085381	0.01093521	0.01101687	0.01109879
18	0.01065050	0.01073322	0.01081620	0.01089945
19	0.01047464	0.01055863	0.01064288	0.01072740
20	0.01032188	0.01040709	0.01049256	0.01057830
21	0.01018871	0.01027508	0.01036171	0.01044861
22	0.01007223	0.01015971	0.01024746	0.01033547
23	0.00997008	0.01005862	0.01014742	0.01023649
24	0.00988027	0.00996981	0.01005962	0.01014969
25	0.00980113	0.00989163	0.00998240	0.01007342
26	0.00973127	0.00982268	0.00991435	0.01000627
27	0.00966950	0.00976177	0.00985429	0.00994706
28	0.00961480	0.00970788	0.00980121	0.00989478
29	0.00956629	0.00966014	0.00975423	0.00984856
30	0.00952323	0.00961781	0.00971261	0.00980765

Factores Constantes de Hipotecas por $1

	Tasa de Interés			
Años	**11.500%**	**11.625%**	**11.750%**	**11.875%**
1	0.08861505	0.08867346	0.08873188	0.08879032
2	0.04684032	0.04689854	0.04695681	0.04701512
3	0.03297601	0.03303549	0.03309503	0.03315464
4	0.02608901	0.02615009	0.02621125	0.02627250
5	0.02199261	0.02205541	0.02211832	0.02218133
6	0.01929116	0.01935573	0.01942043	0.01948525
7	0.01738646	0.01745282	0.01751932	0.01758595
8	0.01597937	0.01604751	0.01611579	0.01618424
9	0.01490366	0.01497354	0.01504360	0.01511383
10	0.01405954	0.01413115	0.01420295	0.01427493
11	0.01338350	0.01345680	0.01353029	0.01360399
12	0.01283317	0.01290810	0.01298326	0.01305862
13	0.01237918	0.01245572	0.01253248	0.01260946
14	0.01200055	0.01207864	0.01215696	0.01223551
15	0.01168190	0.01176149	0.01184131	0.01192138
16	0.01141165	0.01149268	0.01157396	0.01165549
17	0.01118096	0.01126339	0.01134606	0.01142899
18	0.01098295	0.01106671	0.01115073	0.01123499
19	0.01081218	0.01089722	0.01098251	0.01106806
20	0.01066430	0.01075056	0.01083707	0.01092384
21	0.01053578	0.01062320	0.01071088	0.01079881
22	0.01042374	0.01051227	0.01060106	0.01069010
23	0.01032581	0.01041540	0.01050523	0.01059532
24	0.01024002	0.01033060	0.01042142	0.01051250
25	0.01016469	0.01025621	0.01034798	0.01043999
26	0.01009844	0.01019085	0.01028351	0.01037640
27	0.01004008	0.01013333	0.01022682	0.01032054
28	0.00998859	0.01008264	0.01017691	0.01027141
29	0.00994312	0.01003791	0.01013292	0.01022815
30	0.00990291	0.00999840	0.01009410	0.01019001

Factores Constantes de Hipotecas por $1

	Tasa de Interés			
Años	**12.000%**	**12.125%**	**12.250%**	**12.375%**
1	0.08884879	0.08890728	0.08896578	0.08902431
2	0.04707347	0.04713187	0.04719031	0.04724879
3	0.03321431	0.03327404	0.03333384	0.03339370
4	0.02633384	0.02639525	0.02645675	0.02651833
5	0.02224445	0.02230767	0.02237099	0.02243441
6	0.01955019	0.01961526	0.01968044	0.01974575
7	0.01765273	0.01771965	0.01778671	0.01785390
8	0.01625284	0.01632160	0.01639051	0.01645958
9	0.01518423	0.01525481	0.01532555	0.01539647
10	0.01434709	0.01441945	0.01449199	0.01456471
11	0.01367788	0.01375197	0.01382626	0.01390075
12	0.01313419	0.01320997	0.01328597	0.01336217
13	0.01268666	0.01276409	0.01284173	0.01291959
14	0.01231430	0.01239330	0.01247254	0.01255200
15	0.01200168	0.01208222	0.01216299	0.01224399
16	0.01173725	0.01181926	0.01190150	0.01198398
17	0.01151216	0.01159557	0.01167923	0.01176312
18	0.01131950	0.01140426	0.01148927	0.01157452
19	0.01115386	0.01123990	0.01132620	0.01141273
20	0.01101086	0.01109813	0.01118565	0.01127341
21	0.01088700	0.01097543	0.01106410	0.01115302
22	0.01077938	0.01086892	0.01095869	0.01104871
23	0.01068565	0.01077622	0.01086704	0.01095809
24	0.01060382	0.01069538	0.01078717	0.01087919
25	0.01053224	0.01062472	0.01071744	0.01081038
26	0.01046952	0.01056288	0.01065646	0.01075026
27	0.01041449	0.01050866	0.01060305	0.01069765
28	0.01036613	0.01046107	0.01055621	0.01065157
29	0.01032359	0.01041924	0.01051510	0.01061116
30	0.01028613	0.01038245	0.01047896	0.01057568

Factores Constantes de Hipotecas por $1

	Tasa de Interés			
Años	**12.500%**	**12.625%**	**12.750%**	**12.875%**
1	0.08908286	0.08914143	0.08920003	0.08925864
2	0.04730731	0.04736587	0.04742448	0.04748313
3	0.03345363	0.03351361	0.03357366	0.03363378
4	0.02658000	0.02664175	0.02670358	0.02676550
5	0.02249794	0.02256157	0.02262530	0.02268914
6	0.01981118	0.01987673	0.01994240	0.02000819
7	0.01792124	0.01798871	0.01805632	0.01812407
8	0.01652881	0.01659819	0.01666772	0.01673741
9	0.01546755	0.01553881	0.01561023	0.01568183
10	0.01463762	0.01471071	0.01478398	0.01485744
11	0.01397543	0.01405031	0.01412538	0.01420065
12	0.01343857	0.01351519	0.01359200	0.01366903
13	0.01299766	0.01307595	0.01315446	0.01323317
14	0.01263168	0.01271159	0.01279172	0.01287207
15	0.01232522	0.01240668	0.01248837	0.01257028
16	0.01206670	0.01214965	0.01223283	0.01231624
17	0.01184726	0.01193163	0.01201624	0.01210107
18	0.01166001	0.01174574	0.01183170	0.01191790
19	0.01149951	0.01158652	0.01167378	0.01176126
20	0.01136141	0.01144964	0.01153812	0.01162682
21	0.01124218	0.01133157	0.01142120	0.01151106
22	0.01113896	0.01122944	0.01132016	0.01141110
23	0.01104937	0.01114088	0.01123262	0.01132458
24	0.01097144	0.01106392	0.01115662	0.01124954
25	0.01090354	0.01099692	0.01109052	0.01118433
26	0.01084427	0.01093850	0.01103294	0.01112759
27	0.01079247	0.01088749	0.01098272	0.01107814
28	0.01074713	0.01084289	0.01093885	0.01103500
29	0.01070741	0.01080386	0.01090049	0.01099732
30	0.01067258	0.01076966	0.01086693	0.01096438

Factores Constantes de Hipotecas por $1

	Tasa de Interés			
Años	**13.000%**	**13.125%**	**13.250%**	**13.375%**
1	0.08931728	0.08937593	0.08943461	0.08949331
2	0.04754182	0.04760056	0.04765933	0.04771815
3	0.03369395	0.03375419	0.03381449	0.03387486
4	0.02682750	0.02688958	0.02695174	0.02701399
5	0.02275307	0.02281711	0.02288126	0.02294550
6	0.02007411	0.02014014	0.02020629	0.02027257
7	0.01819196	0.01825999	0.01832815	0.01839645
8	0.01680726	0.01687725	0.01694740	0.01701770
9	0.01575359	0.01582552	0.01589762	0.01596988
10	0.01493107	0.01500489	0.01507889	0.01515307
11	0.01427611	0.01435176	0.01442761	0.01450364
12	0.01374625	0.01382368	0.01390131	0.01397914
13	0.01331210	0.01339124	0.01347059	0.01355015
14	0.01295264	0.01303342	0.01311442	0.01319564
15	0.01265242	0.01273478	0.01281736	0.01290017
16	0.01239988	0.01248374	0.01256783	0.01265215
17	0.01218614	0.01227144	0.01235697	0.01244272
18	0.01200433	0.01209098	0.01217787	0.01226498
19	0.01184898	0.01193693	0.01202510	0.01211350
20	0.01171576	0.01180492	0.01189431	0.01198392
21	0.01160114	0.01169145	0.01178198	0.01187273
22	0.01150226	0.01159365	0.01168525	0.01177707
23	0.01141676	0.01150916	0.01160177	0.01169459
24	0.01134267	0.01143601	0.01152956	0.01162331
25	0.01127835	0.01137258	0.01146700	0.01156163
26	0.01122244	0.01131748	0.01141273	0.01150816
27	0.01117376	0.01126957	0.01136557	0.01146176
28	0.01113133	0.01122786	0.01132456	0.01142144
29	0.01109432	0.01119150	0.01128885	0.01138637
30	0.01106200	0.01115978	0.01125774	0.01135585

Factores Constantes de Hipotecas por $1

Años	Tasa de Interés			
	13.500%	**13.625%**	**13.750%**	**13.875%**
1	0.08955203	0.08961077	0.08966953	0.08972831
2	0.04777701	0.04783592	0.04789486	0.04795385
3	0.03393529	0.03399578	0.03405633	0.03411695
4	0.02707632	0.02713874	0.02720123	0.02726381
5	0.02300985	0.02307429	0.02313884	0.02320350
6	0.02033896	0.02040548	0.02047211	0.02053887
7	0.01846489	0.01853347	0.01860218	0.01867103
8	0.01708816	0.01715877	0.01722953	0.01730044
9	0.01604231	0.01611491	0.01618768	0.01626061
10	0.01522743	0.01530197	0.01537668	0.01545157
11	0.01457987	0.01465628	0.01473289	0.01480968
12	0.01405717	0.01413540	0.01421383	0.01429245
13	0.01362992	0.01370989	0.01379007	0.01387045
14	0.01327707	0.01335871	0.01344056	0.01352263
15	0.01298319	0.01306642	0.01314987	0.01323354
16	0.01273668	0.01282143	0.01290640	0.01299159
17	0.01252869	0.01261488	0.01270129	0.01278792
18	0.01235231	0.01243987	0.01252764	0.01261563
19	0.01220211	0.01229095	0.01238001	0.01246928
20	0.01207375	0.01216379	0.01225405	0.01234453
21	0.01196370	0.01205488	0.01214627	0.01223787
22	0.01186911	0.01196135	0.01205379	0.01214644
23	0.01178761	0.01188084	0.01197428	0.01206791
24	0.01171727	0.01181142	0.01190577	0.01200031
25	0.01165645	0.01175146	0.01184666	0.01194204
26	0.01160378	0.01169959	0.01179558	0.01189174
27	0.01155812	0.01165466	0.01175138	0.01184827
28	0.01151849	0.01161571	0.01171310	0.01181065
29	0.01148406	0.01158191	0.01167992	0.01177808
30	0.01145412	0.01155255	0.01165113	0.01174985

Factores Constantes de Hipotecas por $1

	Tasa de Interés			
Años	**14.000%**	**14.125%**	**14.250%**	**14.375%**
1	0.08978712	0.08984594	0.08990479	0.08996366
2	0.04801288	0.04807196	0.04813107	0.04819023
3	0.03417763	0.03423837	0.03429918	0.03436005
4	0.02732648	0.02738922	0.02745205	0.02751496
5	0.02326825	0.02333311	0.02339806	0.02346312
6	0.02060574	0.02067273	0.02073985	0.02080708
7	0.01874001	0.01880913	0.01887839	0.01894778
8	0.01737150	0.01744271	0.01751408	0.01758559
9	0.01633370	0.01640696	0.01648038	0.01655397
10	0.01552664	0.01560189	0.01567731	0.01575291
11	0.01488666	0.01496383	0.01504118	0.01511872
12	0.01437127	0.01445029	0.01452949	0.01460890
13	0.01395103	0.01403182	0.01411280	0.01419399
14	0.01360490	0.01368737	0.01377006	0.01385294
15	0.01331741	0.01340150	0.01348580	0.01357030
16	0.01307699	0.01316260	0.01324843	0.01333446
17	0.01287476	0.01296182	0.01304908	0.01313656
18	0.01270383	0.01279225	0.01288087	0.01296970
19	0.01255876	0.01264845	0.01273835	0.01282846
20	0.01243521	0.01252610	0.01261719	0.01270848
21	0.01232967	0.01242168	0.01251388	0.01260629
22	0.01223929	0.01233234	0.01242558	0.01251902
23	0.01216173	0.01225575	0.01234995	0.01244434
24	0.01209504	0.01218996	0.01228505	0.01238033
25	0.01203761	0.01213336	0.01222928	0.01232537
26	0.01198808	0.01208459	0.01218127	0.01227812
27	0.01194532	0.01204254	0.01213992	0.01223745
28	0.01190836	0.01200623	0.01210425	0.01220242
29	0.01187639	0.01197486	0.01207346	0.01217221
30	0.01184872	0.01194773	0.01204687	0.01214615

Factores Constantes de Hipotecas por $1

Años	Tasa de Interés			
	14.500%	**14.625%**	**14.750%**	**14.875%**
1	0.09002255	0.09008146	0.09014039	0.09019934
2	0.04824943	0.04830867	0.04836795	0.04842728
3	0.03442098	0.03448197	0.03454303	0.03460415
4	0.02757795	0.02764103	0.02770419	0.02776743
5	0.02352828	0.02359354	0.02365890	0.02372437
6	0.02087443	0.02094190	0.02100948	0.02107719
7	0.01901730	0.01908697	0.01915676	0.01922669
8	0.01765726	0.01772907	0.01780103	0.01787315
9	0.01662772	0.01670163	0.01677571	0.01684994
10	0.01582868	0.01590462	0.01598074	0.01605703
11	0.01519644	0.01527434	0.01535243	0.01543070
12	0.01468849	0.01476827	0.01484825	0.01492841
13	0.01427538	0.01435696	0.01443874	0.01452071
14	0.01393603	0.01401933	0.01410282	0.01418651
15	0.01365501	0.01373992	0.01382504	0.01391035
16	0.01342070	0.01350715	0.01359379	0.01368065
17	0.01322424	0.01331213	0.01340022	0.01348851
18	0.01305874	0.01314798	0.01323743	0.01332707
19	0.01291876	0.01300927	0.01309998	0.01319088
20	0.01279998	0.01289167	0.01298355	0.01307563
21	0.01269889	0.01279168	0.01288465	0.01297782
22	0.01261264	0.01270645	0.01280045	0.01289462
23	0.01253892	0.01263367	0.01272860	0.01282371
24	0.01247578	0.01257141	0.01266720	0.01276316
25	0.01242163	0.01251806	0.01261465	0.01271140
26	0.01237512	0.01247229	0.01256961	0.01266708
27	0.01233514	0.01243298	0.01253097	0.01262910
28	0.01230074	0.01239919	0.01249779	0.01259653
29	0.01227110	0.01237012	0.01246928	0.01256856
30	0.01224556	0.01234510	0.01244476	0.01254454

Factores Constantes de Hipotecas por $1

	Tasa de Interés			
Años	**15.000%**	**15.125%**	**15.250%**	**15.375%**
1	0.09025831	0.09031731	0.09037632	0.09043536
2	0.04848665	0.04854606	0.04860551	0.04866501
3	0.03466533	0.03472657	0.03478788	0.03484925
4	0.02783075	0.02789415	0.02795764	0.02802121
5	0.02378993	0.02385559	0.02392136	0.02398723
6	0.02114501	0.02121296	0.02128102	0.02134919
7	0.01929675	0.01936695	0.01943728	0.01950775
8	0.01794541	0.01801781	0.01809037	0.01816307
9	0.01692434	0.01699889	0.01707361	0.01714849
10	0.01613350	0.01621013	0.01628693	0.01636391
11	0.01550915	0.01558778	0.01566659	0.01574558
12	0.01500877	0.01508931	0.01517003	0.01525095
13	0.01460287	0.01468523	0.01476778	0.01485053
14	0.01427040	0.01435448	0.01443876	0.01452323
15	0.01399587	0.01408159	0.01416750	0.01425360
16	0.01376770	0.01385495	0.01394239	0.01403003
17	0.01357700	0.01366569	0.01375458	0.01384366
18	0.01341691	0.01350694	0.01359717	0.01368759
19	0.01328198	0.01337327	0.01346475	0.01355641
20	0.01316790	0.01326035	0.01335299	0.01344581
21	0.01307117	0.01316470	0.01325841	0.01335230
22	0.01298897	0.01308350	0.01317820	0.01327308
23	0.01291899	0.01301443	0.01311004	0.01320582
24	0.01285929	0.01295558	0.01305203	0.01314863
25	0.01280831	0.01290537	0.01300258	0.01309994
26	0.01276470	0.01286247	0.01296039	0.01305844
27	0.01272738	0.01282579	0.01292434	0.01302302
28	0.01269540	0.01279440	0.01289352	0.01299278
29	0.01266797	0.01276750	0.01286716	0.01296693
30	0.01264444	0.01274446	0.01284459	0.01294482

Factores Constantes de Hipotecas por $1

Años	Tasa de Interés			
	15.500%	15.625%	15.750%	15.875%
1	0.09049442	0.09055350	0.09061259	0.09067172
2	0.04872454	0.04878412	0.04884374	0.04890341
3	0.03491068	0.03497218	0.03503373	0.03509535
4	0.02808486	0.02814859	0.02821241	0.02827630
5	0.02405319	0.02411926	0.02418542	0.02425169
6	0.02141749	0.02148590	0.02155443	0.02162308
7	0.01957835	0.01964908	0.01971994	0.01979094
8	0.01823592	0.01830892	0.01838206	0.01845535
9	0.01722353	0.01729872	0.01737407	0.01744958
10	0.01644105	0.01651837	0.01659585	0.01667350
11	0.01582474	0.01590409	0.01598361	0.01606330
12	0.01533204	0.01541332	0.01549478	0.01557643
13	0.01493346	0.01501657	0.01509988	0.01518337
14	0.01460790	0.01469275	0.01477780	0.01486303
15	0.01433990	0.01442640	0.01451308	0.01459995
16	0.01411787	0.01420589	0.01429411	0.01438251
17	0.01393292	0.01402238	0.01411203	0.01420186
18	0.01377819	0.01386899	0.01395997	0.01405113
19	0.01364826	0.01374029	0.01383250	0.01392490
20	0.01353881	0.01363198	0.01372534	0.01381886
21	0.01344636	0.01354060	0.01363500	0.01372957
22	0.01336812	0.01346332	0.01355869	0.01365422
23	0.01330176	0.01339785	0.01349410	0.01359051
24	0.01324539	0.01334230	0.01343936	0.01353656
25	0.01319745	0.01329510	0.01339290	0.01349082
26	0.01315663	0.01325496	0.01335342	0.01345201
27	0.01312183	0.01322077	0.01331984	0.01341903
28	0.01309215	0.01319165	0.01329126	0.01339099
29	0.01306681	0.01316681	0.01326692	0.01336713
30	0.01304517	0.01314562	0.01324617	0.01334682

Factores Constantes de Hipotecas por $1

	Tasa de Interés			
Años	**16.000%**	**16.125%**	**16.250%**	**16.375%**
1	0.09073086	0.09079002	0.09084921	0.09090841
2	0.04896311	0.04902286	0.04908265	0.04914248
3	0.03515703	0.03521878	0.03528058	0.03534245
4	0.02834028	0.02840434	0.02846848	0.02853271
5	0.02431806	0.02438452	0.02445109	0.02451776
6	0.02169184	0.02176072	0.02182972	0.02189883
7	0.01986206	0.01993332	0.02000471	0.02007624
8	0.01852879	0.01860237	0.01867609	0.01874996
9	0.01752525	0.01760108	0.01767706	0.01775319
10	0.01675131	0.01682929	0.01690744	0.01698575
11	0.01614317	0.01622322	0.01630343	0.01638382
12	0.01565825	0.01574026	0.01582244	0.01590480
13	0.01526704	0.01535090	0.01543494	0.01551917
14	0.01494845	0.01503406	0.01511985	0.01520582
15	0.01468701	0.01477425	0.01486168	0.01494929
16	0.01447110	0.01455988	0.01464884	0.01473798
17	0.01429188	0.01438208	0.01447246	0.01456302
18	0.01414247	0.01423399	0.01432569	0.01441756
19	0.01401746	0.01411020	0.01420312	0.01429620
20	0.01391256	0.01400642	0.01410046	0.01419465
21	0.01382430	0.01391920	0.01401426	0.01410947
22	0.01374990	0.01384574	0.01394173	0.01403788
23	0.01368706	0.01378376	0.01388061	0.01397760
24	0.01363391	0.01373139	0.01382901	0.01392677
25	0.01358889	0.01368709	0.01378541	0.01388387
26	0.01355072	0.01364956	0.01374853	0.01384761
27	0.01351833	0.01361775	0.01371729	0.01381694
28	0.01349082	0.01359077	0.01369083	0.01379098
29	0.01346745	0.01356787	0.01366838	0.01376900
30	0.01344757	0.01354841	0.01364935	0.01375037

Factores Constantes de Hipotecas por $1

	Tasa de Interés			
Años	**16.500%**	**16.625%**	**16.750%**	**16.875%**
1	0.09096764	0.09102688	0.09108615	0.09114544
2	0.04920235	0.04926227	0.04932222	0.04938222
3	0.03540438	0.03546638	0.03552843	0.03559055
4	0.02859701	0.02866140	0.02872586	0.02879041
5	0.02458452	0.02465139	0.02471835	0.02478541
6	0.02196806	0.02203740	0.02210686	0.02217644
7	0.02014789	0.02021967	0.02029159	0.02036363
8	0.01882397	0.01889813	0.01897243	0.01904687
9	0.01782948	0.01790593	0.01798253	0.01805928
10	0.01706423	0.01714287	0.01722167	0.01730064
11	0.01646438	0.01654511	0.01662601	0.01670708
12	0.01598734	0.01607005	0.01615294	0.01623600
13	0.01560357	0.01568815	0.01577291	0.01585784
14	0.01529198	0.01537831	0.01546482	0.01555152
15	0.01503709	0.01512506	0.01521321	0.01530154
16	0.01482730	0.01491679	0.01500647	0.01509632
17	0.01465376	0.01474467	0.01483575	0.01492701
18	0.01450961	0.01460182	0.01469421	0.01478676
19	0.01438945	0.01448287	0.01457644	0.01467019
20	0.01428901	0.01438352	0.01447820	0.01457302
21	0.01420484	0.01430036	0.01439603	0.01449185
22	0.01413417	0.01423061	0.01432719	0.01442391
23	0.01407473	0.01417200	0.01426940	0.01436694
24	0.01402466	0.01412269	0.01422084	0.01431911
25	0.01398245	0.01408115	0.01417997	0.01427891
26	0.01394681	0.01404612	0.01414555	0.01424509
27	0.01391670	0.01401657	0.01411654	0.01421661
28	0.01389124	0.01399160	0.01409206	0.01419261
29	0.01386971	0.01397051	0.01407140	0.01417238
30	0.01385148	0.01395268	0.01405396	0.01415532

Factores Constantes de Hipotecas por $1

	Tasa de Interés			
Años	**17.000%**	**17.125%**	**17.250%**	**17.375%**
1	0.09120475	0.09126408	0.09132344	0.09138281
2	0.04944226	0.04950235	0.04956247	0.04962264
3	0.03565273	0.03571497	0.03577727	0.03583964
4	0.02885504	0.02891975	0.02898455	0.02904942
5	0.02485258	0.02491984	0.02498720	0.02505466
6	0.02224613	0.02231594	0.02238586	0.02245590
7	0.02043580	0.02050811	0.02058054	0.02065310
8	0.01912145	0.01919618	0.01927105	0.01934606
9	0.01813619	0.01821325	0.01829046	0.01836782
10	0.01737977	0.01745905	0.01753850	0.01761811
11	0.01678832	0.01686973	0.01695130	0.01703304
12	0.01631923	0.01640263	0.01648621	0.01656996
13	0.01594295	0.01602824	0.01611369	0.01619932
14	0.01563838	0.01572542	0.01581264	0.01590003
15	0.01539004	0.01547872	0.01556757	0.01565659
16	0.01518634	0.01527653	0.01536690	0.01545743
17	0.01501843	0.01511003	0.01520179	0.01529371
18	0.01487947	0.01497235	0.01506539	0.01515859
19	0.01476409	0.01485814	0.01495236	0.01504672
20	0.01466801	0.01476314	0.01485842	0.01495385
21	0.01458782	0.01468393	0.01478018	0.01487657
22	0.01452077	0.01461776	0.01471489	0.01481216
23	0.01446461	0.01456241	0.01466033	0.01475838
24	0.01441751	0.01451603	0.01461467	0.01471342
25	0.01437797	0.01447713	0.01457641	0.01467580
26	0.01434473	0.01444448	0.01454434	0.01464429
27	0.01431678	0.01441705	0.01451742	0.01461788
28	0.01429326	0.01439399	0.01449481	0.01459572
29	0.01427344	0.01437459	0.01447582	0.01457713
30	0.01425675	0.01435827	0.01445986	0.01456152

Factores Constantes de Hipotecas por $1

Años	Tasa de Interés			
	17.500%	**17.625%**	**17.750%**	**17.875%**
1	0.09144220	0.09150162	0.09156106	0.09162051
2	0.04968285	0.04974310	0.04980339	0.04986373
3	0.03590207	0.03596456	0.03602711	0.03608972
4	0.02911437	0.02917941	0.02924453	0.02930972
5	0.02512221	0.02518987	0.02525762	0.02532548
6	0.02252605	0.02259631	0.02266669	0.02273718
7	0.02072579	0.02079861	0.02087156	0.02094464
8	0.01942121	0.01949650	0.01957193	0.01964750
9	0.01844533	0.01852300	0.01860081	0.01867878
10	0.01769788	0.01777780	0.01785788	0.01793812
11	0.01711494	0.01719700	0.01727923	0.01736163
12	0.01665387	0.01673795	0.01682220	0.01690662
13	0.01628512	0.01637109	0.01645723	0.01654354
14	0.01598759	0.01607531	0.01616321	0.01625127
15	0.01574578	0.01583514	0.01592467	0.01601436
16	0.01554813	0.01563899	0.01573002	0.01582121
17	0.01538579	0.01547804	0.01557045	0.01566301
18	0.01525195	0.01534546	0.01543913	0.01553295
19	0.01514124	0.01523591	0.01533072	0.01542568
20	0.01504942	0.01514513	0.01524099	0.01533698
21	0.01497310	0.01506976	0.01516656	0.01526349
22	0.01490955	0.01500707	0.01510472	0.01520249
23	0.01485655	0.01495484	0.01505325	0.01515177
24	0.01481229	0.01491127	0.01501037	0.01510956
25	0.01477530	0.01487490	0.01497460	0.01507440
26	0.01474434	0.01484449	0.01494474	0.01504508
27	0.01471843	0.01481907	0.01491980	0.01502061
28	0.01469672	0.01479779	0.01489895	0.01500018
29	0.01467852	0.01477998	0.01488151	0.01498312
30	0.01466325	0.01476505	0.01486692	0.01496886

Factores Constantes de Hipotecas por $1

	Tasa de Interés			
Años	**18.000%**	**18.125%**	**18.250%**	**18.375%**
1	0.09167999	0.09173949	0.09179901	0.09185855
2	0.04992410	0.04998452	0.05004498	0.05010548
3	0.03615240	0.03621513	0.03627793	0.03634079
4	0.02937500	0.02944036	0.02950580	0.02957132
5	0.02539343	0.02546148	0.02552962	0.02559787
6	0.02280779	0.02287851	0.02294935	0.02302029
7	0.02101784	0.02109117	0.02116463	0.02123821
8	0.01972321	0.01979906	0.01987505	0.01995118
9	0.01875689	0.01883515	0.01891356	0.01899211
10	0.01801852	0.01809907	0.01817978	0.01826064
11	0.01744418	0.01752689	0.01760977	0.01769280
12	0.01699120	0.01707594	0.01716084	0.01724591
13	0.01663001	0.01671665	0.01680345	0.01689041
14	0.01633950	0.01642790	0.01651645	0.01660517
15	0.01610421	0.01619423	0.01628440	0.01637474
16	0.01591256	0.01600406	0.01609573	0.01618755
17	0.01575573	0.01584860	0.01594163	0.01603480
18	0.01562691	0.01572103	0.01581529	0.01590970
19	0.01552078	0.01561603	0.01571141	0.01580693
20	0.01543312	0.01552938	0.01562578	0.01572231
21	0.01536055	0.01545773	0.01555504	0.01565248
22	0.01530038	0.01539839	0.01549652	0.01559476
23	0.01525041	0.01534916	0.01544802	0.01554699
24	0.01520887	0.01530828	0.01540779	0.01550740
25	0.01517430	0.01527430	0.01537439	0.01547457
26	0.01514551	0.01524602	0.01534663	0.01544731
27	0.01512151	0.01522248	0.01532354	0.01542468
28	0.01510149	0.01520288	0.01530433	0.01540586
29	0.01508479	0.01518654	0.01528835	0.01539022
30	0.01507085	0.01517291	0.01527503	0.01537721

Factores Constantes de Hipotecas por $1

Años	Tasa de Interés			
	18.500%	18.625%	18.750%	18.875%
1	0.09191812	0.09197770	0.09203731	0.09209693
2	0.05016603	0.05022661	0.05028724	0.05034791
3	0.03640371	0.03646670	0.03652974	0.03659285
4	0.02963692	0.02970260	0.02976836	0.02983420
5	0.02566621	0.02573465	0.02580319	0.02587182
6	0.02309135	0.02316253	0.02323381	0.02330521
7	0.02131192	0.02138576	0.02145972	0.02153381
8	0.02002744	0.02010384	0.02018038	0.02025705
9	0.01907082	0.01914966	0.01922866	0.01930780
10	0.01834165	0.01842282	0.01850414	0.01858561
11	0.01777599	0.01785934	0.01794285	0.01802651
12	0.01733114	0.01741653	0.01750208	0.01758778
13	0.01697753	0.01706482	0.01715226	0.01723987
14	0.01669405	0.01678309	0.01687228	0.01696164
15	0.01646523	0.01655588	0.01664669	0.01673765
16	0.01627952	0.01637165	0.01646393	0.01655635
17	0.01612812	0.01622160	0.01631521	0.01640897
18	0.01600425	0.01609894	0.01619377	0.01628874
19	0.01590259	0.01599839	0.01609431	0.01619037
20	0.01581897	0.01591575	0.01601266	0.01610969
21	0.01575003	0.01584771	0.01594550	0.01604341
22	0.01569312	0.01579159	0.01589016	0.01598885
23	0.01564606	0.01574524	0.01584452	0.01594389
24	0.01560711	0.01570692	0.01580682	0.01590681
25	0.01557484	0.01567520	0.01577565	0.01587618
26	0.01554809	0.01564894	0.01574987	0.01585088
27	0.01552589	0.01562717	0.01572853	0.01582996
28	0.01550746	0.01560913	0.01571086	0.01581265
29	0.01549216	0.01559416	0.01569622	0.01579833
30	0.01547945	0.01558174	0.01568408	0.01578648

Factores Constantes de Hipotecas por $1

	Tasa de Interés			
Años	**19.000%**	**19.125%**	**19.250%**	**19.375%**
1	0.09215658	0.09221625	0.09227593	0.09233564
2	0.05040862	0.05046937	0.05053016	0.05059100
3	0.03665602	0.03671925	0.03678254	0.03684590
4	0.02990012	0.02996612	0.03003220	0.03009836
5	0.02594055	0.02600938	0.02607830	0.02614733
6	0.02337672	0.02344835	0.02352008	0.02359193
7	0.02160802	0.02168236	0.02175682	0.02183141
8	0.02033386	0.02041081	0.02048789	0.02056511
9	0.01938708	0.01946651	0.01954608	0.01962580
10	0.01866724	0.01874901	0.01883093	0.01891300
11	0.01811033	0.01819430	0.01827842	0.01836270
12	0.01767365	0.01775967	0.01784584	0.01793217
13	0.01732762	0.01741554	0.01750361	0.01759184
14	0.01705115	0.01714081	0.01723062	0.01732059
15	0.01682876	0.01692002	0.01701143	0.01710299
16	0.01664893	0.01674165	0.01683451	0.01692752
17	0.01650288	0.01659692	0.01669110	0.01678542
18	0.01638384	0.01647908	0.01657445	0.01666995
19	0.01628655	0.01638286	0.01647930	0.01657586
20	0.01620685	0.01630412	0.01640152	0.01649902
21	0.01614143	0.01623956	0.01633780	0.01643615
22	0.01608764	0.01618654	0.01628554	0.01638464
23	0.01604337	0.01614294	0.01624261	0.01634237
24	0.01600689	0.01610706	0.01620732	0.01630766
25	0.01597680	0.01607750	0.01617827	0.01627913
26	0.01595197	0.01605313	0.01615436	0.01625566
27	0.01593146	0.01603302	0.01613465	0.01623635
28	0.01591451	0.01601643	0.01611841	0.01622045
29	0.01590051	0.01600274	0.01610502	0.01620735
30	0.01588892	0.01599142	0.01609397	0.01619656

Factores Constantes de Hipotecas por $1

Años	Tasa de Interés			
	19.500%	**19.625%**	**19.750%**	**19.875%**
1	0.09239537	0.09245513	0.09251490	0.09257469
2	0.05065188	0.05071280	0.05077376	0.05083476
3	0.03690931	0.03697279	0.03703632	0.03709992
4	0.03016460	0.03023092	0.03029732	0.03036380
5	0.02621645	0.02628566	0.02635497	0.02642438
6	0.02366388	0.02373595	0.02380813	0.02388042
7	0.02190612	0.02198095	0.02205591	0.02213099
8	0.02064246	0.02071995	0.02079756	0.02087532
9	0.01970566	0.01978566	0.01986580	0.01994608
10	0.01899522	0.01907759	0.01916010	0.01924276
11	0.01844713	0.01853171	0.01861643	0.01870131
12	0.01801865	0.01810528	0.01819207	0.01827900
13	0.01768021	0.01776874	0.01785742	0.01794625
14	0.01741071	0.01750097	0.01759139	0.01768195
15	0.01719470	0.01728655	0.01737855	0.01747069
16	0.01702067	0.01711396	0.01720739	0.01730096
17	0.01687988	0.01697447	0.01706919	0.01716404
18	0.01676558	0.01686134	0.01695722	0.01705323
19	0.01667255	0.01676935	0.01686627	0.01696331
20	0.01659665	0.01669438	0.01679223	0.01689018
21	0.01653461	0.01663317	0.01673184	0.01683061
22	0.01648384	0.01658313	0.01668252	0.01678201
23	0.01644222	0.01654216	0.01664219	0.01674231
24	0.01640809	0.01650860	0.01660918	0.01670985
25	0.01638006	0.01648107	0.01658215	0.01668330
26	0.01635704	0.01645848	0.01655998	0.01666156
27	0.01633811	0.01643993	0.01654181	0.01664375
28	0.01632254	0.01642469	0.01652690	0.01662915
29	0.01630974	0.01641217	0.01651466	0.01661719
30	0.01629920	0.01640188	0.01650461	0.01660738

Factores Constantes de Hipotecas por $1

	Tasa de Interés			
Años	**20.000%**	**20.125%**	**20.250%**	**20.375%**
1	0.09263451	0.09269434	0.09275420	0.09281407
2	0.05089580	0.05095689	0.05101802	0.05107918
3	0.03716358	0.03722730	0.03729109	0.03735493
4	0.03043036	0.03049700	0.03056372	0.03063052
5	0.02649388	0.02656348	0.02663318	0.02670297
6	0.02395283	0.02402534	0.02409796	0.02417069
7	0.02220620	0.02228153	0.02235698	0.02243255
8	0.02095320	0.02103122	0.02110937	0.02118765
9	0.02002650	0.02010706	0.02018777	0.02026861
10	0.01932557	0.01940852	0.01949161	0.01957485
11	0.01878634	0.01887151	0.01895684	0.01904230
12	0.01836609	0.01845332	0.01854070	0.01862822
13	0.01803522	0.01812434	0.01821361	0.01830303
14	0.01777265	0.01786350	0.01795450	0.01804563
15	0.01756297	0.01765538	0.01774794	0.01784064
16	0.01739466	0.01748850	0.01758247	0.01767657
17	0.01725903	0.01735414	0.01744938	0.01754474
18	0.01714936	0.01724561	0.01734199	0.01743848
19	0.01706046	0.01715773	0.01725511	0.01735260
20	0.01698825	0.01708642	0.01718469	0.01728306
21	0.01692948	0.01702844	0.01712750	0.01722666
22	0.01688158	0.01698125	0.01708100	0.01718085
23	0.01684251	0.01694279	0.01704315	0.01714359
24	0.01681060	0.01691142	0.01701231	0.01711328
25	0.01678452	0.01688581	0.01698716	0.01708858
26	0.01676319	0.01686489	0.01696665	0.01706846
27	0.01674574	0.01684779	0.01694990	0.01705206
28	0.01673146	0.01683382	0.01693622	0.01703868
29	0.01671977	0.01682239	0.01692505	0.01702776
30	0.01671019	0.01681304	0.01691592	0.01701885

Factores Constantes de Hipotecas por $1

Años	Tasa de Interés			
	20.500%	**20.625%**	**20.750%**	**20.875%**
1	0.09287397	0.09293389	0.09299383	0.09305379
2	0.05114039	0.05120165	0.05126294	0.05132427
3	0.03741884	0.03748280	0.03754683	0.03761092
4	0.03069739	0.03076435	0.03083139	0.03089850
5	0.02677286	0.02684284	0.02691292	0.02698309
6	0.02424353	0.02431649	0.02438955	0.02446272
7	0.02250824	0.02258406	0.02265999	0.02273605
8	0.02126606	0.02134460	0.02142327	0.02150208
9	0.02034958	0.02043070	0.02051195	0.02059334
10	0.01965823	0.01974175	0.01982542	0.01990922
11	0.01912792	0.01921367	0.01929957	0.01938562
12	0.01871589	0.01880371	0.01889167	0.01897977
13	0.01839258	0.01848228	0.01857213	0.01866211
14	0.01813691	0.01822832	0.01831987	0.01841156
15	0.01793347	0.01802643	0.01811953	0.01821276
16	0.01777080	0.01786516	0.01795965	0.01805426
17	0.01764022	0.01773583	0.01783156	0.01792741
18	0.01753508	0.01763180	0.01772864	0.01782558
19	0.01745020	0.01754791	0.01764572	0.01774364
20	0.01738154	0.01748012	0.01757879	0.01767756
21	0.01732591	0.01742525	0.01752468	0.01762420
22	0.01728077	0.01738079	0.01748088	0.01758106
23	0.01724411	0.01734471	0.01744539	0.01754613
24	0.01721431	0.01731542	0.01741660	0.01751784
25	0.01719007	0.01729162	0.01739323	0.01749490
26	0.01717034	0.01727227	0.01737425	0.01747629
27	0.01715427	0.01725653	0.01735884	0.01746120
28	0.01714118	0.01724372	0.01734631	0.01744894
29	0.01713051	0.01723329	0.01733612	0.01743899
30	0.01712181	0.01722481	0.01732784	0.01743090

Factores Constantes de Hipotecas por $1

	Tasa de Interés			
Años	**21.000%**	**21.125%**	**21.250%**	**21.375%**
1	0.09311377	0.09317378	0.09323380	0.09329384
2	0.05138565	0.05144707	0.05150853	0.05157003
3	0.03767507	0.03773928	0.03780355	0.03786788
4	0.03096569	0.03103297	0.03110032	0.03116775
5	0.02705336	0.02712372	0.02719418	0.02726473
6	0.02453600	0.02460938	0.02468288	0.02475649
7	0.02281223	0.02288852	0.02296494	0.02304148
8	0.02158101	0.02166007	0.02173926	0.02181858
9	0.02067487	0.02075653	0.02083832	0.02092025
10	0.01999317	0.02007725	0.02016147	0.02024584
11	0.01947180	0.01955813	0.01964459	0.01973120
12	0.01906801	0.01915639	0.01924492	0.01933358
13	0.01875223	0.01884249	0.01893289	0.01902342
14	0.01850339	0.01859535	0.01868744	0.01877967
15	0.01830612	0.01839961	0.01849323	0.01858698
16	0.01814900	0.01824386	0.01833884	0.01843395
17	0.01802338	0.01811946	0.01821566	0.01831197
18	0.01792264	0.01801980	0.01811707	0.01821445
19	0.01784166	0.01793978	0.01803800	0.01813631
20	0.01777643	0.01787539	0.01797444	0.01807358
21	0.01772381	0.01782351	0.01792328	0.01802314
22	0.01768131	0.01778165	0.01788206	0.01798254
23	0.01764695	0.01774784	0.01784880	0.01794983
24	0.01761914	0.01772051	0.01782195	0.01792344
25	0.01759663	0.01769841	0.01780026	0.01790215
26	0.01757839	0.01768053	0.01778272	0.01788497
27	0.01756360	0.01766605	0.01776855	0.01787109
28	0.01755161	0.01765433	0.01775708	0.01785987
29	0.01754189	0.01764483	0.01774780	0.01785081
30	0.01753400	0.01763713	0.01774029	0.01784348
Años				

Factores Constantes de Hipotecas por $1

	Tasa de Interés			
Años	**21.500%**	**21.625%**	**21.750%**	**21.875%**
1	0.09335391	0.09341400	0.09347410	0.09353423
2	0.05163157	0.05169316	0.05175478	0.05181645
3	0.03793227	0.03799673	0.03806124	0.03812582
4	0.03123526	0.03130284	0.03137051	0.03143826
5	0.02733538	0.02740612	0.02747696	0.02754789
6	0.02483020	0.02490402	0.02497795	0.02505198
7	0.02311813	0.02319491	0.02327180	0.02334881
8	0.02189803	0.02197760	0.02205730	0.02213713
9	0.02100232	0.02108452	0.02116685	0.02124931
10	0.02033033	0.02041497	0.02049974	0.02058465
11	0.01981794	0.01990482	0.01999184	0.02007900
12	0.01942238	0.01951132	0.01960039	0.01968959
13	0.01911409	0.01920489	0.01929582	0.01938689
14	0.01887202	0.01896451	0.01905712	0.01914986
15	0.01868085	0.01877484	0.01886896	0.01896320
16	0.01852917	0.01862451	0.01871997	0.01881554
17	0.01840839	0.01850492	0.01860157	0.01869832
18	0.01831194	0.01840952	0.01850721	0.01860500
19	0.01823473	0.01833324	0.01843184	0.01853054
20	0.01817281	0.01827213	0.01837154	0.01847103
21	0.01812309	0.01822311	0.01832321	0.01842339
22	0.01808310	0.01818373	0.01828444	0.01838521
23	0.01805092	0.01815208	0.01825330	0.01835459
24	0.01802500	0.01812661	0.01822828	0.01833001
25	0.01800411	0.01810611	0.01820816	0.01831027
26	0.01798726	0.01808960	0.01819198	0.01829441
27	0.01797367	0.01807629	0.01817895	0.01828166
28	0.01796270	0.01806556	0.01816847	0.01827140
29	0.01795385	0.01805692	0.01816002	0.01826316
30	0.01794670	0.01804995	0.01815322	0.01825652

Factores Constantes de Hipotecas por $1

Años	Tasa de Interés 22.000%	22.125%	22.250%	22.375%
1	0.09359438	0.09365455	0.09371474	0.09377495
2	0.05187815	0.05193990	0.05200169	0.05206353
3	0.03819045	0.03825515	0.03831991	0.03838472
4	0.03150608	0.03157398	0.03164196	0.03171002
5	0.02761891	0.02769003	0.02776124	0.02783255
6	0.02512613	0.02520038	0.02527473	0.02534920
7	0.02342594	0.02350319	0.02358056	0.02365804
8	0.02221708	0.02229716	0.02237736	0.02245769
9	0.02133190	0.02141463	0.02149748	0.02158047
10	0.02066969	0.02075486	0.02084017	0.02092561
11	0.02016629	0.02025371	0.02034127	0.02042896
12	0.01977894	0.01986841	0.01995802	0.02004775
13	0.01947809	0.01956942	0.01966087	0.01975246
14	0.01924273	0.01933572	0.01942884	0.01952208
15	0.01905756	0.01915204	0.01924664	0.01934135
16	0.01891123	0.01900702	0.01910293	0.01919896
17	0.01879518	0.01889214	0.01898921	0.01908638
18	0.01870289	0.01880087	0.01889895	0.01899713
19	0.01862933	0.01872821	0.01882717	0.01892623
20	0.01857060	0.01867025	0.01876999	0.01886981
21	0.01852364	0.01862397	0.01872437	0.01882485
22	0.01848605	0.01858696	0.01868794	0.01878898
23	0.01845594	0.01855735	0.01865881	0.01876034
24	0.01843179	0.01853363	0.01863552	0.01873746
25	0.01841242	0.01851463	0.01861688	0.01871917
26	0.01839688	0.01849939	0.01860195	0.01870454
27	0.01838440	0.01848717	0.01858999	0.01869284
28	0.01837437	0.01847737	0.01858041	0.01868347
29	0.01836632	0.01846951	0.01857273	0.01867598
30	0.01835985	0.01846320	0.01856658	0.01866998

Factores Constantes de Hipotecas por $1

	Tasa de Interés			
Años	**22.500%**	**22.625%**	**22.750%**	**22.875%**
1	0.09383518	0.09389544	0.09395571	0.09401601
2	0.05212540	0.05218731	0.05224927	0.05231127
3	0.03844960	0.03851454	0.03857954	0.03864460
4	0.03177815	0.03184636	0.03191466	0.03198302
5	0.02790395	0.02797544	0.02804702	0.02811870
6	0.02542377	0.02549845	0.02557323	0.02564812
7	0.02373564	0.02381335	0.02389118	0.02396913
8	0.02253814	0.02261872	0.02269942	0.02278025
9	0.02166358	0.02174682	0.02183020	0.02191370
10	0.02101118	0.02109689	0.02118272	0.02126869
11	0.02051678	0.02060474	0.02069282	0.02078104
12	0.02013762	0.02022762	0.02031774	0.02040800
13	0.01984417	0.01993600	0.02002797	0.02012005
14	0.01961544	0.01970892	0.01980253	0.01989625
15	0.01943618	0.01953113	0.01962618	0.01972135
16	0.01929508	0.01939132	0.01948766	0.01958411
17	0.01918365	0.01928102	0.01937849	0.01947606
18	0.01909540	0.01919376	0.01929222	0.01939076
19	0.01902537	0.01912459	0.01922390	0.01932329
20	0.01896970	0.01906967	0.01916972	0.01926984
21	0.01892539	0.01902600	0.01912669	0.01922744
22	0.01889008	0.01899125	0.01909248	0.01919376
23	0.01886192	0.01896356	0.01906526	0.01916700
24	0.01883945	0.01894149	0.01904358	0.01914572
25	0.01882151	0.01892389	0.01902632	0.01912879
26	0.01880718	0.01890985	0.01901256	0.01911531
27	0.01879572	0.01889864	0.01900160	0.01910458
28	0.01878657	0.01888970	0.01899285	0.01909603
29	0.01877925	0.01888255	0.01898588	0.01908922
30	0.01877340	0.01887684	0.01898031	0.01908380

Factores Constantes de Hipotecas por $1

	Tasa de Interés			
Años	**23.000%**	**23.125%**	**23.250%**	**23.375%**
1	0.09407632	0.09413666	0.09419702	0.09425739
2	0.05237331	0.05243539	0.05249751	0.05255967
3	0.03870972	0.03877490	0.03884014	0.03890544
4	0.03205147	0.03212000	0.03218860	0.03225728
5	0.02819047	0.02826233	0.02833429	0.02840634
6	0.02572311	0.02579821	0.02587341	0.02594872
7	0.02404719	0.02412537	0.02420366	0.02428207
8	0.02286119	0.02294226	0.02302345	0.02310476
9	0.02199732	0.02208108	0.02216495	0.02224896
10	0.02135478	0.02144100	0.02152735	0.02161383
11	0.02086938	0.02095785	0.02104645	0.02113518
12	0.02049837	0.02058888	0.02067951	0.02077026
13	0.02021226	0.02030459	0.02039704	0.02048961
14	0.01999008	0.02008404	0.02017810	0.02027229
15	0.01981663	0.01991203	0.02000752	0.02010313
16	0.01968066	0.01977732	0.01987407	0.01997093
17	0.01957372	0.01967148	0.01976933	0.01986728
18	0.01948939	0.01958811	0.01968692	0.01978581
19	0.01942276	0.01952231	0.01962194	0.01972165
20	0.01937003	0.01947030	0.01957064	0.01967104
21	0.01932825	0.01942913	0.01953007	0.01963108
22	0.01929511	0.01939651	0.01949798	0.01959949
23	0.01926880	0.01937065	0.01947255	0.01957450
24	0.01924791	0.01935013	0.01945241	0.01955473
25	0.01923130	0.01933385	0.01943644	0.01953906
26	0.01921810	0.01932091	0.01942377	0.01952665
27	0.01920760	0.01931064	0.01941372	0.01951682
28	0.01919924	0.01930248	0.01940574	0.01950903
29	0.01919260	0.01929599	0.01939941	0.01950285
30	0.01918731	0.01929084	0.01939438	0.01949795

Factores Constantes de Hipotecas por $1

Años	Tasa de Interés			
	23.500%	**23.625%**	**23.750%**	**23.875%**
1	0.09431779	0.09437821	0.09443865	0.09449911
2	0.05262187	0.05268412	0.05274640	0.05280873
3	0.03897081	0.03903623	0.03910171	0.03916725
4	0.03232603	0.03239487	0.03246378	0.03253277
5	0.02847848	0.02855071	0.02862304	0.02869546
6	0.02602413	0.02609965	0.02617527	0.02625100
7	0.02436059	0.02443923	0.02451798	0.02459684
8	0.02318620	0.02326775	0.02334942	0.02343122
9	0.02233309	0.02241734	0.02250172	0.02258622
10	0.02170043	0.02178716	0.02187402	0.02196099
11	0.02122403	0.02131300	0.02140210	0.02149133
12	0.02086114	0.02095214	0.02104326	0.02113450
13	0.02058229	0.02067510	0.02076802	0.02086106
14	0.02036658	0.02046099	0.02055551	0.02065014
15	0.02019884	0.02029466	0.02039058	0.02048661
16	0.02006788	0.02016494	0.02026208	0.02035933
17	0.01996531	0.02006344	0.02016166	0.02025996
18	0.01988478	0.01998384	0.02008298	0.02018219
19	0.01982143	0.01992129	0.02002122	0.02012122
20	0.01977152	0.01987206	0.01997267	0.02007334
21	0.01973215	0.01983328	0.01993446	0.02003571
22	0.01970106	0.01980269	0.01990437	0.02000610
23	0.01967650	0.01977855	0.01988064	0.01998278
24	0.01965709	0.01975949	0.01986193	0.01996441
25	0.01964173	0.01974443	0.01984716	0.01994993
26	0.01962957	0.01973252	0.01983551	0.01993852
27	0.01961995	0.01972312	0.01982630	0.01992952
28	0.01961234	0.01971568	0.01981903	0.01992242
29	0.01960631	0.01970979	0.01981329	0.01991681
30	0.01960153	0.01970514	0.01980876	0.01991239

Factores Constantes de Hipotecas por $1

	Tasa de Interés			
Años	**24.000%**	**24.125%**	**24.250%**	**24.375%**
1	0.09455960	0.09462010	0.09468062	0.09474117
2	0.05287110	0.05293351	0.05299596	0.05305845
3	0.03923285	0.03929851	0.03936424	0.03943002
4	0.03260184	0.03267098	0.03274020	0.03280949
5	0.02876797	0.02884057	0.02891326	0.02898604
6	0.02632683	0.02640276	0.02647880	0.02655494
7	0.02467581	0.02475490	0.02483410	0.02491341
8	0.02351313	0.02359516	0.02367731	0.02375958
9	0.02267085	0.02275559	0.02284046	0.02292545
10	0.02204810	0.02213532	0.02222267	0.02231014
11	0.02158067	0.02167014	0.02175973	0.02184944
12	0.02122586	0.02131734	0.02140893	0.02150065
13	0.02095421	0.02104748	0.02114086	0.02123435
14	0.02074487	0.02083972	0.02093467	0.02102972
15	0.02058274	0.02067896	0.02077529	0.02087172
16	0.02045667	0.02055410	0.02065163	0.02074924
17	0.02035835	0.02045683	0.02055539	0.02065403
18	0.02028149	0.02038086	0.02048032	0.02057984
19	0.02022129	0.02032144	0.02042165	0.02052193
20	0.02017408	0.02027488	0.02037574	0.02047667
21	0.02013701	0.02023837	0.02033978	0.02044125
22	0.02010788	0.02020970	0.02031158	0.02041351
23	0.02008496	0.02018719	0.02028946	0.02039177
24	0.02006693	0.02016949	0.02027209	0.02037472
25	0.02005274	0.02015558	0.02025845	0.02036135
26	0.02004156	0.02014463	0.02024773	0.02035085
27	0.02003276	0.02013602	0.02023931	0.02034262
28	0.02002582	0.02012924	0.02023269	0.02033615
29	0.02002035	0.02012391	0.02022749	0.02033108
30	0.02001604	0.02011971	0.02022339	0.02032709

Factores Constantes de Hipotecas por $1

	Tasa de Interés			
Años	**24.500%**	**24.625%**	**24.750%**	**24.875%**
1	0.09480173	0.09486232	0.09492293	0.09498355
2	0.05312098	0.05318355	0.05324617	0.05330882
3	0.03949586	0.03956176	0.03962772	0.03969374
4	0.03287887	0.03294832	0.03301785	0.03308745
5	0.02905892	0.02913188	0.02920494	0.02927809
6	0.02663118	0.02670753	0.02678398	0.02686053
7	0.02499283	0.02507237	0.02515201	0.02523177
8	0.02384196	0.02392446	0.02400708	0.02408982
9	0.02301056	0.02309579	0.02318114	0.02326661
10	0.02239773	0.02248544	0.02257328	0.02266123
11	0.02193927	0.02202922	0.02211928	0.02220946
12	0.02159247	0.02168442	0.02177647	0.02186865
13	0.02132795	0.02142166	0.02151548	0.02160941
14	0.02112488	0.02122015	0.02131552	0.02141098
15	0.02096824	0.02106486	0.02116158	0.02125839
16	0.02084695	0.02094474	0.02104263	0.02114060
17	0.02075276	0.02085157	0.02095045	0.02104942
18	0.02067944	0.02077912	0.02087887	0.02097869
19	0.02062228	0.02072270	0.02082318	0.02092372
20	0.02057765	0.02067869	0.02077979	0.02088095
21	0.02054277	0.02064434	0.02074596	0.02084764
22	0.02051548	0.02061750	0.02071956	0.02082167
23	0.02049412	0.02059651	0.02069894	0.02080141
24	0.02047739	0.02058009	0.02068283	0.02078560
25	0.02046428	0.02056724	0.02067024	0.02077326
26	0.02045401	0.02055719	0.02066039	0.02076362
27	0.02044595	0.02054931	0.02065269	0.02075609
28	0.02043964	0.02054314	0.02064667	0.02075021
29	0.02043469	0.02053831	0.02064196	0.02074561
30	0.02043080	0.02053453	0.02063827	0.02074202

Factores Constantes de Hipotecas por $1

	Tasa de Interés			
Años	**25.000%**	**25.125%**	**25.250%**	**25.375%**
1	0.09504420	0.09510487	0.09516556	0.09522627
2	0.05337152	0.05343426	0.05349704	0.05355986
3	0.03975983	0.03982597	0.03989217	0.03995843
4	0.03315713	0.03322688	0.03329672	0.03336662
5	0.02935132	0.02942465	0.02949807	0.02957158
6	0.02693718	0.02701393	0.02709079	0.02716774
7	0.02531164	0.02539161	0.02547170	0.02555189
8	0.02417267	0.02425563	0.02433871	0.02442191
9	0.02335220	0.02343790	0.02352372	0.02360966
10	0.02274930	0.02283748	0.02292579	0.02301421
11	0.02229976	0.02239018	0.02248071	0.02257135
12	0.02196093	0.02205332	0.02214583	0.02223844
13	0.02170344	0.02179758	0.02189183	0.02198618
14	0.02150655	0.02160222	0.02169799	0.02179385
15	0.02135529	0.02145228	0.02154937	0.02164655
16	0.02123865	0.02133679	0.02143502	0.02153332
17	0.02114846	0.02124759	0.02134678	0.02144606
18	0.02107858	0.02117853	0.02127856	0.02137865
19	0.02102433	0.02112499	0.02122572	0.02132651
20	0.02098216	0.02108343	0.02118475	0.02128613
21	0.02094936	0.02105113	0.02115295	0.02125481
22	0.02092382	0.02102601	0.02112824	0.02123051
23	0.02090391	0.02100646	0.02110904	0.02121165
24	0.02088840	0.02099124	0.02109410	0.02119700
25	0.02087631	0.02097938	0.02108249	0.02118562
26	0.02086687	0.02097015	0.02107345	0.02117677
27	0.02085951	0.02096295	0.02106641	0.02116989
28	0.02085377	0.02095734	0.02106094	0.02116455
29	0.02084928	0.02095297	0.02105667	0.02116039
30	0.02084579	0.02094956	0.02105335	0.02115715

Factores Constantes de Hipotecas por $1

Años	Tasa de Interés			
	25.500%	**25.625%**	**25.750%**	**25.875%**
1	0.09528701	0.09534776	0.09540853	0.09546932
2	0.05362272	0.05368562	0.05374856	0.05381154
3	0.04002475	0.04009113	0.04015756	0.04022406
4	0.03343661	0.03350667	0.03357681	0.03364702
5	0.02964518	0.02971887	0.02979264	0.02986651
6	0.02724480	0.02732196	0.02739921	0.02747657
7	0.02563220	0.02571261	0.02579313	0.02587376
8	0.02450522	0.02458864	0.02467217	0.02475582
9	0.02369572	0.02378189	0.02386817	0.02395457
10	0.02310274	0.02319139	0.02328016	0.02336904
11	0.02266211	0.02275297	0.02284396	0.02293505
12	0.02233117	0.02242400	0.02251694	0.02260999
13	0.02208063	0.02217519	0.02226985	0.02236460
14	0.02188981	0.02198587	0.02208202	0.02217827
15	0.02174381	0.02184117	0.02193861	0.02203614
16	0.02163171	0.02173018	0.02182873	0.02192735
17	0.02154540	0.02164482	0.02174431	0.02184387
18	0.02147881	0.02157904	0.02167933	0.02177968
19	0.02142736	0.02152827	0.02162923	0.02173025
20	0.02138755	0.02148903	0.02159056	0.02169213
21	0.02135672	0.02145868	0.02156068	0.02166272
22	0.02133283	0.02143518	0.02153757	0.02164000
23	0.02131430	0.02141698	0.02151970	0.02162245
24	0.02129993	0.02140288	0.02150587	0.02160888
25	0.02128877	0.02139195	0.02149516	0.02159839
26	0.02128011	0.02138348	0.02148687	0.02159027
27	0.02127339	0.02137691	0.02148044	0.02158399
28	0.02126817	0.02137181	0.02147547	0.02157913
29	0.02126412	0.02136786	0.02147161	0.02157538
30	0.02126097	0.02136479	0.02146862	0.02157247

Balance de Hipoteca

Tabla de Balance de Hipoteca

Muchas veces usted o sus clientes querrán conocer el balance de una hipoteca a un tiempo determinado. Las siguientes tablas le ayudarán a realizar este cálculo de forma rápida y sencilla. Es importante notar que las tablas aquí presentadas están programadas para calcular los balances al final de cada período anual.

Por ejemplo, si el otorgamiento inicial de la hipoteca se efectuó en el mes de junio el cálculo aquí presentado ofrece el balance adeudado efectivo el mes de mayo. De esta manera, se completa el ciclo del término anual del año en cuestión.

Estos factores no toman en consideración algún prepago que se haya realizado en dicha hipoteca. Si esto ha ocurrido, será necesario hacer ajustes al balance obtenido.

Practiquemos un ejemplo:

Ejemplo

Determine el balance al quinto año de una hipoteca de $100,000 con tasa de interés de 7% y un término de 30 años.

Respuesta

Identifique el factor correspondiente al término de 30 años y 7% tasa de interés. Corresponde a .9413. Multiplique este factor por $100,000 y el resultado es $94,130 redondeado.

Esto significa que el balance en la hipoteca de $100,000 con 7% tasa de interés al final de quinto año es $94,130.

Tabla de Balance de Hipoteca

Términos
1 a 40 Años

Tasas de Interés
2% a 15.75%

Utilice estas tablas para identificar el porcentaje de su préstamo inicial que aún queda por pagar. Luego, multiplique el factor correspondiente para calcular la cantidad total del balance.

2.00% | % de Balance de Hipoteca al Final del Año

Edad del Préstamo	Término Inicial en Años						
	2	**3**	**4**	**5**	**6**	**7**	**8**
1	.5050	.6733	.7574	.8079	.8415	.8656	.8836
2	.0000	.3400	.5100	.6119	.6799	.7284	.7648
3		.0000	.2575	.4120	.5150	.5885	.6436
4			.0000	.2081	.3467	.4458	.5200
5				.0000	.1751	.3001	.3938
6					.0000	.1516	.2652
7						.0000	.1339
8							.0000
9							
10							
11							
12							
13							
14							
15							
16							
17							
18							
19							
20							
21							
22							
23							
24							
25							
26							
27							
28							
29							
30							
35							
40							

2.00%

% de Balance de Hipoteca al Final del Año

Edad del Préstamo	Término Inicial en Años						
	10	**15**	**20**	**25**	**30**	**35**	**40**
1	.9088	.9423	.9589	.9689	.9754	.9801	.9835
2	.8157	.8833	.9170	.9371	.9503	.9597	.9667
3	.7207	.8232	.8743	.9047	.9248	.9390	.9495
4	.6238	.7619	.8306	.8716	.8987	.9178	.9320
5	.5250	.6994	.7861	.8378	.8720	.8962	.9142
6	.4241	.6355	.7407	.8034	.8449	.8742	.8959
7	.3212	.5704	.6944	.7683	.8172	.8517	.8773
8	.2163	.5040	.6472	.7325	.7889	.8288	.8584
9	.1092	.4363	.5990	.6959	.7601	.8054	.8390
10	.0000	..3671	.5498	.6587	.7306	.7815	.8193
11		.2966	.4996	.6206	.7006	.7572	.7992
12		.2247	.4484	.5818	.6700	.7324	.7786
13		.1513	.3962	.5422	.6388	.7070	.7577
14		.0764	.3430	.5018	.6069	.6812	.7363
15		.0000	.2886	.4606	.5744	.6548	.7145
16			.2332	.4186	.5412	.6279	.6922
17			.1766	.3757	.5074	.6005	.6695
18			.1189	.3320	.4729	.5725	.6463
19			.0601	.2874	.4376	.5439	.6227
20			.0000	.2418	.4017	.5148	.5986
21				.1954	.3650	.4850	.5740
22				.1480	.3277	.4547	.5489
23				.0996	.2895	.4238	.5233
24				.0503	.2506	.3922	.4972
25				.0000	.2109	.3600	.4706
26					.1704	.3272	.4434
27					.1290	.2936	.4157
28					.0869	.2595	.3874
29					.0439	.2246	.3585
30					.0000	.1890	.3291
35						.0000	.1728
40							.0000

2.25%	% de Balance de Hipoteca al Final del Año						
Edad del Préstamo	Término Inicial en Años						
	2	**3**	**4**	**5**	**6**	**7**	**8**
1	.5056	.6741	.7584	.8089	.8426	.8666	.8846
2	.0000	.3409	.5112	.6134	.6815	.7302	.7666
3		.0000	.2585	.4135	.5169	.5906	.6459
4			.0000	.2091	.3484	.4479	.5225
5				.0000	.1762	.3019	.3962
6					.0000	.1527	.2671
7						.0000	.1351
8							.0000
9							
10							
11							
12							
13							
14							
15							
16							
17							
18							
19							
20							
21							
22							
23							
24							
25							
26							
27							
28							
29							
30							
35							
40							

2.25% % de Balance de Hipoteca al Final del Año

Edad del Préstamo	Término Inicial en Años						
	10	**15**	**20**	**25**	**30**	**35**	**40**
1	.9098	.9433	.9600	.9699	.9764	.9810	.9844
2	.8176	.8853	.9190	.9390	.9522	.9616	.9685
3	.7232	.8260	.8771	.9075	.9275	.9417	.9521
4	.6267	.7654	.8343	.8752	.9023	.9214	.9355
5	.5281	.7034	.7904	.8423	.8764	.9006	.9184
6	.4271	.6399	.7456	.8085	.8500	.8793	.9009
7	.3239	.5750	.6998	.7740	.8230	.8576	.8831
8	.2184	.5087	.6529	.7388	.7954	.8353	.8648
9	.1104	.4408	.6050	.7027	.7671	.8126	.8462
10	.0000	.3714	.5560	.6658	.7382	.7893	.8271
11		.3004	5058	.6280	.7086	.7655	.8075
12		.2278	.4545	.5894	.6784	.7412	.7876
13		.1536	.4021	.5499	.6475	.7163	.7671
14		.0777	.3484	.5096	.6159	.6908	.7462
15		.0000	.2936	.4683	.5835	.6648	.7249
16			.2375	.4260	.5504	.6382	.7030
17			.1801	.3828	.5166	.6109	.6807
18			.1214	.3387	.4820	.5831	.6578
19			.0614	.2935	.4466	.5546	.6344
20			.0000	.2473	.4104	.5255	.6105
21				.2000	.3734	.4957	.5861
22				.1517	.3355	.4652	.5611
23				.1023	.2968	.4341	.5355
24				.0517	.2572	.4022	.5093
25				.0000	.2167	.3696	.4826
26					.1753	.3363	.4552
27					.1329	.3022	.4273
28					.0896	.2673	.3986
29					.0453	.2316	.3694
30					.0000	.1952	.3394
35						.0000	.1792
40							.0000

2.50%	% de Balance de Hipoteca al Final del Año						
	Término Inicial en Años						
Edad del Préstamo	2	3	4	5	6	7	8
1	.5062	.6750	.7593	.8099	.8436	.8676	.8856
2	.0000	.3417	.5125	.6149	.6832	.7319	.7684
3		.0000	.2594	.4150	.5187	.5927	.6482
4			.0000	.2101	.3501	.4501	.5250
5				.0000	.1772	.3038	.3986
6					.0000	.1538	.2960
7						.0000	.1362
8							.0000
9							
10							
11							
12							
13							
14							
15							
16							
17							
18							
19							
20							
21							
22							
23							
24							
25							
26							
27							
28							
29							
30							
35							
40							

% de Balance de Hipoteca al Final del Año

2.50% Edad del Préstamo	Término Inicial en Años						
	10	15	20	25	30	35	40
1	.9109	.9444	.9610	.9708	.9773	.9819	.9853
2	.8195	.8873	.9209	.9409	.9541	.9633	.9701
3	.7258	.8288	.8799	.9103	.9302	.9443	.9546
4	.6297	.7688	.8378	.8788	.9058	.9248	.9388
5	.5312	.7073	.7947	.8466	.8808	.9048	.9225
6	.4302	.6443	.7505	.8136	.8551	.8843	.9058
7	.3266	.5796	.7051	.7797	.8287	.8632	.8886
8	.2205	.5133	.6586	.7449	.8017	.8417	.8711
9	.1116	.4454	.6110	.7093	.7740	.8196	.8531
10	.0000	.3757	.5621	.6728	.7456	.7969	.8346
11		.3043	.5120	.6354	.7165	.7736	.8157
12		.2310	.4606	.5970	.6867	.7498	.7963
13		.1559	.4080	.5576	.6561	.7254	7764
14		.0789	.3540	.5173	.6247	.7003	.7560
15		.0000	.2986	.4759	.5926	.6746	.7351
16			.2418	.4335	.5596	.6483	7137
17			.1836	.3900	.5258	.6213	.6917
18			.1239	.3454	.4911	.5936	.6691
19			.0627	.2997	.4556	.5652	.6460
20			.0000	.2528	.4191	.5361	.6223
21				.2047	.3818	.5063	.5980
22				.1554	.3435	.4757	.5731
23				.1049	.3042	.4444	.5476
24				.0531	.2639	.4122	.5214
25				.0000	.2226	.3792	.4946
26					.1803	.3454	.4671
27					.1369	.3108	.4388
28					.0924	.2752	.4099
29					.0468	.2388	.3802
30					.0000	.2014	.3498
35						.0000	.1858
40							.0000

2.75% % de Balance de Hipoteca al Final del Año

Edad del Préstamo	Término Inicial en Años						
	2	3	4	5	6	7	8
1	.5069	.6758	.7602	.8108	.8446	.8686	.8867
2	.0000	.3425	.5137	.6164	.6848	.7336	.7702
3		.0000	.2604	.4166	.5206	.5948	.6505
4			.0000	.2111	.3518	.4522	.5274
5				.0000	.1783	.3056	.4010
6					.0000	.1549	.2710
7						.0000	.1373
8							.0000
9							
10							
11							
12							
13							
14							
15							
16							
17							
18							
19							
20							
21							
22							
23							
24							
25							
26							
27							
28							
29							
30							
35							
40							

2.75%

% de Balance de Hipoteca al Final del Año

Edad del Préstamo	Término Inicial en Años						
	10	**15**	**20**	**25**	**30**	**35**	**40**
1	.9119	.9454	.9620	.9718	.9782	.9828	.9861
2	.8214	.8892	.9229	.9428	.9559	.9650	.9718
3	.7283	.8315	.8827	.9130	.9329	.9468	.9571
4	.6326	.7722	.8414	.8824	.9092	.9281	.9419
5	.5343	.7113	.7989	.8509	.8850	.9089	9264
6	.4332	.6486	.7553	.8185	.8600	.8891	.9104
7	.3293	.5842	.7104	.7852	.8343	.8688	.8940
8	.2226	.5180	.6643	.7510	.8080	.8479	.8771
9	.1128	.4500	.6169	.7159	7808	.8264	.8598
10	.0000	3800	.5682	.6798	.7530	.8043	.8420
11		.3081	.5182	.6426	.7243	.7816	.8236
12		.2342	.4667	.6045	.6949	.7583	.8048
13		.1583	.4138	.5653	.6646	.7343	.7855
14		.0802	.3595	.5249	.6335	.7097	.7656
15		.0000	.3036	.4835	.6016	.6844	.7451
16			.2462	.4409	.5687	.6583	.7241
17			.1871	.3971	.5349	.6316	.7025
18			.1265	.3521	.5002	.6041	.6803
19			.0641	.3059	.4646	.5758	.6575
20			.0000	.2583	.4279	.5467	.6340
21				.2095	.3902	.5169	.6099
22				.1592	.3514	.4862	.5851
23				.1076	.3116	.4546	.5596
24				.0545	.2707	.4222	.5334
25				.0000	.2286	.3889	.5065
26					.1854	.3546	.4788
27					.1409	.3194	.4504
28					.0952	.2832	.4212
29					.0483	.2460	.3911
30					.0000	.2078	.3603
35						.0000	.1925
40							.0000

3.00%

% de Balance de Hipoteca al Final del Año

Edad del Préstamo	Término Inicial en Años						
	2	**3**	**4**	**5**	**6**	**7**	**8**
1	.5075	.6766	.7611	.8110	.8456	.8697	.8877
2	.0000	.3434	.5150	.6179	.6864	.7354	.7720
3		.0000	.2613	.4181	.5225	.5970	.6528
4			.0000	.2122	.3535	.4544	.5299
5				.0000	.1794	.3074	.4033
6					.0000	.1560	.2729
7						.0000	.1385
8							.0000
9							
10							
11							
12							
13							
14							
15							
16							
17							
18							
19							
20							
21							
22							
23							
24							
25							
26							
27							
28							
29							
30							
35							
40							

3.00% — % de Balance de Hipoteca al Final del Año

Edad del Préstamo	Término Inicial en Años						
	10	**15**	**20**	**25**	**30**	**35**	**40**
1	.9129	.9464	.9629	.9727	.9791	.9836	.9869
2	.8232	.8912	.9248	.9446	.9576	.9667	.9733
3	.7308	.8343	.8854	.9157	.9354	.9493	.9594
4	.6355	.7756	.8449	.8858	.9126	.9313	.9450
5	.5374	.7152	.8031	.8551	.8891	.9128	.9302
6	.4362	.6529	.7600	.8234	.8648	.8938	.9149
7	.3320	.5888	7157	.7907	.8398	.8741	.8992
8	.2247	.5226	.6700	.7571	.8141	.8539	.8830
9	.1140	.4545	.6229	.7224	.7875	.8330	.8663
10	.0000	.3843	.5744	.6867	.7602	.8116	.8491
11		.3120	.5243	.6499	.7320	.7894	.8314
12		.2375	.4728	.6119	.7030	.7666	.8131
13		.1607	.4197	.5729	.6731	.7431	.7943
14		.0815	.3650	.5326	.6423	.7189	.7749
15		.0000	.3086	.4911	.6105	.6939	.7549
16			.2506	.4483	.5778	.6682	.7343
17			.1907	.4043	.5441	.6417	.7131
18			.1290	.3589	.5093	.6144	.6912
19			.0655	.3121	.4735	.5863	.6687
20			.0000	.2639	.4366	.5573	.6455
21				.2142	.3986	.5274	.6216
22				.1631	.3594	.4966	.5969
23				.1103	.3191	.4649	.5715
24				.0560	.2775	.4322	.5453
25				.0000	.2346	.3986	.5184
26					.1905	.3639	.4906
27					.1450	.3281	.4620
28					.0981	.2913	.4325
29					.0498	.2533	.4021
30					.0000	.2142	.3707
35						.0000	.1992
40							.0000

3.25% — % de Balance de Hipoteca al Final del Año

Edad del Préstamo	Término Inicial en Años						
	2	**3**	**4**	**5**	**6**	**7**	**8**
1	.5081	.6774	.7620	.8128	.8466	.8707	.8887
2	.0000	.3442	.5162	.6194	.6881	.7371	.7738
3		.0000	.2623	.4196	.5243	.5991	.6551
4			.0000	.2132	.3552	.4565	.5324
5				.0000	.1805	.3093	.4057
6					.0000	.1571	.2748
7						.0000	.1397
8							.0000
9							
10							
11							
12							
13							
14							
15							
16							
17							
18							
19							
20							
21							
22							
23							
24							
25							
26							
27							
28							
29							
30							
35							
40							

3.25%	% de Balance de Hipoteca al Final del Año						
Edad del Préstamo	Término Inicial en Años						
	10	**15**	**20**	**25**	**30**	**35**	**40**
1	.9140	.9474	.9639	.9736	.9800	.9844	.9876
2	.8251	.8931	.9266	.9464	.9593	.9683	.9748
3	.7333	.8369	.8881	.9183	.9379	.9516	.9616
4	.6384	.7790	.8483	.8892	.9159	.9344	.9479
5	.5405	.7191	.8072	.8592	.8931	.9167	.9338
6	.4393	.6572	.7647	.8282	.8695	.8983	.9193
7	.3348	.5933	.7209	.7961	.8452	.8794	.9042
8	.2268	.5273	.6756	.7630	.8201	.8598	.8887
9	.1152	.4591	.6288	.7288	.7941	.8395	.8726
10	.0000	.3886	.5804	.6935	.7673	.8186	.8560
11		.3159	.5305	.6570	.7396	.7971	.8389
12		.2407	.4789	.6194	.7110	.7748	.8212
13		.1631	.4256	.5804	.6814	.7517	.8029
14		.0829	.3706	.5402	.6509	.7279	.7840
15		.0000	.3137	.4987	.6194	.7034	.7645
16			.2550	.4558	.5868	.6780	.7443.
17			.1943	.4115	.5531	.6517	.7235
18			.1316	.3657	.5184	.6246	.7020
19			.0669	.3184	.4825	.5967	.6798
20			.0000	.2695	.4454	.5677	.6568
21				.2191	.4070	.5379	.6331
22				.1669	.3675	.5070	.6086
23				.1131	.3266	.4752	.5833
24				.0575	.2843	.4423	.5572
25				.0000	.2407	.4082	.5302
26					.1956	.3731	.5023
27					.1491	.3368	.4735
28					.1010	.2994	.4437
29					.0513	.2606	.4130
30					.0000	.2207	.3812
35						.0000	.2061
40							.0000

3.50% — % de Balance de Hipoteca al Final del Año

Edad del Préstamo	Término Inicial en Años						
	2	**3**	**4**	**5**	**6**	**7**	**8**
1	.5087	.6782	.7629	.8137	.8475	.8717	.8897
2	.0000	.3450	.5175	.6208	.6897	.7388	.7756
3		.0000	.2633	.4211	.5262	.6012	.6573
4			.0000	.2142	.3569	.4587	.5349
5				.0000	.1816	.3111	.4081
6					.0000	.1583	.2768
7						.0000	.1408
8							.0000
9							
10							
11							
12							
13							
14							
15							
16							
17							
18							
19							
20							
21							
22							
23							
24							
25							
26							
27							
28							
29							
30							
35							
40							

3.50%

% de Balance de Hipoteca al Final del Año

Edad del Préstamo	Término Inicial en Años						
	10	**15**	**20**	**25**	**30**	**35**	**40**
1	.9150	.9484	.9648	.9745	.9808	.9852	.9883
2	.8269	.8949	.9284	.9481	.9609	.9698	.9762
3	.7358	.8396	.8907	.9208	.9404	.9539	.9637
4	.6413	.7823	.8517	.8925	.9190	.9374	.9508
5	.5436	.7229	.8113	.8632	.8970	.9204	.9373
6	.4423	.6615	.7694	.8329	.8741	.9027	.9234
7	.3375	.5978	.7260	.8014	.8504	.8844	.9090
8	.2289	.5319	.6811	.7689	.8259	.8655	.8941
9	.1164	.4637	.6346	.7352	.8006	.8459	.8787
10	.0000	.3930	.5865	.7003	.7743	.8256	.8627
11		.3198	.5366	.6641	.7470	.8045	.8461
12		.2440	.4850	.6267	.7189	.7827	.8290
13		.1655	.4315	.5880	.6897	.7602	.8112
14		.0842	.3761	.5478	.6594	.7368	.7929
15		.0000	.3188	.5063	.6281	.7125	.7738
16			.2594	.4632	.5957	.6876	.7541
17			.1979	.4186	.5622	.6616	.7337
18			.1342	.3725	.5274	.6348	.7125
19			.0683	.3247	.4914	.6069	.6906
20			.0000	.2752	.4541	.5781	.6680
21				.2239	.4155	.5483	.6445
22				.1708	.3755	.5174	.6202
23				.1159	.3341	.4854	.5950
24				.0590	.2912	.4523	.5689
25				.0000	.2468	.4179	.5419
26					.2009	.3824	.5139
27					.1532	.3456	.4850
28					.1039	.3075	.4550
29					.0529	.2681	.4239
30					.0000	.2272	.3918
35						.0000	.2129
40							.0000

3.75%	% de Balance de Hipoteca al Final del Año						
Edad del Préstamo	Término Inicial en Años						
	2	3	4	5	6	7	8
1	.5094	.6791	.7639	.8147	.8485	.8727	.8908
2	.0000	.3459	.5187	.6223	.6913	.7405	.7773
3		.0000	.2642	.4226	.5281	.6033	.6596
4			.0000	.2152	.3586	.4608	.5374
5				.0000	.1826	.3129	.4105
6					.0000	.1594	.2787
7						.0000	.1420
8							.0000
9							
10							
11							
12							
13							
14							
15							
16							
17							
18							
19							
20							
21							
22							
23							
24							
25							
26							
27							
28							
29							
30							
35							
40							

3.75%

% de Balance de Hipoteca al Final del Año

Edad del Préstamo	Término Inicial en Años						
	10	**15**	**20**	**25**	**30**	**35**	**40**
1	.9160	.9494	.9658	.9754	.9816	.9859	.9890
2	.8288	8968	.9302	.9498	.9625	.9713	.9776
3	.7382	.8422	.8933	.9233	.9427	.9561	.9658
4	.6442	.7856	.8550	.8958	.9221	.9403	.9535
5	.5467	.7268	.8153	.8672	.9008	.9240	.9407
6	.4454	.6657	.7740	.8375	.8786	.9070	.9274
7	.3402	.6023	.7311	.8067	.8556	.8893	.9137
8	.2310	.5365	.6867	.7747	.8317	.8710	.8994
9	.1177	.4682	.6405	.7415	.8069	.8520	.8846
10	.0000	.3973	.5925	.7070	.7811	.8323	.8692
11		.3237	.5427	.6712	.7544	.8118	.8532
12		.2472	.4911	.6340	.7266	.7905	.8366
13		.1679	.4374	.5954	.6978	.7685	.8194
14		.0855	.3817	.5554	.6679	.7455	.8015
15		.0000	.3239	.5138	.6368	.7217	.7829
16			.2639	.4707	.6046	.6970	.7637
17			.2016	.4258	.5711	.6714	.7436
18			.1369	.3793	.5364	.6447	.7229
19			.0697	.3310	.5003	.6171	.7013
20			.0000	.2809	.4628	.5884	.6789
21				.2288	.4240	.5586	.6557
22				.1748	.3836	.5277	.6316
23				.1187	.3417	.4956	.6065
24				.0605	.2982	.4622	.5805
25				.0000	.2530	.4276	.5535
26					.2061	.3917	.5255
27					.1575	.3544	.4964
28					.1069	.3157	.4662
29					.0545	.2755	.4348
30					.0000	.2338	.4023
35						.0000	.2199
40							.0000

4.00%	% de Balance de Hipoteca al Final del Año						
	Término Inicial en Años						
Edad del Préstamo	**2**	**3**	**4**	**5**	**6**	**7**	**8**
1	.5100	.6799	.7648	.8156	.8495	.8737	.8918
2	.0000	.3467	.5200	.6238	.6929	.7422	.7791
3		.0000	.2652	.4241	.5299	.6054	.6619
4			.0000	.2163	.3603	.4630	.5398
5				.0000	.1837	.3148	.4129
6					.0000	.1605	.2807
7						.0000	.1432
8							.0000
9							
10							
11							
12							
13							
14							
15							
16							
17							
18							
19							
20							
21							
22							
23							
24							
25							
26							
27							
28							
29							
30							
35							
40							

4.00%

% de Balance de Hipoteca al Final del Año

Edad del Préstamo	Término Inicial en Años						
	10	**15**	**20**	**25**	**30**	**35**	**40**
1	.9170	.9503	.9667	.9762	.9824	.9866	.9897
2	.8306	.8986	.9320	.9515	.9641	.9727	.9789
3	.7407	.8448	.8959	.9257	.9450	.9582	.9677
4	.6471	.7889	.8583	.8989	.9251	.9431	.9560
5	.5498	.7306	.8192	.8710	.9045	.9274	.9439
6	.4484	.6699	.7785	.8420	.8830	.9111	.9313
7	.3429	.6068	.7362	.8118	.8606	.8941	.9181
8	.2331	.5412	.6921	.7804	.8373	.8764	.9045
9	.1189	.4728	.6463	.7476	.8131	.8580	.8902
10	.0000	.4016	.5985	.7136	.7878	.8388	.8754
11		.3276	.5488	.6782	.7616	.8189	.8600
12		.2505	.4971	.6413	.7343	.7982	.8440
13		.1703	.4433	.6029	.7058	.7766	.8273
14		.0869	.3873	.5629	.6762	.7541	.8099
15		.0000	.3290	.5213	.6454	.7307	.7918
16			.2684	.4781	.6134	.7063	.7730
17			.2053	.4330	.5800	.6810	.7534
18			.1395	.3862	.5453	.6546	.7330
19			.0712	.3374	.5092	.6272	.7118
20			.0000	.2866	.4715	.5986	.6897
21				.2338	.4324	.5689	.6667
22				.1788	.3917	.5379	.6428
23				.1216	.3493	.5057	.6179
24				.0620	.3052	.4722	.5920
25				.0000	.2592	.4373	.5650
26					.2114	.4010	.5370
27					.1617	.3632	.5078
28					.1099	.3239	.4774
29					.0561	.2830	.4457
30					.0000	.2404	.4128
35						.0000	.2269
40							.0000

4.25%

% de Balance de Hipoteca al Final del Año

Edad del Préstamo	Término Inicial en Años						
	2	**3**	**4**	**5**	**6**	**7**	**8**
1	.5106	6807	7657	.8166	.8505	.8747	.8928
2	.0000	.3476	.5212	.6253	.6945	.7439	.7809
3		.0000	.2661	.4256	.5318	.6075	.6641
4			.0000	.2173	.3620	.4651	.5423
5				.0000	.1848	.3166	.4152
6					.0000	.1617	.2827
7						.0000	.1443
8							.0000
9							
10							
11							
12							
13							
14							
15							
16							
17							
18							
19							
20							
21							
22							
23							
24							
25							
26							
27							
28							
29							
30							
35							
40							

4.25% % de Balance de Hipoteca al Final del Año

Edad del Préstamo	Término Inicial en Años						
	10	**15**	**20**	**25**	**30**	**35**	**40**
1	.9180	.9513	.9676	.9770	.9831	.9873	.9903
2	.8324	.9005	.9337	.9531	.9656	.9741	.9801
3	.7432	.8474	.8984	.9281	.9472	.9602	.9696
4	.6500	.7921	.8616	.9020	.9281	.9458	.9585
5	.5528	.7344	.8231	.8749	.9081	.9308	.9470
6	.4514	.6742	.7830	.8465	.8872	.9151	.9350
7	.3457	.6113	.7412	.8169	8655	.8987	.9224
8	.2353	.5458	.6976	.7860	.8428	.8816	.9093
9	.1201	.4774	.6520	.7538	.8191	.8638	.8957
10	.0000	.4060	.6045	.7201	.7944	.8452	.8814
11		.3315	.5549	.6850	.7687	.8258	.8666
12		.2538	.5032	.6484	.7418	.8056	.8511
13		.1728	.4492	.6103	.7137	.7845	.8349
14		.0882	.3929	.5704	.6845	.7624	.8180
15		.0000	.3342	.5288	.6539	.7395	.8004
16			.2729	.4855	.6221	.7155	.7821
17			.2090	.4402	.5888	.6904	.7629
18			.1422	.3930	.5542	.6643	.7429
19			.0726	.3438	.5180	.6371	.7220
20			.0000	.2924	.4802	.6087	.7003
21				.2387	.4408	.5790	.6775
22				.1828	.3998	.5481	.6538
23				.1244	.3569	.5158	.6291
24				.0635	.3122	.4821	.6033
25				.0000	.2655	.4470	.5764
26					.2168	.4103	.5483
27					.1660	.3721	.5190
28					.1130	.3322	.4885
29					.0577	.2906	.4566
30					.0000	.2471	.4233
35						.0000	.2340
40							.0000

4.50% % de Balance de Hipoteca al Final del Año

Edad del Préstamo	Término Inicial en Años						
	2	**3**	**4**	**5**	**6**	**7**	**8**
1	.5112	.6815	.7666	.8176	.8515	.8757	.8937
2	.0000	.3484	.5224	.6267	.6961	.7456	.7826
3		.0000	.2671	.4271	.5336	.6096	.6664
4			.0000	.2184	.3637	.4673	.5448
5				.0000	.1859	.3185	.4176
6					.0000	.1628	.2846
7						.0000	.1455
8							.0000
9							
10							
11							
12							
13							
14							
15							
16							
17							
18							
19							
20							
21							
22							
23							
24							
25							
26							
27							
28							
29							
30							
35							
40							

4.50%

% de Balance de Hipoteca al Final del Año

Edad del Préstamo	**Término Inicial en Años**						
	10	**15**	**20**	**25**	**30**	**35**	**40**
1	.9190	.9522	.9684	.9778	.9839	.9880	.9909
2	.8342	.9023	.9354	.9547	.9670	.9754	.9813
3	.7456	.8500	.9009	.9304	.9493	.9622	.9713
4	.6529	.7953	.8648	.9051	.9309	.9484	.9609
5	.5559	.7381	.8270	.8786	.9116	.9340	.9499
6	.4545	.6783	.7875	.8508	.8914	.9190	.9385
7	.3484	.6158	.7462	.8218	.8703	.9032	.9265
8	.2374	.5503	.7029	.7915	.8482	.8867	.9140
9	.1214	.4819	.6577	.7598	.8251	8695	.9009
10	.0000	.4103	.6104	7266	.8009	.8514	.8873
11		.3355	.5610	.6919	.7756	.8326	.8729
12		.2572	.5092	.6556	.7492	.8128	.8580
13		.1753	.4551	6176	.7215	.7922	.8423
14		.0896	.3985	.5779	.6926	.7706	.8259
15		.0000	.3393	.5363	.6623	.7481	.8088
16			.2774	.4929	.6307	.7244	.7909
17			.2127	.4474	.5976	.6997	.7722
18			.1449	.3999	.5630	.6739	.7525
19			.0741	.3502	.5268	.6469	.7320
20			.0000	.2981	.4889	.6186	.7106
21				.2437	.4493	.5891	.6882
22				.1869	.4079	.5582	.6647
23				.1273	.3645	.5258	.6402
24				.0651	.3192	.4920	.6145
25				.0000	.2718	.4566	.5877
26					.2222	.4196	.5596
27					.1703	.3809	.5302
28					.1161	.3405	.4995
29					.0593	.2981	.4674
30					.0000	.2539	.4338
35						.0000	.2411
40							.0000

4.75%

% de Balance de Hipoteca al Final del Año

Edad del Préstamo	Término Inicial en Años						
	2	**3**	**4**	**5**	**6**	**7**	**8**
1	.5118	.6823	.7675	.8185	.8524	.8766	.8947
2	.0000	.3493	.5237	.6282	.6977	.7473	.7844
3		.0000	2680	.4286	.5355	.6117	.6686
4			.0000	.2194	.3654	.4694	.5473
5				.0000	.1870	.3203	.4200
6					.0000	.1640	.2866
7						.0000	.1467
8							.0000
9							
10							
11							
12							
13							
14							
15							
16							
17							
18							
19							
20							
21							
22							
23							
24							
25							
26							
27							
28							
29							
30							
35							
40							

4.75%

% de Balance de Hipoteca al Final del Año

Edad del Préstamo	Término Inicial en Años						
	10	**15**	**20**	**25**	**30**	**35**	**40**
1	.9200	.9531	.9693	.9786	.9846	.9886	.9914
2	.8360	.9040	.9371	.9562	.9684	.9766	.9824
3	.7480	.8525	.9033	.9327	.9514	.9641	.9730
4	.6557	.7985	.8679	.9081	.9336	.9509	.9631
5	.5590	.7419	.8308	.8822	.9150	.9371	.9527
6	.4575	.6825	.7919	.8551	.8954	.9227	.9419
7	.3511	.6202	.7511	.8267	.8749	.9075	.9305
8	.2396	.5549	.7083	.7969	.8534	.8916	.9185
9	.1226	.4865	.6634	.7657	.8309	.8749	.9060
10	.0000	.4147	.6163	.7330	.8072	.8575	.8929
11		.3394	.5670	.6986	.7824	.8391	.8791
12		.2605	.5153	.6626	.7564	.8199	.8646
13		.1778	.4610	.6249	.7292	.7998	.8495
14		.0910	.4042	.5853	.7006	.7786	.8336
15		.0000	.3445	.5438	.6706	.7565	.8170
16			.2820	.5002	.6392	.7333	.7995
17			.2164	.4546	.6063	.7089	.7812
18			.1477	.4067	.5717	.6834	.7620
19			.0756	.3566	.5355	.6566	.7418
20			.0000	.3040	.4975	.6285	.7207
21				.2488	.4577	.5990	.6986
22				.1909	.4159	.5682	.6754
23				.1303	.3722	.5358	.6511
24				.0667	.3262	.5018	.6255
25				.0000	.2781	.4663	.5988
26					.2276	.4289	.5707
27					.1747	.3898	.5413
28					.1192	.3488	.5105
29					.0610	.3057	.4781
30					.0000	.2606	.4442
35						.0000	.2483
40							.0000

5.00%

% de Balance de Hipoteca al Final del Año

Edad del Préstamo	Término Inicial en Años						
	2	**3**	**4**	**5**	**6**	**7**	**8**
1	.5125	.6832	.7684	.8194	.8534	.8776	.8957
2	.0000	.3501	.5249	.6297	.6993	.7490	.7861
3		.0000	.2690	.4301	.5374	.6137	.6709
4			.0000	.2204	.3671	.4716	.5497
5				.0000	.1881	.3222	.4224
6					.0000	.1651	.2886
7						.0000	.1479
8							.0000
9							
10							
11							
12							
13							
14							
15							
16							
17							
18							
19							
20							
21							
22							
23							
24							
25							
26							
27							
28							
29							
30							
35							
40							

5.00%

% de Balance de Hipoteca al Final del Año

Edad del Préstamo	Término Inicial en Años						
	10	**15**	**20**	**25**	**30**	**35**	**40**
1	.9209	.9541	.9701	.9794	.9852	.9892	.9920
2	.8378	.9058	.9387	.9577	.9697	.9778	.9835
3	.7504	.8550	.9057	.9349	.9534	.9659	.9746
4	.6586	.8017	.8710	.9110	.9363	.9533	.9653
5	.5620	.7456	.8345	.8858	.9183	.9401	.9554
6	.4606	.6866	.7962	.8593	.8994	.9263	.9451
7	.3539	.6246	.7559	.8315	.8795	.9117	.9343
8	.2418	.5595	.7136	.8023	.8585	.8964	.9228
9	.1239	.44910	.6690	.7716	.8365	.8803	.9109
10	.0000	.4190	.6222	.7392	.8134	.8633	.8982
11		.3434	.5730	.7053	.7891	.8455	.8850
12		.2639	.5213	.6696	.7636	.8268	.8711
13		.1803	.4669	.6321	.7367	.8071	.8564
14		.0924	.4098	.5926	.7085	.7865	.8410
15		.0000	.3497	.5512	.6788	.7647	.8248
16			.2866	.5076	.6477	.7419	.8078
17			.2202	.4618	.6149	.7179	.7900
18			.1504	.4136	.5804	.6926	.7712
19			.0771	.3630	.5442	.6661	.7514
20			.0000	.3098	.5061	.6382	.7306
21				.2538	.4661	.6089	.7088
22				.1951	.4240	.5781	.6859
23				.1333	.3798	.5457	.6618
24				.0683	.3333	.5116	.6364
25				.0000	.2845	.4758	.6098
26					.2331	.4382	.5818
27					.1791	.3986	.5523
28					.1224	.3571	.5214
29					.0627	.3134	.4888
30					.0000	.2674	.4546
35						.0000	.2555
40							.0000

5.25%

% de Balance de Hipoteca al Final del Año

Edad del Préstamo	Término Inicial en Años						
	2	**3**	**4**	**5**	**6**	**7**	**8**
1	.5131	.6840	.7693	.8204	.8544	.8786	.8967
2	.0000	.3509	.5262	.6311	.7009	.7506	.7878
3		.0000	.2700	.4317	.5392	.6158	.6731
4			.0000	.2215	.3688	.4737	.5522
5				.0000	.1892	.3240	.4248
6					.0000	.1663	.2905
7						.0000	.1491
8							.0000
9							
10							
11							
12							
13							
14							
15							
16							
17							
18							
19							
20							
21							
22							
23							
24							
25							
26							
27							
28							
29							
30							
35							
40							

5.25%	% de Balance de Hipoteca al Final del Año						
Edad del Préstamo	Término Inicial en Años						
	10	15	20	25	30	35	40
1	.9219	.9550	.9709	.9801	.9859	.9898	.9925
2	.8396	.9075	.9403	.9592	.9710	.9790	.9845
3	.7528	.8575	.9081	.9371	.9554	.9676	.9761
4	.6614	.8048	.8741	.9138	.9389	.9556	.9673
5	.5651	.7492	.8382	.8893	.9215	.9430	.9580
6	.4636	.6907	.8005	.8635	.9032	.9297	.9482
7	.3566	.6290	.7607	.8362	.8839	.9157	.9379
8	.2439	.5641	.7188	.8075	.8635	.9010	.9270
9	.1252	.4956	.6746	.7773	.8421	.8854	.9155
10	.0000	.4234	.6280	.7454	.8195	.8690	.9034
11		.3474	.5790	.7119	.7957	.8517	.8907
12		.2672	.5273	.6765	.7706	.8335	.8773
13		.1828	.4728	.6392	.7441	.8143	.8631
14		.0938	.4154	.5999	.7163	.7941	.8482
15		.0000	.3549	.5585	.6869	.7728	.8325
16			.2912	.5149	.6560	.7503	.8159
17			.2240	.4689	.6234	.7267	.7985
18			.1532	.4205	.5890	.7017	.7801
19			.0786	.3694	.5528	.6755	.7607
20			.0000	.3156	.5147	.6478	.7403
21				.2589	.4745	.6186	.7188
22				.1992	.4321	.5879	.6962
23				.1362	.3875	.5555	.6723
24				.0699	.3404	.5213	.6471
25				.0000	.2908	.4854	.6206
26					.2386	.4474	.5926
27					.1836	.4075	.5632
28					.1255	.3654	.5321
29					.0644	.3210	.4994
30					.0000	.2743	.4650
35						.0000	.2628
40							.0000

% de Balance de Hipoteca al Final del Año

5.50% Edad del Préstamo	Término Inicial en Años						
	2	3	4	5	6	7	8
1	.5137	.6848	.7702	.8213	.8553	.8796	.8977
2	.0000	.3518	.5274	.6326	.7025	.7523	.7895
3		.0000	.2709	.4332	.5411	.6179	.6753
4			.0000	.2225	.3705	.4759	.5547
5				.0000	.1903	.3259	.4272
6					.0000	.1674	.2925
7						.0000	.1503
8							.0000
9							
10							
11							
12							
13							
14							
15							
16							
17							
18							
19							
20							
21							
22							
23							
24							
25							
26							
27							
28							
29							
30							
35							
40							

5.50%	% de Balance de Hipoteca al Final del Año						
Edad del Préstamo	Término Inicial en Años						
	10	**15**	**20**	**25**	**30**	**35**	**40**
1	.9228	.9558	.9717	.9808	.9865	.9903	.9929
2	.8413	.9092	.9419	.9606	.9723	.9801	.9855
3	.7552	.8599	.9104	.9392	.9573	.9693	.9776
4	.6643	.8079	.8771	.9166	.9414	.9579	.9692
5	.5682	.7529	.8419	.8927	.9246	.9458	.9604
6	.4666	.6948	.8047	.8675	.9069	.9331	.9511
7	.3594	.6334	.7654	.8409	.8882	.9196	.9413
8	.2461	.5686	.7240	.8127	.8684	.9054	.9309
9	.1264	.5001	.6801	.7830	.8475	.8904	.9200
10	.0000	.4278	.6338	.7516	.8254	.8745	.9084
11		.3513	.5849	.7184	.8021	.8577	.8961
12		.2706	.5333	.6833	.7775	.8400	.8832
13		.1853	.4787	.6463	.7514	.8213	.8696
14		.0952	.4210	.6072	.7239	.8016	.8551
15		.0000	.3601	.5658	.6949	.7807	.8399
16			.2958	.5222	.6642	.7586	.8238
17			.2278	.4761	.6318	.7353	.8068
18			.1560	.4273	.5976	.7107	.7888
19			.0801	.3759	.5614	.6847	.7698
20			.0000	.3215	.5232	.6572	.7498
21				.2641	.4828	.6282	.7286
22				.2034	.4402	.5976	.7062
23				.1393	.3951	.5652	.6826
24				.0715	.3475	.5310	.6576
25				.0000	.2973	.4948	.6312
26					.2441	.4566	.6034
27					.1880	.4163	.5739
28					.1288	.3737	.5428
29					.0661	.2811	.5100
30					.0000	.0000	.4752
35							.2700
40							.0000

5.75%	% de Balance de Hipoteca al Final del Año						
Edad del Préstamo	Término Inicial en Años						
	2	3	4	5	6	7	8
1	.5143	.6856	.7711	.8223	.8563	.8805	.8986
2	.0000	.3526	.5286	.6340	.7041	.7540	.7912
3		.0000	.2719	.4347	.5429	.6200	.6775
4			.0000	.2236	.3722	.4780	.5571
5				.0000	.1914	.3277	.4296
6					.0000	.1686	.2945
7						.0000	.1515
8							.0000
9							
10							
11							
12							
13							
14							
15							
16							
17							
18							
19							
20							
21							
22							
23							
24							
25							
26							
27							
28							
29							
30							
35							
40							

5.75%	% de Balance de Hipoteca al Final del Año						
Edad del Préstamo	Término Inicial en Años						
	10	**15**	**20**	**25**	**30**	**35**	**40**
1	.9238	.9567	.9725	.9815	.9871	.9908	.9934
2	.8431	.9109	.9434	.9620	.9735	.9811	.9864
3	.7576	.8623	.9126	.9412	.9591	.9709	.9789
4	.6671	.8109	.8800	.9193	.9438	.9600	.9711
5	.5712	.7565	.8455	.8961	.9276	.9485	.9628
6	.4697	.6989	.8099	.8714	.9105	.9363	.9539
7	.3622	.6378	.7701	.8454	.8923	.9233	.9446
8	.2483	5731	.7291	.8178	.8731	.9097	.9347
9	.1277	.5047	.6856	.7885	.8528	.8952	.9242
10	.0000	.4321	.6396	.7576	.8312	.8798	.9131
11		.3553	.5909	.7248	.8084	.8636	.9014
12		.2740	.5392	.6901	.7842	.8464	.8890
13		.1878	.4846	.6533	.7586	.8281	.8758
14		.0966	.4267	.6144	.7315	.8088	.8618
15		.0000	3653	.5731	.7028	.7884	.8471
16			.3004	.5294	.6723	.7667	.8314
17			.2316	.4832	.6401	.7438	.8148
18			.1588	.4342	.6060	.7195	.7973
19			.0817	.3823	.5699	.6938	.7787
20			.0000	.3274	.5316	.6665	.7590
21				.2692	.4911	.6377	.7382
22				.2076	.4482	.6071	.7161
23				.1423	.4028	.5748	.6927
24				.0732	.3546	.5405	.6679
25				.0000	.3037	.5042	.6417
26					.2497	.4658	.6139
27					.1925	.4251	.5845
28					.1320	.3820	.5534
29					.0679	.3364	.5204
30					.0000	.2880	.4855
35						.0000	.2773
40							.0000

6.00%	% de Balance de Hipoteca al Final del Año						
Edad del Préstamo	Término Inicial en Años						
	2	**3**	**4**	**5**	**6**	**7**	**8**
1	.5150	.6864	.7720	.8232	.8572	.8815	.8996
2	.0000	.3535	.5299	.6355	.7057	.7556	.7929
3		.0000	.2729	.4362	.5448	.6220	.6797
4			.0000	.2246	.3739	.4802	.5596
5				.0000	.1926	.3296	.4320
6					.0000	.1697	.2965
7						.0000	.1527
8							.0000
9							
10							
11							
12							
13							
14							
15							
16							
17							
18							
19							
20							
21							
22							
23							
24							
25							
26							
27							
28							
29							
30							
35							
40							

6.00%	% de Balance de Hipoteca al Final del Año						
Edad del Préstamo	Término Inicial en Años						
	10	15	20	25	30	35	40
1	.9247	.9576	.9733	.9822	.9877	.9913	.9938
2	.8448	9126	.9450	.9633	.9747	.9821	.9872
3	.7600	.8647	.9149	.9432	.9608	.9724	.9802
4	.6699	.8140	.8829	.9219	.9461	.9620	.9728
5	.5743	.7601	.8490	.8993	.9305	.9510	.9650
6	.4727	.7029	.8130	.8753	.9140	.9393	.9566
7	.3649	.6421	.7748	.8498	.8964	.9270	.9477
8	.2505	.5776	.7342	.8228	.8777	.9138	.9383
9	.1290	.5092	.6911	.7940	.8579	.8998	.9283
10	.0000	.4365	.6453	.7635	.8369	.8850	.9177
11		.3593	.5967	.7311	.8145	.8692	.9064
12		.2774	.5452	.6968	.7908	.8525	8945
13		.1904	.4904	.6602	.7656	.8347	.8818
14		.0980	.4323	.6215	.7389	.8159	.8683
15		.0000	.3706	.5803	.7105	.7959	.8540
16			.3051	.5367	.6804	.7746	.8388
17			.2355	.4903	.6484	.7521	.8226
18			.1616	.4410	.6144	.7281	.8055
19			.0832	.3888	.5783	.7027	.7873
20			.0000	.3333	.5400	.6757	.7680
21				.2743	.4994	.6470	.7475
22				.2118	.4562	.6166	.7257
23				.1454.	.4104	.5843	.7026
24				0749	.3618	.5500	.6781
25				.0000	.3101	.5136	.6520
26					.2553	.4749	.6244
27					.1971	.4339	.5950
28					.1353	.3903	.5638
29					.0697	.3440	.5307
30					.0000	.2949	.4956
35						.0000	.2846
40							.0000

6.25%

% de Balance de Hipoteca al Final del Año

Edad del Préstamo	Término Inicial en Años						
	2	**3**	**4**	**5**	**6**	**7**	**8**
1	.5156	.6872	.7729	.8241	.8582	.8824	.9005
2	.0000	.3543	.5311	.6369	.7073	.7573	.7946
3		.0000	.2738	.4377	.5466	.6241	.6820
4			.0000	.2257	.3756	.4823	.5620
5				.0000	.1937	.3315	.4344
6					.0000	.1709	.2985
7						.0000	.1539
8							.0000
9							
10							
11							
12							
13							
14							
15							
16							
17							
18							
19							
20							
21							
22							
23							
24							
25							
26							
27							
28							
29							
30							
35							
40							

6.25%

% de Balance de Hipoteca al Final del Año

Edad del Préstamo	Término Inicial en Años						
	10	**15**	**20**	**25**	**30**	**35**	**40**
1	.9257	.9584	.9741	.9829	.9883	.9918	.9942
2	.8465	.9142	.9464	.9646	.9758	.9831	.9880
3	.7623	.8671	.9170	.9452	.9625	.9738	.9815
4	.6727	.8170	.8858	.9245	.9484	.9640	.9745
5	.5773	.7636	.8525	.9025	.9334	.9535	.9671
6	.4758	.7069	.8170	.8791	.9174	.9423	.9592
7	.3677	.6465	.7793	.8542	.9003	.9304	.9507
8	.2527	.5821	.7392	.8276	.8822	.9178	.9418
9	.1303	.5137	.6965	.7994	.8629	.9043	.9322
10	.0000	.4409	.6510	.7694	.8424	.8900	.9221
11		.3633	.6026	.7374	.8205	.8747	.9113
12		.2808	.5511	.7033	.7973	.8585	.8998
13		.1930	.4963	.6671	.7725	.8412	.8875
14		.0995	.4379	.6286	.7461	.8228	.8745
15		.0000	.3758	.5875	.7181	.8032	.8606
16			.3097	.5438	.6883	.7824	.8459
17			.2394	.4974	.6565	.7602	.8302
18			.1645	.4479	.6227	.7366	.8135
19			.0848	.3952	.5867	.7114	.7957
20			.0000	.3392	.5484	.6847	.7767
21				.2795	.5076	.6562	.7566
22				.2160	.4642	.6259	.7351
23				.1485	.4180	.5937	.7123
24				.0765	.3689	.5594	.6880
25				.0000	.3166	.5229	.6621
26					.2609	.4840	.6346
27					.2016	.4426	.6053
28					.1386	.3986	.5741
29					.0714	.3517	.5410
30					.0000	.3019	.5056
35						.0000	.2919
40							.0000

6.50%	% de Balance de Hipoteca al Final del Año						
Edad del Préstamo	Término Inicial en Años						
	2	**3**	**4**	**5**	**6**	**7**	**8**
1	.5162	.6880	.7738	.8251	.8591	.8834	.9015
2	.0000	.3552	.5324	.6384	.7088	.7589	.7963
3		.0000	.2748	.4392	.5485	.6262	.6842
4			.0000	.2267	.3774	.4845	.5645
5				.0000	.1948	.3333	.4368
6					.0000	.1721	.3005
7						.0000	.1551
8							.0000
9							
10							
11							
12							
13							
14							
15							
16							
17							
18							
19							
20							
21							
22							
23							
24							
25							
26							
27							
28							
29							
30							
35							
40							

6.50%

% de Balance de Hipoteca al Final del Año

Edad del Préstamo	Término Inicial en Años						
	10	**15**	**20**	**25**	**30**	**35**	**40**
1	.9266	.9593	.9748	.9835	.9888	.9923	.9946
2	.8482	.9158	.9479	.9659	.9769	.9840	.9888
3	.7647	.8694	.9192	.9471	.9642	.9752	.9826
4	.6755	8200	.8886	.9270	.9506	.9659	.9761
5	.5803	.7672	.8559	.9056	.9361	.9558	.9691
6	.4788	.7108	.8210	.8828	.9207	.9452	.9616
7	.3705	.6507	.7838	.8584	.9042	.9338	.9536
8	.2549	.5866	.7441	.8324	.8866	.9216	.9451
9	.1316	.5182	.7018	.8047	.8678	.9086	.9360
10	.0000	.4452	.6566	.7751	.8478	.8948	.9263
11		.3673	.6084	.7435	.8264	.8800	.9159
12		.2842	.5570	.7099	.8036	.8642	.9049
13		.1956	.5021	.6739	.7793	.8474	.8931
14		.1009	.4435	.6356	.7533	.8295	.8805
15		.0000	.3811	.5946	.7256	.8103	.8671
16			.3144	.5510	.6960	.7899	.8528
17			.2433	.5044	.6645	.7681	.8375
18			.1674	.4547	.6309	.7448	.8212
19			.0864	.4017	.5950	.7200	.8038
20			.0000	.3451	.5567	.6935	.7852
21				.2847	.5158	.6653	.7654
22				.2203	.4722	.6352	.7443
23				.1516	.4257	.6030	.7218
24				.0782	.3760	.5687	.6977
25				.0000	.3230	.5321	.6721
26					.2665	.4930	.6447
27					.2062	.4513	.6155
28					.1419	.4069	.5843
29					.0732	.3594	.5511
30					.0000	.3088	.5156
35						.0000	.2992
40							.0000

6.75%	% de Balance de Hipoteca al Final del Año						
Edad del Préstamo	Término Inicial en Años						
	2	**3**	**4**	**5**	**6**	**7**	**8**
1	.5168	.6888	.7746	.8260	.8601	.8843	.9024
2	.0000	.3560	.5336	.6398	.7104	.7606	.7980
3		.0000	.2758	.4407	.5503	.6282	.6363
4			.0000	.2278	.3791	.4866	.5669
5				.0000	.1959	.3352	.4392
6					.0000	.1732	.3025
7						.0000	.1563
8							.0000
9							
10							
11							
12							
13							
14							
15							
16							
17							
18							
19							
20							
21							
22							
23							
24							
25							
26							
27							
28							
29							
30							
35							
40							

6.75%

% de Balance de Hipoteca al Final del Año

Edad del Préstamo	Término Inicial en Años						
	10	**15**	**20**	**25**	**30**	**35**	**40**
1	.9275	.9601	.9755	.9841	.9893	.9927	.9949
2	.8499	.9174	.9493	.9671	.9779	.9849	.9895
3	.7670	.8717	.9213	.9489	.9657	.9766	.9837
4	.6783	.8229	.8913	.9295	.9527	.9676	.9776
5	.5834	.7707	.8593	.9087	.9388	.9581	.9709
6	.4818	.7148	.8250	.8864	.9238	.9479	.9639
7	.3733	.6550	.7883	.8626	.9079	.9370	.9563
8	.2571	.5911	.7491	.8371	.8908	.9253	.9482
9	.1329	.5227	.7071	.8099	.8725	.9128	.9395
10	.0000	.4496	.6622	.7808	.8530	.8994	.9302
11		.3713	.6142	.7496	.8321	.8851	.9203
12		.2877	.5628	.7163	.8098	.8698	9097
13		.1981	.5079	.6806	.7859	.8535	.8984
14		.1024	.4491	.6425	.7603	.8360	.8863
15		.0000	.3863	.6017	.7330	.8173	.8733
16			.3191	.5581	.7037	.7972	.8594
17			.2472	.5114	.6724	.7758	.8445
18			.1703	.4615	.6389	.7529	.8287
19			.0880	.4081	.6032	.7284	.8117
20			.0000	.3510	.5649	.7022	.7935
21				.2899	.5239	.6742	.7741
22				.2246	.4801	.6442	.7533
23				.1547	.4332	.6122	.7311
24				.0800	.3831	.5779	.7073
25				.0000	.3295	.5412	.6818
26					.2722	.5020	.6546
27					.2108	.4600	.6255
28					.1452	.4151	.5944
29					.0751	.3671	.5611
30					.0000	.3157	.5255
35						.0000	.3065
40						.0000	.0000

7.00% — % de Balance de Hipoteca al Final del Año

Edad del Préstamo	Término Inicial en Años						
	2	**3**	**4**	**5**	**6**	**7**	**8**
1	.5174	.6896	.7755	.8269	.8610	.8853	.9033
2	.0000	.3569	.5348	.6413	.7120	.7622	.7997
3		.0000	.2767	.4423	.5522	.6303	.6885
4			.0000	.2288	.3808	.4888	.5693
5				.0000	.1970	.3371	.4415
6					.0000	.1744	.3045
7						.0000	.1576
8							.0000
9							
10							
11							
12							
13							
14							
15							
16							
17							
18							
19							
20							
21							
22							
23							
24							
25							
26							
27							
28							
29							
30							
35							
40							

7.00%

% de Balance de Hipoteca al Final del Año

Edad del Préstamo	Término Inicial en Años						
	10	**15**	**20**	**25**	**30**	**35**	**40**
1	.9284	.9609	.9762	.9847	.9898	.9931	.9953
2	.8516	.9190	.9507	.9683	.9789	.9857	.9902
3	.7693	.8740	.9233	.9507	.9673	.9778	.9848
4	.6810	.8258	.8940	.9318	.9547	9693	.9790
5	.5864	.7741	.8626	.9116	.9413	.9602	.9727
6	.4849	.7187	.8288	.8899	.9269	.9505	.9660
7	.3760	.6593	.7927	.8667	.9115	.9400	.9589
8	.2593	.5955	.7539	.8417	.8949	.9288	.9512
9	.1342	.5272	.7123	.8150	.8772	.9168	.9429
10	.0000	.4539	.6677	.7863	.8581	.9039	.9341
11		.3754	.6199	.7556	.8377	.8901	.9246
12		.2911	.5687	.7226	.8158	.8752	.9144
13		.2008	.5137	.6873	.7923	.8593	.9035
14		.1039	.4547	.6494	.7672	.8423	.8918
15		.0000	.3915	.6087	.7402	.8240	.8792
16			.3238	.5651	.7112	.8044	.8658
17			.2511	.5184	.6802	.7834	.8514
18			.1732	.4683	.6469	.7609	.8359
19			.0896	.4146	.6113	.7367	.8193
20			.0000	.3569	.5730	7108	.8015
21				.2952	.5320	.6830	.7825
22				.2289	.4880	.6532	.7620
23				.1579	.4408	.6212	.7401
24				.0817	.3902	.5870	.7166
25				.0000	.3360	.5502	.6914
26					.2778	.5108	.6643
27					.2155	.4686	.6354
28					.1486	.4233	.6043
29					.0769	.3747	.5710
30					.0000	.3226	.5352
35						.0000	.3138
40							.0000

7.25%

% de Balance de Hipoteca al Final del Año

Edad del Préstamo	Término Inicial en Años						
	2	**3**	**4**	**5**	**6**	**7**	**8**
1	. 5181	.6904	.7764	.8278	.8619	.8862	.9043
2	.0000	.3577	.5361	.6427	.7135	.7638	.8013
3		.0000	.2777	.4438	.5540	.6323	.6907
4			.0000	.2299	.3825	.4909	.5718
5				.0000	.1982	.3390	.4439
6					.0000	.1756	.3065
7						.0000	.1588
8							.0000
9							
10							
11							
12							
13							
14							
15							
16							
17							
18							
19							
20							
21							
22							
23							
24							
25							
26							
27							
28							
29							
30							
35							
40							

7.25%

% de Balance de Hipoteca al Final del Año

Edad del Préstamo	Término Inicial en Años						
	10	**15**	**20**	**25**	**30**	**35**	**40**
1	.9293	.9617	.9769	.9853	.9903	.9935	.9956
2	.8533	.9205	.9521	.9695	.9799	.9865	.9909
3	.7716	.8763	.9254	.9524	.9687	.9790	.9858
4	.6838	.8287	.8967	.9342	.9567	.9710	.9803
5	.5894	.7776	.8658	.9145	.9438	.9623	.9744
6	.4879	.7226	.8327	.8934	.9299	.9530	.9681
7	.3788	.6635	.7970	.8707	.9150	.9430	.9613
8	.2616	.6000	.7587	.8463	.8989	.9322	.9540
9	.1355	.5317	.7175	.8200	.8817	.9207	.9461
10	.0000	.4583	.6732	.7918	.8631	.9082	.9377
11		.3794	.6256	.7615	.8432	.8949	.9286
12		.2946	.5745	.7289	.8217	.8805	.9189
13		.2034	.5195	.6938	.7987	.8650	.9084
14		.1054	.4603	.6562	.7739	.8484	.8971
15		.0000	.3968	.6157	.7473	.8306	.8850
16			.3285	.5721	.7187	.8114	.8720
17			.2550	.5254	.6879	.7908	.8580
18			.1761	.4751	.6548	.7686	.8429
19			.0912	.4210	.6193	.7448	8267
20			.0000	.3629	.5811	.7191	.8093
21				.3004	.5400	.6916	.7906
22				.2332	.4958	.6620	.7705
23				.1610	.4484	.6302	.7489
24				.0834	.3973	.5959	.7257
25				.0000	.3425	.5592	.7007
26					.2835	.5196	.6739
27					.2201	.4771	.6450
28					.1520	.4315	.6140
29					.0787	.3823	.5807
30					.0000	.3296	.5449
35						.0000	.3211
40							.0000

7.50%	% de Balance de Hipoteca al Final del Año						
Edad del Préstamo	Término Inicial en Años						
	2	**3**	**4**	**5**	**6**	**7**	**8**
1	.5187	.6913	.7773	.8287	.8629	.8871	.9052
2	.0000	.3585	.5373	.6442	.7151	.7655	.8030
3		.0000	.2787	.4453	.5558	.6344	.6929
4			.0000	.2310	.3842	.4931	.5742
5				.0000	.1993	.3409	.4463
6					.0000	.1768	.3085
7						.0000	.1600
8							.0000
9							
10							
11							
12							
13							
14							
15							
16							
17							
18							
19							
20							
21							
22							
23							
24							
25							
26							
27							
28							
29							
30							
35							
40							

7.50%	% de Balance de Hipoteca al Final del Año						
Edad del Préstamo	Término Inicial en Años						
	10	15	20	25	30	35	40
1	.9302	.9625	.9776	.9858	.9908	.9939	.9959
2	.8550	.9221	.9534	.9706	.9808	.9873	.9915
3	.7739	.8785	.9273	.9541	.9701	.9802	.9867
4	.6865	.8315	.8993	.9364	.9586	.9725	.9816
5	.5924	.7810	.8690	.9173	.9462	.9643	.9760
6	.4909	.7264	.8364	.8967	.9328	.9554	.9700
7	.3816	.6677	.8013	.8746	.9183	.9458	9636
8	.2638	.6044	.7634	.8507	.9028	.9355	.9567
9	.1368	.5362	.7226	.8249	.8860	.9244	.9492
10	.0000	.4626	.6787	.7972	.8679	.9124	.9412
11		.3734	.6313	.7673	.8485	.8995	.9325
12		.2980	.5802	.7350	.8275	.8855	.9231
13		.2060	.5252	.7003	.8049	.8705	.9131
14		.1069	.4659	.6629	.7805	.8544	.9022
15		.0000	.4020	.6226	.7543	.8370	.8905
16			.3332	.5791	.7260	.8182	.8779
17			.2590	.5323	.6955	.7979	.8643
18			.1790	.4818	.6626	.7761	.8497
19			.0929	.4274	.6272	.7526	.8339
20			.0000	.3688	.5891	.7273	.8169
21				.3056	.5479	.7000	.7986
22				.2376	.5036	.6706	.7788
23				.1642	.4559	.6390	.7575
24				.0852	.4044	.6048	.7346
25				.0000	.3489	.5680	.7099
26					.2892	.5284	.6833
27					.2248	.4856	.6546
28					.1554	.4396	.6236
29					.0806	.3900	.5903
30					.0000	.3365	.5544
35						.0000	.3284
40							.0000

7.75%	% de Balance de Hipoteca al Final del Año						
Edad del Préstamo	Término Inicial en Años						
	2	**3**	**4**	**5**	**6**	**7**	**8**
1	.5193	.6921	.7782	.8296	.8638	.8880	.9061
2	.0000	.3594	.5385	.6456	.7166	.7671	.8046
3		.0000	.2797	.4468	.5577	.6364	.6950
4			.0000	.2320	.3859	.4952	.5766
5				.0000	.2004	.3427	.4487
6					.0000	.1780	.3105
7						.0000	.1613
8							.0000
9							
10							
11							
12							
13							
14							
15							
16							
17							
18							
19							
20							
21							
22							
23							
24							
25							
26							
27							
28							
29							
30							
35							
40							

7.75 % de Balance de Hipoteca al Final del Año

Edad del Préstamo	Término Inicial en Años						
	10	**15**	**20**	**25**	**30**	**35**	**40**
1	.9311	.9633	.9782	.9864	.9912	.9942	.9962
2	.8566	.9236	.9547	.9717	.9817	9880	.9920
3	.7762	.8807	.9293	.9558	.9715	.9813	.9876
4	.6893	.8344	.9018	9386	.9604	.9740	.9827
5	.5954	.7843	.8722	.9201	.9485	.9662	.9775
6	.4940	.7303	.8401	.9000	.9356	.9577	.9719
7	.3844	.6719	.8055	.8784	.9216	.9485	.9658
8	.2660	.6088	.7681	.8550	.9065	.9386	.9592
9	.1381	.5406	.7277	.8297	.8903	.9279	.9521
10	.0000	.4670	.6841	.8025	.8727	.9164	.9445
11		.3874	.6369	.7730	.8537	.9039	.9362
12		.3015	.5860	.7411	.8331	.8904	.9272
13		.2086	.5309	.7067	.8110	.8759	.9175
14		.1084	.4715	.6695	.7870	.8601	.9071
15		.0000	.4073	.6294	.7611	.8431	.8958
16			.3379	.5860	.7331	.8248	.8836
17			.2629	.5391	.7029	.8049	.8704
18			.1820	.4885	.6703	.7835	.8562
19			.0945	.4338	.6350	.7604	.8408
20			.0000	.3747	.5970	.7354	.8242
21				.3109	.5558	.7083	.8062
22				.2419	.5114	.6792	.7869
23				.1674	.4633	.6476	.7659
24				.0869	.4115	.6136	.7433
25				.0000	.3554	.5768	.7188
26					.2949	.5370	.6924
27					.2295	.4941	.6639
28					.1588	.4477	.6331
29					.0825	.3975	.5998
30					.0000	.3434	.5638
35						.0000	3357
40							.0000

8.00%

% de Balance de Hipoteca al Final del Año

Edad del Préstamo	Término Inicial en Años						
	2	**3**	**4**	**5**	**6**	**7**	**8**
1	.5199	.6929	.7791	.8306	.8647	.8890	.9070
2	.000	.3602	.5398	.6471	.7182	.7687	.8063
3		.0000	.2806	.4483	.5595	.6384	.6972
4			.0000	.2331	.3877	.4974	.5791
5				.0000	.2016	.3446	.4511
6					.0000	.1792	.3126
7						.0000	.1625
8							.0000
9							
10							
11							
12							
13							
14							
15							
16							
17							
18							
19							
20							
21							
22							
23							
24							
25							
26							
27							
28							
29							
30							
35							
40							

8.00%

% de Balance de Hipoteca al Final del Año

Edad del Préstamo	Término Inicial en Años						
	10	**15**	**20**	**25**	**30**	**35**	**40**
1	.9319	.9640	.9789	.9869	.9916	.9946	.9964
2	.8582	.9251	.9560	.9727	.9826	.9887	.9926
3	.7784	.8829	.9312	.9574	.9728	.9823	.9884
4	.6920	.8372	.9043	.9407	.9622	.9754	.9839
5	.5984	.7877	.8753	.9227	.9507	.9680	.9790
6	.4970	.7341	.8438	.9032	.9383	.9599	.9736
7	.3872	.6760	.8097	.8821	.9248	.9511	.9679
8	.2683	.6131	.7727	.8592	.9102	.9416	.9617
9	.1395	.5451	.7327	.8345	.8944	.9314	.9549
10	.0000	.4713	.6894	.8076	.8772	.9202	.9476
11		.3915	.6425	.7786	.8587	.9082	.9397
12		.3050	.5917	.7471	.8386	.8952	.9311
13		.2113	.5367	.7130	.8169	.8810	.9218
14		.1099	.4771	.6761	.7933	.8657	.9118
15		.0000	.4125	.6361	.7678	.8491	.9009
16			.3426	.5929	.7402	.8312	.8891
17			.2669	.5460	.7103	.8118	.8763
18			.1849	.4952	.6779	.7907	.8625
19			.0962	.4402	.6428	.7679	.8475
20			.0000	.3806	.6048	.7432	.8313
21				.3162	.5636	.7165	.8137
22				.2463	.5191	.6875	.7947
23				.1707	.4708	.6562	.7741
24				.0887	.4185	.6222	.7517
25				.0000	.3619	.5854	.7276
26					.3006	.5456	.7014
27					.2342	.5024	.6731
28					.1622	.4557	.6423
29					.0844	.4051	.6091
30					.0000	.3503	.5731
35						.0000	.3429
40							.0000

8.25% % de Balance de Hipoteca al Final del Año

Edad del Préstamo	Término Inicial en Años						
	2	**3**	**4**	**5**	**6**	**7**	**8**
1	.5205	.6937	.7799	.8315	.8656	.8899	.9079
2	.0000	.3611	.5410	.6485	.7197	.7703	.8079
3		.0000	.2816	.4498	.5614	.6405	.6993
4			.0000	.2342	.3894	.4995	.5815
5				.0000	.2027	.3465	.4535
6					.0000	.1804	.3146
7						.0000	.1638
8							.0000
9							
10							
11							
12							
13							
14							
15							
16							
17							
18							
19							
20							
21							
22							
23							
24							
25							
26							
27							
28							
29							
30							
35							
40							

8.25%

% de Balance de Hipoteca al Final del Año

Edad del Préstamo	Término Inicial en Años						
	10	**15**	**20**	**25**	**30**	**35**	**40**
1	.9328	.9648	.9795	.9874	.9921	.9949	.9967
2	.8599	.9265	.9572	.9738	.9834	9893	.9931
3	.7807	.8850	.9330	.9589	.9741	.9833	.9892
4	.6947	.8399	.9068	.9428	.9639	.9768	.9849
5	.6013	.7910	.8783	.9253	.9528	.9697	.9803
6	.5000	.7378	.8473	.9064	.9409	.9620	.9753
7	.3900	.6801	.8138	.8858	.9278	.9536	.9699
8	.2705	.6175	.7773	.8634	.9137	.9445	.9639
9	.1408	.5495	.7377	.8391	.8984	.9347	.9575
10	.0000	.4756	.6947	.8127	.8817	.9240	.9506
11		.3955	.6480	.7841	.8636	.9123	.9430
12		.3085	.5974	.7530	.8440	.8997	.9348
13		.2140	.5423	.7193	.8227	.8860	.9259
14		.1114	.4826	.6826	.7995	.8711	.9162
15		.0000	.4178	.6428	.7744	.8550	.9058
16			.3474	.5996	.7471	.8374	.8944
17			.2709	.5528	.7175	.8184	.8820
18			.1879	.5018	.6853	.7977	.8685
19			.0978	.4466	.6504	.7753	.8540
20			.0000	.3866	.6125	.7509	.8381
21				.3214	.5714	.7245	.8209
22				.2507	.5267	.6957	.8023
23				.1739	4782	.6646	.7820
24				.0905	.4255	.6307	.7600
25				.0000	.3683	.5939	.7361
26					.3063	.5540	.7102
27					.2389	.5107	.6820
28					.1657	.4637	.6515
29					.0862	.4126	.6183
30					.0000	.3572	.5822
35						.0000	.3501
40							.0000

8.50%	% de Balance de Hipoteca al Final del Año						
Edad del Préstamo	Término Inicial en Años						
	2	**3**	**4**	**5**	**6**	**7**	**8**
1	.5212	.6945	.7808	.8324	.8665	.8908	.9088
2	.0000	.3619	.5422	.6499	.7213	.7719	.8095
3		.0000	.2826	.4514	.5632	.6425	.7015
4			.0000	.2352	.3911	.5017	.5839
5				.0000	.2038	.3484	.4559
6					.0000	.1816	.3166
7						.0000	.1650
8							.0000
9							
10							
11							
12							
13							
14							
15							
16							
17							
18							
19							
20							
21							
22							
23							
24							
25							
26							
27							
28							
29							
30							
35							
40							

8.50%

% de Balance de Hipoteca al Final del Año

Edad del Préstamo	Término Inicial en Años						
	10	**15**	**20**	**25**	**30**	**35**	**40**
1	.9337	.9655	.9801	.9879	.9924	.9952	.9969
2	.8615	.9280	.9584	.9747	.9842	.9900	.9935
3	.7829	8871	.9349	.9604	.9753	.9843	.9899
4	.6974	.8426	.9092	.9448	.9655	.9781	.9859
5	.6043	.7942	.8813	.9279	.9549	.9713	.9816
6	.5030	.7416	.8509	.9094	.9434	.9640	.9768
7	.3928	.6842	.8178	.8893	.9308	.9560	.9717
8	.2728	.6218	.7818	.8674	.9171	.9473	.9661
9	.1422	.5539	.7426	.8436	.9022	.9378	.9600
10	.0000	.4800	.6999	.8177	.8860	.9275	.9534
11		.3995	.6535	.7895	.8684	.9163	.9462
12		.3119	.6030	.7588	.8492	.9041	.9384
13		.2166	.5480	.7254	.8283	.8908	.9298
14		.1129	.4881	.6890	.8056	.8764	.9205
15		.0000	.4230	.6495	.7808	.8606	.9104
16			.3521	.6064	.7539	.8435	.8994
17			.2749	.5595	.7246	.8248	.8874
18			.1909	.5085	.6927	.8046	.8744
19			.0995	.4529	.6580	.7825	.8602
20			.0000	.3925	.6202	.7584	.8448
21				.3267	.5790	.7323	.8279
22				.2551	.5343	.7038	.8096
23				.1771	.4855	.6728	.7897
24				.0923	.4325	.6391	.7680
25				.0000	.3748	.6024	.7445
26					.3120	.5624	.7188
27					.2436	.5189	.6908
28					.1692	.4716	.6604
29					.0882	.4201	.6273
30					.0000	.3640	.5913
35						.0000	.3573
40							.0000

8.75%	% de Balance de Hipoteca al Final del Año						
Edad del Préstamo	Término Inicial en Años						
	2	**3**	**4**	**5**	**6**	**7**	**8**
1	.5218	.6953	.7817	.8333	.8674	.8917	.9097
2	.0000	.3628	.5435	.6514	.7228	.7735	.8111
3		.0000	.2836	.4529	.5650	.6445	.7036
4			.0000	.2363	.3928	.5038	.5863
5				.0000	.2050	.3503	.4583
6					.0000	.1828	.3186
7						.0000	.1663
8							.0000
9							
10							
11							
12							
13							
14							
15							
16							
17							
18							
19							
20							
21							
22							
23							
24							
25							
26							
27							
28							
29							
30							
35							
40							

8.75%

% de Balance de Hipoteca al Final del Año

Edad del Préstamo	Término Inicial en Años						
	10	15	20	25	30	35	40
1	.9345	.9662	.9807	.9884	.9928	.9955	.9971
2	.8631	.9294	.9596	.9757	.9850	.9905	.9940
3	.7851	.8892	.9366	.9619	.9764	.9852	.9906
4	.7001	.8453	.9116	.9468	.9671	.9793	.9868
5	.6073	.7975	.8842	.9303	.9569	.9729	.9828
6	.5060	.7453	.8543	.9124	.9458	.9659	.9783
7	.3956	.6883	.8218	.8928	.9336	.9583	.9735
8	.2750	.6261	.7862	.8714	.9204	.9499	.9682
9	.1435	.5583	.7474	.8481	.9060	.9408	.9624
10	.0000	.4843	.7051	.8226	.8902	.9309	.9561
11		.4035	.6590	.7948	.8730	.9201	.9492
12		.3154	.6086	.7645	.8543	.9083	.9417
13		.2193	.5536	.7314	.8338	.8955	.9336
14		.1144	.4936	.6954	.8115	.8814	.9246
15		.0000	.4282	.6560	.7871	.8661	.9149
16			.3568	.6130	.7606	.8494	.9043
17			.2789	.5662	.7316	.8311	.8927
18			.1939	.5150	.6999	.8112	.8800
19			.1012	.4593	.6654	.7895	.8662
20			.0000	.3984	.6277	.7658	.8512
21				.3320	.5866	.7399	.8347
22				.2595	.5418	.7117	.8168
23				.1804	.4928	.6809	.7972
24				.0941	.4395	.6473	.7759
25				.0000	.3812	.6107	.7526
26					.3176	.5707	.7272
27					.2483	.5271	.6994
28					.1726	.4795	.6692
29					.0901	.4275	.6362
30					.0000	.3709	.6002
35						.0000	.3645
40							.0000

9.00% — % de Balance de Hipoteca al Final del Año

Edad del Préstamo	Término Inicial en Años						
	2	**3**	**4**	**5**	**6**	**7**	**8**
1	.5224	.6961	.7826	.8342	.8684	.8926	.9106
2	.0000	.3636	.5447	.6528	.7244	.7751	.8127
3		.0000	.2846	.4544	.5668	.6465	.7057
4			.0000	.2374	.3946	.5060	.5887
5				.0000	.2061	.3522	.4607
6					.0000	.1840	.3207
7						.0000	.1675
8							.0000
9							
10							
11							
12							
13							
14							
15							
16							
17							
18							
19							
20							
21							
22							
23							
24							
25							
26							
27							
28							
29							
30							
35							
40							

9.00%

% de Balance de Hipoteca al Final del Año

Edad del Préstamo	Término Inicial en Años						
	10	15	20	25	30	35	40
1	.9354	.9669	.9813	.9888	.9932	.9957	.9973
2	.8647	.9308	.9608	.9766	.9857	.9911	.9944
3	.7873	.8912	.9384	.9633	.9775	.9860	.9912
4	.7028	.8480	.9139	.9487	.9686	.9804	.9877
5	.6102	.8007	.8871	.9327	.9588	.9744	.9839
6	.5090	.7489	.8577	.9153	.9481	.9677	.9797
7	.3984	.6923	.8257	.8962	.9364	.9604	.9751
8	.2773	.6304	.7906	.8753	.9236	.9525	.9701
9	.1449	.5627	.7522	.8524	.9096	.9437	.9647
10	.0000	.4886	.7103	.8274	.8943	.9342	.9587
11		.4076	.6644	.8000	.8775	.9238	.9521
12		.3190	.6141	.7701	.8592	.9124	.9449
13		.2220	.5592	.7374	.8392	.8999	.9371
14		.1160	.4991	.7016	.8173	.8863	.9285
15		.0000	.4334	.6625	.7933	.8714	.9192
16			.3616	.6197	.7671	.8551	.9089
17			.2829	.5728	.7384	.8372	.8977
18			.1969	.5216	.7070	.8177	.8854
19			.1029	.4656	.6727	.7963	.8720
20			.0000	.4043	.6352	.7730	.8573
21				.3372	.5941	.7474	.8413
22				.2639	.5492	.7195	.8237
23				.1837	.5001	.6889	.8045
24				.0960	.4464	.6555	.7835
25				.0000	.3876	.6189	.7605
26					.3233	.5789	.7354
27					.2530	.5351	.7079
28					.1761	.4873	.6778
29					.0920	.4349	.6449
30					.0000	.3777	.6089
35						.0000	.3716
40							.0000

% de Balance de Hipoteca al Final del Año

9.25% Edad del Préstamo	Término Inicial en Años						
	2	**3**	**4**	**5**	**6**	**7**	**8**
1	.5230	.6969	.7834	.8351	.8693	.8935	.9114
2	.0000	.3645	.5459	.6242	.7259	.7766	.8143
3		.0000	2855	.4559	.5687	.6485	.7079
4			.0000	.2384	.3963	.5081	.5911
5				.0000	.2073	.3541	.4631
6					.0000	.1852	.3227
7						.0000	.1688
8							.0000
9							
10							
11							
12							
13							
14							
15							
16							
17							
18							
19							
20							
21							
22							
23							
24							
25							
26							
27							
28							
29							
30							
35							
40							

9.25%

% de Balance de Hipoteca al Final del Año

Edad del Préstamo	Término Inicial en Años						
	10	**15**	**20**	**25**	**30**	**35**	**40**
1	.9362	.9676	.9818	.9893	.9935	9960	.9075
2	.8662	.9322	.9619	.9775	.9864	.9916	.9948
3	.7895	.8933	.9401	.9647	.9786	.9868	.9918
4	.7054	.8506	.9161	.9505	.9700	.9815	.9885
5	.6132	.8039	.8899	.9351	.9606	.9758	.9849
6	.5121	.7526	.8611	.9181	.9504	.9694	.9810
7	.4012	.6963	.8295	.8994	.9391	.9625	.9767
8	.2796	.6347	.7949	.8790	.9267	.9549	.9720
9	.1462	.5671	.7570	.8566	.9131	.9465	.9668
10	.0000	.4929	.7153	.8321	.8982	.9374	.9611
11		.4116	.6697	.8052	.8819	.9273	.9548
12		.3225	.6197	.7757	.8640	.9163	.9480
13		.2247	.5648	.7433	.8444	.9042	.9405
14		.1175	.5046	.7078	.8229	.8910	.9323
15		.0000	.4386	.6689	.7993	.8765	.9233
16			.3663	.6262	.7735	.8606	.9134
17			.2870	.5794	.7451	.8431	.9025
18			.2000	.5281	.7140	.8240	.8906
19			.1046	.4718	.6799	.8030	.8776
20			.0000	.4101	.6426	.7800	.8633
21				.3425	.6016	.7547	.8476
22				.2683	.5566	.7271	.8304
23				.1870	.5073	.6967	.8116
24				.0978	.4533	.6635	.7909
25				.0000	.3940	.6270	.7682
26					.3290	.5870	.7434
27					.2578	.5431	.7161
28					.1796	.4950	.6862
29					.0939	.4423	.6535
30					.0000	.3845	.6175
35						.0000	.3787
40							.0000

9.50% % de Balance de Hipoteca al Final del Año

Edad del Préstamo	Término Inicial en Años						
	2	**3**	**4**	**5**	**6**	**7**	**8**
1	5236	.6977	.7843	.8360	.8701	.8944	.9123
2	.0000	.3653	.5472	.6556	.7174	.7782	.8159
3		.0000	.2865	.4574	.5705	.6506	.7100
4			.0000	.2395	.3980	.5102	.5935
5				.0000	.2084	.3560	.4655
6					.0000	.1864	.3248
7						.0000	.1701
8							.0000
9							
10							
11							
12							
13							
14							
15							
16							
17							
18							
19							
20							
21							
22							
23							
24							
25							
26							
27							
28							
29							
30							
35							
40							

9.50%

% de Balance de Hipoteca al Final del Año

Edad del Préstamo	Término Inicial en Años						
	10	**15**	**20**	**25**	**30**	**35**	**40**
1	.9370	.9683	.9824	.9897	.9938	.9962	.9977
2	.8678	.9335	.9630	.9784	.9871	.9921	.9952
3	.7917	.8953	.9418	.9660	.9796	.9876	.9924
4	.7081	.8532	.9184	.9523	.9714	.9826	.9893
5	.6161	.8070	.8927	.9373	.9624	.9771	.9859
6	.5151	.7562	.8644	.9208	.9525	.9711	.9822
7	.4040	.7003	.8333	.9027	.9416	.9645	.9782
8	.2818	.6389	.7992	.8827	.9297	.9572	.9737
9	.1476	.5714	.7616	.8608	.9165	.9492	.9688
10	.0000	.4972	.7204	.8367	.9021	.9404	.9634
11		.4156	.6750	.8102	.8862	.9307	.9574
12		.3260	.6251	.7811	.8687	9201	.9509
13		.2274	.5703	.7491	.8495	.9084	.9437
14		.1191	.5101	.7139	.8284	.8956	.9358
15		.0000	.4438	.6752	.8052	.8814	.9272
16			.3710	.6327	.7797	.8659	.9176
17			.2910	.5859	.7517	.8488	.9071
18			.2030	.5346	.7209	.8301	.8956
19			.1063	.4781	.6870	.8095	.8830
20			.0000	.4160	.6498	.7868	.8690
21				.3478	.6089	.7619	.8537
22				.2727	.5639	.7345	.8369
23				.1903	.5145	.7044	.8184
24				.0996	.4601	.6713	.7981
25				.0000	.4004	.6350	.7758
26					.3347	.5950	.7512
27					.2625	.5510	.7242
28					.1831	.5027	.6945
29					.0959	.4496	.6619
30					.0000	.3912	.6260
35						.0000	.3857
40							.0000

9.75% % de Balance de Hipoteca al Final del Año

Edad del Préstamo	Término Inicial en Años						
	2	**3**	**4**	**5**	**6**	**7**	**8**
1	.5243	.6985	.7856	.8368	.8710	.8952	.9132
2	.0000	.3662	.5484	.6571	.7289	.7798	.8175
3		.0000	.2875	.4589	.5723	.6526	.7121
4			.0000	.2406	.3997	.5124	.5959
5				.0000	.2096	.3579	.4679
6					.0000	.1876	.3268
7						.0000	.1713
8							.0000
9							
10							
11							
12							
13							
14							
15							
16							
17							
18							
19							
20							
21							
22							
23							
24							
25							
26							
27							
28							
29							
30							
35							
40							

9.75%

% de Balance de Hipoteca al Final del Año

Edad del Préstamo	Término Inicial en Años						
	10	**15**	**20**	**25**	**30**	**35**	**40**
1	.9378	.9690	.9829	.9901	.9941	.9965	.9979
2	.8694	.9349	.9641	.9793	.9877	.9926	.9955
3	.7939	.8972	.9434	.9673	.9806	.9883	.9929
4	.7107	.8558	.9205	.9541	.9727	.9836	.9900
5	.6191	.8101	.8954	.9395	.9641	.9784	.9869
6	.5181	.7597	.8676	.9235	.9546	.9727	.9834
7	.4068	.7043	.8371	.9058	.9441	.9663	.9796
8	.2841	.6431	.8034	.8863	.9326	.9594	.9753
9	.1489	.5757	.7662	.8649	.9198	.9517	.9707
10	.0000	.5015	.7253	.8412	.9058	.9433	.9656
11		.4197	.6802	.8151	.8903	.9340	.9599
12		.3295	.6306	.7864	.8733	.9237	.9537
13		.2301	.5758	.7548	.8545	.9124	.9468
14		.1207	.5155	.7199	.8338	.8999	.9392
15		.0000	.4490	.6815	.8110	.8862	.9309
16			.3758	.6391	.7859	.8711	.9217
17			.2950	.5924	.7582	.8544	.9116
18			.2061	.5410	.7277	.8360	.9004
19			.1080	.4843	.6941	.8158	.8881
20			.0000	.4219	.6570	.7935	.8746
21				.3530	.6162	.7689	.8597
22				.2772	.5712	.7418	.8432
23				.1936	.5216	.7120	.8251
24				.1015	.4669	.6791	.8051
25				.0000	.4067	.6428	.7831
26					.3404	.6028	.7588
27					.2672	.5588	.7321
28					.1867	.5103	.7026
29					.0979	.4568	.6701
30					.0000	.3979	6344
35						.0000	.3927
40							.0000

10.00% % de Balance de Hipoteca al Final del Año

Edad del Préstamo	Término Inicial en Años						
	2	**3**	**4**	**5**	**6**	**7**	**8**
1	.5249	.6993	.7860	.8377	.8719	.8961	.9140
2	.0000	.3670	.5496	.6585	.7304	.7813	.8191
3		.0000	.2885	.4604	.5741	.6546	.7142
4			.0000	.2417	.4015	.5145	.5983
5				.0000	2107	.3598	.4703
6					.0000	.1888	.3288
7						.0000	.1726
8							.0000
9							
10							
11							
12							
13							
14							
15							
16							
17							
18							
19							
20							
21							
22							
23							
24							
25							
26							
27							
28							
29							
30							
35							
40							

10.00%

% de Balance de Hipoteca al Final del Año

Edad del Préstamo	Término Inicial en Años						
	10	**15**	**20**	**25**	**30**	**35**	**40**
1	.9387	.9697	.983w5	.9905	.9944	.9967	.9980
2	.8709	.9362	.9652	.9801	.9883	.9930	.9958
3	.7960	.8992	.9450	.9685	.9815	.9890	.9934
4	.7133	.8583	.9227	.9557	.9740	.9845	.9907
5	.6220	.8132	.8980	.9416	.9657	.9796	.9878
6	.5210	.7633	.8708	.9261	.9566	.9742	.9845
7	.4096	.7082	.8407	.9088	.9465	.9681	.9809
8	.2864	.6473	.8075	.8898	.9353	.9615	.9769
9	.1503	.5801	.7708	.8688	.9230	.9542	.9725
10	.0000	.5058	.7302	.8456	.9094	.9460	.9676
11		.4237	.6854	.8200	.8943	.9371	.9622
12		.3330	.6360	.7917	.8777	.9272	.9563
13		.2329	.5813	.7604	.8593	.9163	.9497
14		.1222	.5209	.7258	.8391	.9042	.9425
15		.0000	.4542	.6876	.8166	.8908	.9345
16			.3805	.6454	.7919	.8761	.9256
17			.2991	.5988	.7645	.8598	.9158
18			.2091	.5474	.7343	.8418	.9050
19			.1098	.4905	.7009	.8219	.8931
20			.000	.4277	.6641	.8000	.8799
21				.3583	.6233	.7757	.8654
22				.2816	.5783	.7589	.8493
23				.1969	.5286	.7193	.8315
24				.1034	.4737	.6866	.8119
25				.0000	.4130	.6505	.7902
26					.3460	.6106	.7662
27					.2720	.5665	.7398
28					.1902	.5178	.7105
29					.0998	.4640	.6782
30					.0000	.0000	.6426
35							.3997
40							.0000

10.25% % de Balance de Hipoteca al Final del Año

Edad de Prestamo	Término Inicial en Años						
	2	**3**	**4**	**5**	**6**	**7**	**8**
1	.5255	.7001	.7869	.8386	.8728	.8970	.9149
2	0000	.3679	.5509	.6599	.7320	.7829	.8206
3		.0000	.2895	.4620	.5760	.6565	.7163
4			.0000	.2428	.4032	.5166	.6007
5				.0000	.2119	.3617	.4727
6					.0000	.1901	.3309
7						.0000	.1739
8							.0000
9							
10							
11							
12							
13							
14							
15							
16							
17							
18							
19							
20							
21							
22							
23							
24							
25							
26							
27							
28							
29							
30							
35							
40							

10.25%	% de Balance de Hipoteca al Final del Año						
Edad del Préstamo	Término Inicial en Años						
	10	15	20	25	30	35	40
1	.9395	.9703	.9840	.9909	.9947	.9969	.9982
2	.8724	.9375	.9662	.9809	.9889	.9935	.9961
3	.7982	.9011	.9465	.9697	.9284	.9896	.9939
4	.7159	.8608	.9248	.9574	.9752	.9854	.9914
5	.6249	.8162	.9006	.9437	.9673	.9808	.9886
6	.5240	.7668	.8739	.9286	.9585	.9756	.9855
7	.4124	.7121	.8443	.9118	.9488	.9699	.9821
8	.2887	.6515	.8116	.8933	.9380	.9635	.9783
9	.1517	.5844	.7753	.8727	.9261	.9565	.9742
10	.0000	.5100	.7351	.8499	.9129	.9487	.9696
11		.4277	.6906	.8247	.8982	.9401	.9644
12		.3366	.6413	.7968	.8820	.9305	.9588
13		.2356	.5867	.7659	.8641	.9200	.9525
14		.1238	.5263	.7316	.8442	.9083	.9456
15		.0000	.4594	.6937	.8221	.8953	.9379
16			.3852	.6517	.7978	.8809	.9293
17			.3031	.6052	.7708	.8650	.9199
18			.2122	.5537	.7408	.8474	.9095
19			.1115	.4967	.7077	.8279	.8979
20			.0000	.4335	.6710	.8063	.8851
21				.3635	.6304	.7824	.8709
22				.2861	.5854	.7559	.8552
23				.2003	.5356	.7266	.8377
24				.1052	.4804	.6941	.8185
25				.0000	.4193	.6581	.7971
26					.3516	.6183	.7735
27					.2767	.5742	.7473
28					.1937	.5253	.7183
29					.1018	.4712	.6862
30					.0000	.4113	.6506
35						.0000	.4066
40							.0000

10.50%

% de Balance de Hipoteca al Final del Año

Edad del Préstamo	Término Inicial en Años						
	2	**3**	**4**	**5**	**6**	**7**	**8**
1	.5261	.7008	.7877	.8395	.8737	.8978	.9157
2	.0000	.3687	.5521	.6613	.7335	.7844	.8222
3		.0000	.2905	.4635	.5778	.6585	.7183
4			.0000	.2438	.4049	.5188	.6030
5				.0000	.2130	.3636	.4750
6					.0000	.1913	.3329
7						.00000	.1752
8							.0000
9							
10							
11							
12							
13							
14							
15							
16							
17							
18							
19							
20							
21							
22							
23							
24							
25							
26							
27							
28							
29							
30							
35							
40							

10.50% % de Balance de Hipoteca al Final del Año

Edad del Préstamo	Término Inicial en Años						
	10	**15**	**20**	**25**	**30**	**35**	**40**
1	.9403	.9710	.9845	.9913	.9950	.9971	.9983
2	.8739	.9388	.9672	.9816	.9894	.9939	.9964
3	.8003	.9030	.94/81	.9709	.9833	.9903	.9943
4	.7185	.8633	.9268	.9590	.9764	.9863	.9919
5	.6278	.8192	.9032	.9457	.9688	.9818	.9894
6	.5270	.7703	.8770	.9310	.9604	.9769	.9865
7	.4152	.7159	.8479	.9147	.9510	.9715	.9833
8	.2910	.6556	.8156	.8966	.9406	.9654	.9797
9	.1531	.5886	.7797	.8765	.9290	.9587	.9758
10	.0000	.5143	.7399	.8542	.9162	.9512	.9714
11		.4317	.6957	.8294	.9020	.9429	.9665
12		.3401	.6466	.8019	.8862	9337	.9611
13		.2384	.5921	.7713	.8686	.9235	.9551
14		.1254	.5316	.7374	.8491	.9122	.9485
15		.0000	.4645	.6997	.8275	.8996	.9411
16			.3899	.6579	.8035	.8856	.9329
17			.3072	.6115	.7768	.8701	.9238
18			.2153	.5600	.7473	.8529	.9137
19			.1133	.5028	.7144	.8337	.9025
20			.0000	.4393	.6779	.8125	.8900
21				.3688	.6374	.7889	.8762
22				.2905	.5924	.7627	.8608
23				.2036	.5425	.7337	.8438
24				.1071	.4871	.7014	.8249
25				.0000	.4256	.6656	.8038
26					.3573	.6258	.7805
27					.2814	.5817	.7546
28					.1972	.5327	.7259
29					.1038	.4783	.6940
30					.0000	.4179	.6585
35						.0000	.4134
40							.0000

10.75%

% de Balance de Hipoteca al Final del Año

Edad del Préstamo	Término Inicial en Años						
	2	**3**	**4**	**5**	**6**	**7**	**8**
1	.5267	.7016	.7886	.8404	.8746	.8987	.9166
2	.0000	.3696	.5533	.6627	.7350	.7860	.8237
3		.0000	.2914	.4650	.5796	.6605	.7204
4			.0000	.2449	.4067	.5209	.6054
5				.0000	.2142	.3655	.4774
6					.0000	.1925	.3350
7						.0000	.1764
8							.0000
9							
10							
11							
12							
13							
14							
15							
16							
17							
18							
19							
20							
21							
22							
23							
24							
25							
26							
27							
28							
29							
30							
35							
40							

10.75% % de Balance de Hipoteca al Final del Año

Edad del Préstamo	Término Inicial en Años						
	10	**15**	**20**	**25**	**30**	**35**	**40**
1	.9410	.9716	.9849	.9916	.9953	.9973	.9984
2	.8754	.9400	.9682	.9823	.9900	.9942	.9967
3	.8024	.9049	.9495	.9720	.9841	.9908	.9947
4	.7211	.8657	.9288	.9605	.9775	.9871	.9925
5	.6307	.8222	.9057	.9477	.9703	.9829	.9901
6	.5300	.7737	.8800	.9334	.9622	.9782	.9874
7	.4180	.7198	.8514	.9175	.9531	.9730	.9844
8	.2933	.6597	.8195	.8998	.9431	.9672	.9810
9	.1545	.5929	.7841	.8802	.9319	.9608	.9773
10	.0000	.5185	.7446	.8583	.9195	.9537	.9731
11		.4358	.7007	.8339	.9056	.9457	.9685
12		.3436	.6519	.8068	.8902	.9368	.9634
13		.2411	.5975	.7766	.8731	.9269	.9576
14		.1270	.5370	.7430	.8540	.9160	.9513
15		.0000	.4696	.7057	.8328	.9037	.9442
16			.3947	.6641	.8091	.8901	.9363
17			.3112	.6178	.7828	.8750	.9275
18			.2184	.5662	.7535	.8581	.9177
19			.1150	.5089	.7209	8394	.9069
20			.0000	.4450	.6847	.8394	.8948
21				.3740	.6443	.8185	.8813
22				.2949	.5994	.7953	.9663
23				.2069	.5494	.7694	.8496
24				.1090	.4937	.7406	.8311
25				.0000	.4318	.7086	.8104
26					.3629	.6730	.7874
27					.2862	.6333	.7618
28					.2008	.5891	.7333
29					.1058	.5400	.7016
30					.0000	.4853	.6663
35						.4244	.4202
40						.0000	.0000

11.00%	% de Balance de Hipoteca al Final del Año						
Edad del Préstamo	Término Inicial en Años						
	2	**3**	**4**	**5**	**6**	**7**	**8**
1	.5273	.7024	.7894	.8412	.8754	.8996	.9174
2	.0000	.3704	.5545	.6641	.7365	.7875	.8253
3		.0000	.2924	.4665	.5814	.6625	.7225
4			.0000	.2460	.4084	.5230	.6078
5				.0000	.2154	.3674	.4798
6					.0000	.1937	.3370
7						.0000	.1777
8							.0000
9							
10							
11							
12							
13							
14							
15							
16							
17							
18							
19							
20							
21							
22							
23							
24							
25							
26							
27							
28							
29							
30							
35							
40							

11.00%

% de Balance de Hipoteca al Final del Año

Edad del Préstamo	Término Inicial en Años						
	10	**15**	**20**	**25**	**30**	**35**	**40**
1	.9418	.9722	.9854	.9920	.9955	.9974	.9985
2	.8769	.9413	.9691	.9831	.9905	.9946	.9969
3	.8045	.9067	.9510	.9731	.9849	.9914	.9951
4	.7237	.8681	.9307	.9620	.9786	.9878	.9930
5	.6336	.8251	.9081	.9495	.9716	.9839	.9908
6	.5330	.7771	.8829	.9357	.9639	.9794	.9882
7	.4208	.7236	.8548	.9203	.9552	.9745	.9854
8	.2956	.6638	.8234	.9030	.9455	.9690	.9822
9	.1559	.5971	.7884	.8838	.9347	.9628	.9787
10	.0000	.5228	.7493	.8623	.9226	.9560	.9748
11		.4398	.7057	.8384	.9092	.9483	.9704
12		.3472	.6571	.8117	.8942	.9398	.9655
13		.2439	.6028	.7819	.8774	.9302	.9600
14		.1286	.5423	.7486	.8587	.9196	.9539
15		.0000	.4747	.7115	.8379	.9077	.9471
16			.3994	.6701	.8146	.8945	.9395
17			.3153	.6239	.7887	.8797	.9311
18			.2215	.5724	.7597	.8633	.9216
19			.1168	.5149	.7274	.8449	.9111
20			.0000	.4508	.6913	.8244	.8993
21				.3792	.6511	.8015	.8862
22				.2994	.6063	.7759	.8716
23				.2103	.5562	.7474	.8553
24				.1109	.5003	.7157	.8371
25				.0000	.4380	.6802	.8167
26					.3685	.6406	.7941
27					.2909	.5965	.7688
28					.2043	.5472	.7405
29					.1078	.4923	.7090
30					.0000	.4309	.6739
35						.0000	.4270
40							.0000

11.25% — % de Balance de Hipoteca al Final del Año

Edad del Préstamo	Término Inicial en Años						
	2	**3**	**4**	**5**	**6**	**7**	**8**
1	.5280	.7032	.7903	.8421	.8763	.9004	.9182
2	.0000	.3713	.5558	.6655	.7379	.7890	.8268
3		.0000	.2934	.4680	.5832	.6645	.7145
4			.0000	.2471	.4101	.5251	.6101
5				.0000	.2165	.3693	.4822
6					.0000	.1950	.3391
7						.0000	1790
8							.0000
9							
10							
11							
12							
13							
14							
15							
16							
17							
18							
19							
20							
21							
22							
23							
24							
25							
26							
27							
28							
29							
30							
35							
40							

11.25%

% de Balance de Hipoteca al Final del Año

Edad del Préstamo	Término Inicial en Años						
	10	15	20	25	30	35	40
1	.9426	.9728	.9859	.9923	.9957	.9976	.9986
2	.8784	.9425	.9701	.9837	.9910	.9949	.9971
3	.8066	.9085	.9524	.9741	.9856	.9919	.9954
4	.7263	.8705	.9326	.9634	.9797	.9886	.9935
5	.6364	.8280	.9105	.9514	.9730	.9848	.9914
6	.5359	.7805	.8858	.9379	.9655	.9806	.9890
7	.4236	.7273	.8582	.9229	.9572	.9759	.9863
8	.2979	.6679	.8272	.9061	.9478	.9706	.9834
9	.1573	.6014	.7926	.8873	.9374	.9648	.9800
10	.0000	.5270	.7539	.8663	.9257	.9582	.9763
11		.4438	.7107	.8427	.9126	.9508	.9721
12		.3507	.6623	.8164	.8980	.9426	.9675
13		.2466	.6081	.7870	.8816	.9334	.9623
14		.1302	.5476	.7541	.8633	.9231	.9564
15		.0000	.4798	.7173	.8429	.9116	.9499
16			.4041	.6761	.8200	.8987	.9426
17			.3193	.6301	.7944	.8843	.9345
18			.2246	.5785	.7657	.8682	.9254
19			.1186	.5209	.7337	.8502	.9152
20			.0000	.4565	.6979	.8300	.9037
21				.3844	.6578	.8075	.8910
22				.3038	.6130	.7823	.8767
23				.2136	.5629	.7541	.8607
24				.1128	.5069	.7226	.8429
25				.0000	.4442	.6873	.8229
26					.3740	.5478	.8005
27					.2956	.6037	.7756
28					.2079	.5544	.7476
29					.1097	.4992	.7163
30					.0000	.4374	.6814
35						.0000	.4336
40							.0000

11.50% % de Balance de Hipoteca al Final del Año

Edad del Préstamo	Término Inicial en Años						
	2	**3**	**4**	**5**	**6**	**7**	**8**
1	.5286	.7040	.7912	.8430	.8772	.9013	.9191
2	.0000	.3721	.5570	.6669	.7394	.7906	.8283
3		.0000	.2944	.4695	.5850	.6664	.7266
4			.0000	.2482	.4118	.5272	.6125
5				.0000	.2177	.3712	.4946
6					.0000	.1962	.3411
7						.0000	.1803
8							.0000
9							
10							
11							
12							
13							
14							
15							
16							
17							
18							
19							
20							
21							
22							
23							
24							
25							
26							
27							
28							
29							
30							
35							
40							

11.50%

% de Balance de Hipoteca al Final del Año

Edad del Préstamo	Término Inicial en Años						
	10	**15**	**20**	**25**	**30**	**35**	**40**
1	.9434	.9734	.9863	.9926	.9960	.9978	.9987
2	.8799	.9437	.9710	.9844	.9914	.9952	.9973
3	.8086	.9103	.9538	.9751	.9863	.9924	.9957
4	.7288	.8729	.9345	.9648	.9806	.9892	.9940
5	.6393	.8309	.9129	.9532	.9742	.9857	.9920
6	.5389	.7838	.8887	.9401	.9671	.9817	.9898
7	.4264	.7311	.8615	.9255	.9590	.9772	.9873
8	.3002	.6719	.8310	.9091	.9500	.9722	.9844
9	.1587	.6056	.7968	.8907	.9399	.9666	.9813
10	.0000	.5312	.7585	.8701	.9286	.9603	.9778
11		.4478	.7155	.8470	.9159	.9532	.9738
12		.3543	.6674	.8211	.9017	.9453	.9694
13		.2494	.6134	.7921	.8857	.9364	.9644
14		.1318	.5528	.7595	.868	.9265	.9588
15		.0000	.4849	.7230	.8477	.9153	.9526
16			.4088	.6820	.8252	.9028	.9456
17			.3234	.6361	.8000	.8887	.9377
18			.2277	.5846	.7717	.8730	.9289
19			.1203	.5269	.7399	.8554	.9190
20			.0000	.4622	.7044	.8356	.9080
21				.3896	.6645	.8134	.8955
22				.3082	.6197	.7885	.8816
23				.2170	.5696	.7606	.8660
24				.1147	.5133	.7293	.8485
25				.0000	.4503	.6943	.8289
26					.3796	.6549	.8069
27					.3003	.6109	.7822
28					.2114	.5614	.7545
29					.1118	.5060	.7235
30					.0000	.4438	.6887
35						.0000	.4403
40							.0000

11.75%

% de Balance de Hipoteca al Final del Año

Edad del Préstamo	Término Inicial en Años						
	2	**3**	**4**	**5**	**6**	**7**	**8**
1	.5292	.7048	.7920	.8438	.8780	.9021	.9199
2	.0000	.3730	.5582	.6683	.7409	.7921	.8298
3		.0000	.2954	.4710	.5868	.6684	.7286
4			.0000	.2493	.4136	.5294	.6148
5				.0000	.2189	.3731	.4870
6					.0000	.1974	.3432
7						.0000	.1816
8							.0000
9							
10							
11							
12							
13							
14							
15							
16							
17							
18							
19							
20							
21							
22							
23							
24							
25							
26							
27							
28							
29							
30							
35							
40							

11.75%

% de Balance de Hipoteca al Final del Año

Edad del Préstamo	Término Inicial en Años						
	10	**15**	**20**	**25**	**30**	**35**	**40**
1	.9441	.9740	.9868	.9930	.9962	.9979	.9988
2	.8813	.9449	.9719	.9850	.9919	.9955	.9975
3	.8107	.9120	.9551	.9761	.9870	.9929	.9961
4	.7313	.8752	.9363	.9549	.9816	.9899	.9944
5	.6421	.8337	.9152	.9422	.9755	.9865	.9925
6	.5419	.7871	.8914	.9280	.9686	.9827	.9904
7	.4292	.7348	.8647	.9120	.9609	.9785	.9881
8	.3025	.6759	.8347	.8941	.9522	.9737	.9855
9	.1601	.6097	.8009	.8739	.9424	.9683	.9825
10	.0000	.5354	.7630	.8512	.9314	.9623	.9792
11		.4518	.7204	.8257	.9191	.9555	.9754
12		.3578	.6725	.7970	.9052	.9479	.9712
13		.2522	.6186	.7648	.8897	.9393	.9664
14		.1335	.5580	.7286	.8721	.9297	.9611
15		.0000	.4900	.6879	.8524	.9189	.9551
16			.4135	.6421	.8303	.9067	.9484
17			.3275	.5907	.8054	.8930	.9408
18			.2308	.5328	.7775	.8777	.9323
19			.1221	.4678	.7460	.8604	.9228
20			.0000	.3948	.7107	.8409	.9120
21				.3127	.6710	.8191	.8999
22				.2204	.6263	.7946	.8864
23				.1166	.5762	.7670	.8711
24				.0000	.5198	.7360	.8540
25					.4564	.7011	.8347
26					.3851	.6619	.8130
27					.3050	.6179	.7886
28					.2150	.5684	.7613
29					.1138	.5128	.7305
30					.0000	.4502	.6959
35						.0000	.4469
40							.0000

12.00%

% de Balance de Hipoteca al Final del Año

Edad del Préstamo	Término Inicial en Años						
	2	**3**	**4**	**5**	**6**	**7**	**8**
1	.5298	.7056	.7928	.8447	.8789	.9029	.9207
2	.0000	.3738	.5594	.6697	.7424	.7936	.8313
3		.0000	.2964	.4725	.5886	.6703	.7306
4			.0000	.2504	.4153	.5315	.6172
5				.0000	.2200	.3750	.4893
6					.0000	.1987	.3453
7						.0000	.1829
8							.0000
9							
10							
11							
12							
13							
14							
15							
16							
17							
18							
19							
20							
21							
22							
23							
24							
25							
26							
27							
28							
29							
30							
35							
40							

12.00%

% de Balance de Hipoteca al Final del Año

Edad del Préstamo	Término Inicial en Años						
	10	**15**	**20**	**25**	**30**	**35**	**40**
1	.9449	.9746	.9892	.9932	.9964	.9980	.9989
2	.8827	.9460	.9727	.9856	.9923	.9958	.9977
3	.8127	.9138	.9565	.9771	.9877	.9933	.9963
4	.7339	.8775	.9381	.9674	.9825	.9905	.9948
5	.6450	.8365	.9174	.9565	.9766	.9873	.9931
6	.5448	.7904	.8942	.9443	.9700	.9837	.9911
7	.4320	.7384	.8679	.9305	.9626	.9797	.9889
8	.3048	.6799	.8383	.9149	.9542	.9751	.9864
9	.1615	.6139	.8050	.8973	.9448	.9700	.9836
10	.0000	.5395	.7675	.8776	.9342	.9642	.9804
11		.4558	.7252	.8553	.9222	.9577	.9769
12		.3613	.6775	.8302	.9087	.9504	.9729
13		.2550	.6237	.8019	.8935	.9421	.9684
14		.1351	.5632	.7700	.8764	.9328	.9633
15		.0000	.4950	.7341	.8571	.9223	.9575
16			.4181	.6936	.8353	.9105	.9511
17			.3315	.6480	.8108	.8972	.9438
18			.2339	.5966	.7832	.8822	.9356
19			.1239	.5387	.7520	.8652	.9263
20			.0000	.4735	.7169	.8462	.9159
21				.4000	.6774	.8247	.9042
22				.3171	.6329	.8005	.8909
23				.2237	.5827	.7732	.8760
24				.1185	.5261	.7425	.8592
25				.0000	.4624	.7078	.8403
26					.3906	.6688	.8190
27					.3097	.6248	.7949
28					.2185	.5753	.7678
29					.1158	.5195	.7373
30					.0000	.4565	.7029
35						.0000	.4534
40							.0000

% de Balance de Hipoteca al Final del Año

12.25% Edad del Préstamo	Término Inicial en Años						
	2	**3**	**4**	**5**	**6**	**7**	**8**
1	.5304	.7064	.7937	.8456	.8797	.9038	.9215
2	.0000	.3747	.5606	.6711	.7439	.7951	.8328
3		.0000	.2974	.4741	.5904	.6723	.7327
4			.0000	.2515	.4170	.5336	.6195
5				.0000	.2212	.3769	.4917
6					.0000	.1999	.3473
7						.0000	.1842
8							.0000
9							
10							
11							
12							
13							
14							
15							
16							
17							
18							
19							
20							
21							
22							
23							
24							
25							
26							
27							
28							
29							
30							
35							
40							

12.25%

% de Balance de Hipoteca al Final del Año

Edad del Préstamo	Término Inicial en Años						
	10	**15**	**20**	**25**	**30**	**35**	**40**
1	.9456	.9752	.9876	.9935	.9966	.9982	.9990
2	.8842	.9471	.9736	.9862	.9927	.9961	.9979
3	.8148	.9155	.9577	.9780	.9883	.9937	.9966
4	.7364	.8797	.9399	.9687	.9833	.9911	9952
5	.6478	.8393	.9196	.9581	.9777	.9880	.9935
6	.5478	.7936	.8968	.9463	.9714	.9847	.9917
7	.4348	.7421	.8710	.9328	.9643	.9808	.9896
8	.3071	.6838	.8419	.9176	.9562	.9765	.9873
9	.1629	.6180	.8090	.9005	.9471	.9716	.9847
10	.0000	.5437	.7719	.8812	.9368	.9661	.9817
11		.4597	.7299	.8593	.9252	.9598	.9783
12		.3649	.6824	.8346	.9121	.9528	.9745
13		.2577	.6289	.8067	.8972	.9448	9702
14		.1367	.5684	.7752	.8805	.9358	.9653
15		.0000	.5000	.7395	.8615	.9256	.9598
16			.4228	.6993	.8402	.9141	.9536
17			.3356	.6539	.8160	.9012	.9466
18			.2370	.6026	.7887	.8865	.9387
19			.1257	.5446	.7579	.8700	.9298
20			.0000	.4791	.7231	.8512	.9196
21				.4051	.6838	.8301	.9082
22				.3215	.6393	.8063	.8953
23				.2271	.5891	.7793	.8808
24				.1205	.5325	.7488	.8643
25				.0000	.4684	.7144	.8458
26					.3961	.6756	.8248
27					.3144	.6317	.8010
28					.2221	.5821	.7743
29					.1178	.5261	.7440
30					.0000	.4628	.7098
35						.0000	.4598
40							.0000

12.50%

% de Balance de Hipoteca al Final del Año

Edad del Préstamo	Término Inicial en Años						
	2	3	4	5	6	7	8
1	.5310	.7072	.7945	.8464	.8806	.9046	.9223
2	.0000	.3755	.5619	.6725	.7453	.7966	.8343
3		.0000	.2984	.4756	.5922	.6742	.7347
4			.0000	.2526	.4188	.5357	.6219
5				.0000	.2224	.3788	.4941
6					.0000	.2012	.3494
7						.0000	.1855
8							.0000
9							
10							
11							
12							
13							
14							
15							
16							
17							
18							
19							
20							
21							
22							
23							
24							
25							
26							
27							
28							
29							
30							
35							
40							

12.50%	% de Balance de Hipoteca al Final del Año						
Edad del Préstamo	Término Inicial en Años						
	10	**15**	**20**	**25**	**30**	**35**	**40**
1	.9463	.9757	.9880	.9938	.9967	.9983	.9991
2	.8856	.9483	.9744	.9868	.9931	.9963	.9980
3	.8168	.9172	.9590	.9789	.9889	.9941	.9969
4	.7389	.8819	.9416	.9699	.9842	.9916	.9955
5	.6506	.8420	.9218	.9597	.9788	.9888	.9940
6	.5507	.7968	.8994	.9482	.9728	.9855	.9923
7	.4375	.7457	.8741	.9351	.9659	.9819	.9903
8	.3094	.6877	.8454	.9203	.9581	.9778	.9881
9	.1643	.6221	.8130	.9036	.9493	.9731	.9856
10	.0000	.5478	.7762	.8847	.9394	.9678	.9828
11		.4637	.7345	.8632	.9281	.9618	.9796
12		.3684	.6874	.8389	.9153	.9550	.9760
13		.2605	.6340	.8114	.9008	.9474	.9719
14		.1384	.5735	.7802	.8845	.9387	.9673
15		.0000	.5050	.7449	.8659	.9288	.9620
16			.4274	.7049	.8449	.9177	.9560
17			.3396	.6597	.8211	.9050	.9493
18			.2402	.6084	.7942	.8907	.9417
19			.1275	.5504	.7637	.8745	.9330
20			.0000	.4846	.7291	.8562	.9232
21				.4102	.6900	.8354	.9121
22				.3259	.6457	.8119	.8996
23				.2305	.5955	.7852	.8854
24				.1224	.5387	.7551	.8693
25				.0000	.4744	.7209	.8510
26					.4015	.6822	.8304
27					.3190	.6384	.8070
28					.2256	.5888	.7805
29					.1198	.5327	.7505
30					.0000	.4690	.7166
35						.0000	.4662
40							.0000

12.75%

% de Balance de Hipoteca al Final del Año

Edad del Préstamo	Término Inicial en Años						
	2	**3**	**4**	**5**	**6**	**7**	**8**
1	.5317	.7079	.7954	.8473	.8814	.9054	.9231
2	.0000	.3764	.5631	.6739	.7468	.7981	.8358
3		.0000	.2994	.4771	.5940	.6762	.7367
4			.0000	.2536	.4205	.5378	.6242
5				.0000	.2236	.3807	.4965
6					.0000	.2024	.3515
7						.0000	.1869
8							.0000
9							
10							
11							
12							
13							
14							
15							
16							
17							
18							
19							
20							
21							
22							
23							
24							
25							
26							
27							
28							
29							
30							
35							
40							

12.75%

% de Balance de Hipoteca al Final del Año

Edad del Préstamo	Término Inicial en Años						
	10	**15**	**20**	**25**	**30**	**35**	**40**
1	.9471	.9763	.9884	.9941	.9969	.9984	.9991
2	.8870	.9494	.9752	.9873	.9934	.9965	.9982
3	.8188	.9188	.9602	.9797	.9895	.9945	.9971
4	.7413	.8841	.9432	.9710	.9850	.9921	.9958
5	.6534	.8447	.9239	.9612	.9798	.9894	.9944
6	.5536	.8000	.9020	.9500	.9740	.9864	.9928
7	.4403	.7493	.8771	.9374	.9674	.9829	.9910
8	.3117	.6916	.8489	.9230	.9600	.9790	.9889
9	.1657	.6262	.8168	.9066	.9515	.9745	.9866
10	.0000	.5520	.7804	.8881	.9418	.9695	.9839
11		.4677	.7391	.8670	.9309	.9637	.9809
12		.3720	.6922	.8431	.9185	.9572	.9774
13		.2633	.6390	.8160	.9044	.9498	.9735
14		.1400	.5786	.7851	.8883	.9414	.9691
15		.0000	.5100	.7502	.8702	.9319	.9641
16			.4321	.7105	.8495	.9210	.9584
17			.3437	.6654	.8261	.9087	.9519
18			.2433	.6142	.7995	.8948	.9445
19			.1294	.5561	.7693	.8789	.9362
20			.0000	.4902	.7350	.8610	.9267
21				.4153	.6961	.8405	.9159
22				.3303	.6520	.8174	.9037
23				.2339	.6018	.7911	.8898
24				.1243	.5449	.7612	.8740
25				.0000	.4803	.07273	.8562
26					.4069	.6888	.8359
27					.3237	.6451	.8128
28					.2291	.5955	.7866
29					.1218	.5392	.7569
30					.0000	.4752	.7232
35						.0000	.4726
40							.0000

13.00%	% de Balance de Hipoteca al Final del Año						
Edad del Préstamo	Término Inicial en Años						
	2	3	4	5	6	7	8
1	.5323	.7087	.7962	.8481	.8823	.9062	.9239
2	.0000	.3772	.5643	.6753	.7483	.7995	.8373
3		.0000	.3004	.4786	.5958	.6781	.7387
4			.0000	.2547	.4222	.5399	.6265
5				.0000	.2248	.3827	.4988
6					.0000	.2037	.3535
7						.0000	.1882
8							.0000
9							
10							
11							
12							
13							
14							
15							
16							
17							
18							
19							
20							
21							
22							
23							
24							
25							
26							
27							
28							
29							
30							
35							
40							

13.00%

% de Balance de Hipoteca al Final del Año

Edad del Préstamo	Término Inicial en Años						
	10	**15**	**20**	**25**	**30**	**35**	**40**
1	.9478	.9768	.9888	.9943	.9971	.9935	.9992
2	.8884	.9504	.9760	.9879	.9938	.9968	.9983
3	.8208	.9204	.9614	.9805	.9900	.9948	.9973
4	.7438	.8863	.9448	.9722	.9857	.9926	.9961
5	.6562	.8474	.9260	.9627	.9808	.9901	.9948
6	.5566	.8031	.9045	.9518	.9753	.9872	9933
7	.4431	.7528	.8801	.9395	.9689	.9839	.9916
8	.3141	.6955	.8523	.9255	.9617	.9801	.9897
9	.1672	.6303	.8207	.9096	.9535	.9759	9874
10	.0000	.5561	.7847	.8914	.9442	.9711	.9849
11		.4716	.7437	.8707	.9336	.9656	.9820
12		.3755	.6971	.8472	.9215	.9593	.9788
13		.2661	.6440	.8205	.9078	.9522	.9751
14		.1417	.5836	.7900	.8921	.9440	.9708
15		.0000	.5149	.7554	.8743	.9348	.9660
7			.4367	7159	.8540	.9243	.9605
17			.3477	.6710	.8310	.9123	.9543
18			.2464	.6200	.8047	.8987	.9472
19			.1312	.5618	.7749	.8832	.9391
20			.0000	.4957	.7409	.8656	.9300
21				.4204	.7022	.8455	.9195
22				.3347	.6582	.8227	.9076
23				.2372	.6081	.7967	.8941
24				.1263	.5511	.7672	.8786
25				.0000	.4862	.7335	.8611
26					.4123	.6952	.8412
27					.3283	.6516	.8184
28					.2327	.6020	.7926
29					.1239	.5456	.7632
30					.0000	.4813	.7297
35						.0000	.4788
40							.0000

13.25%

% de Balance de Hipoteca al Final del Año

Edad del Préstamo	Término Inicial en Años						
	2	**3**	**4**	**5**	**6**	**7**	**8**
1	.5329	.7095	.7970	.8490	.8831	.9071	.9247
2	.0000	.3781	.5655	.6767	.7497	.8010	.8387
3		.0000	.3014	.4801	.5976	.6800	.7407
4			.0000	.2558	.4240	.5420	.6288
5				.0000	.2259	.3846	.5012
6					.0000	.2049	.3556
7						.0000	.1895
8							.0000
9							
10							
11							
12							
13							
14							
15							
16							
17							
18							
19							
20							
21							
22							
23							
24							
25							
26							
27							
28							
29							
30							
35							
40							

13.25%

% de Balance de Hipoteca al Final del Año

Edad del Préstamo	Término Inicial en Años						
	10	**15**	**20**	**25**	**30**	**35**	**40**
1	.9485	.9773	.9891	.9946	.9972	.9986	.9993
2	.8897	.9515	.9767	.9884	.9941	.9970	.9984
3	.8227	.9220	.9626	.9813	.9905	.9951	.9975
4	.7462	.8884	.9464	.9733	.9864	.9930	.9964
5	.6590	.8500	.9280	.9641	.9818	.9906	.9952
6	.5595	.8062	.9070	.9536	.9764	.9879	.9938
7	.4459	.7563	.8830	.9416	.9703	.9848	.9922
8	.3164	.6993	.8556	.9280	.9634	.9812	.9903
9	.1686	.6343	.8244	.9124	.9555	.9772	.9883
10	.0000	.5602	.7888	.8946	.9465	.9726	.9859
11		.4756	.7482	.8744	.9362	.9673	.9832
12		.3790	.7018	.8513	.9244	.9613	.9801
13		.2689	.6490	.8249	.9110	.9544	.9765
14		.1433	.5886	.7948	.8958	.9466	.9725
15		.0000	.5198	.7605	.8783	.9376	.9679
16			.4413	.7213	.8584	.9274	.9626
17			.3518	.6766	.8357	.9158	.9566
18			.2496	.6256	.8098	.9025	.9498
19			.1330	.5675	.7803	.8874	.9420
20			.0000	.5012	.7466	.8701	.9331
21				.4255	.7081	.8504	.9230
22				.3391	.6643	.8279	.9114
23				.2406	.6142	.8023	.8982
24				.1282	.5571	.7730	.8831
25				.0000	.4920	.7396	.8659
26					.4177	.7015	.8463
27					.3329	.6581	.8238
28					.2362	.6085	.7984
29					.1259	.5519	.7693
30					.0000	.4874	.7360
35						.0000	.4851
40							.0000

13.50%

% de Balance de Hipoteca al Final del Año

Edad del Préstamo	Término Inicial en Años						
	2	**3**	**4**	**5**	**6**	**7**	**8**
1	.5335	.7103	.7979	.8498	.8839	.9079	.9254
2	.0000	.3798	.5667	.6781	.7512	.8025	.8402
3		.0000	.3024	.4816	.5993	.6820	.7426
4			.0000	.2569	.4257	.5441	.6311
5				.0000	.2271	.3865	.5036
6					.0000	.2062	.3577
7						.0000	.1908
8							.0000
9							
10							
11							
12							
13							
14							
15							
16							
17							
18							
19							
20							
21							
22							
23							
24							
25							
26							
27							
28							
29							
30							
35							
40							

13.50%

% de Balance de Hipoteca al Final del Año

Edad del Préstamo	Término Inicial en Años						
	10	**15**	**20**	**25**	**30**	**35**	**40**
1	.9492	.9779	.9895	. 9948	.9974	.9987	.9993
2	.8911	.9526	.9774	.9889	.9944	.9972	.9986
3	.8247	.9236	.9637	.9821	.9910	.9954	.9977
4	.7487	.8905	.9480	.9743	.9871	9935	.9967
5	.6618	.8526	.9300	.9654	.9826	.9912	.9955
6	.5624	.8093	.9094	.9553	.9775	.9886	.9942
7	.4487	.7598	.8858	.9437	.9717	.9857	.9927
8	.3187	.7031	.8589	.9304	.9650	.9823	.9910
9	.1700	.6383	.8281	.9152	.9574	.9784	.9890
10	.0000	.5642	.7929	.8978	.9487	.9740	.9868
11		.4795	.7526	.8779	.9387	.9689	.9842
12		.3826	.7066	.8552	.9273	.9632	.9813
13		.2717	.6539	.8292	.9142	.9566	.9779
14		.1450	.5936	.7995	.8993	.9490	.9740
15		.0000	.5247	.7655	.8822	.9403	.9696
16			.4459	.7266	.8627	.9304	.9646
17			.3558	.6721	.8404	.9191	.9589
18			.2527	.6313	.8148	.9062	.9523
19			.1348	.5731	.7856	.8914	.9447
20			.0000	.5066	.8522	.8745	.9361
21				.4305	.7140	.8551	.9263
22				.3435	.6703	.8330	.9150
23				.2440	.6203	.8077	.9021
24				.1302	.5632	.7787	.8874
25				.0000	.4978	.7456	.8706
26					.4230	.7077	.8513
27					.3375	.6644	.8293
28					.2397	.6149	.8040
29					.1279	.5582	.7752
30					.0000	.4934	.7423
35						.0000	.4912
40							.0000

13.75% % de Balance de Hipoteca al Final del Año

Edad del Préstamo	Término Inicial en Años						
	2	**3**	**4**	**5**	**6**	**7**	**8**
1	.5341	.7111	.7987	.8507	.8848	.9087	.9262
2	.0000	.3798	.5679	.6794	.7526	8039	.8416
3		.0000	.3033	.4831	.6011	.6839	.7446
4			.0000	.2580	.4274	.5462	.6334
5				.0000	.2283	.3884	.5059
6					.0000	.2075	.3597
7						.0000	.1921
8							.0000
9							
10							
11							
12							
13							
14							
15							
16							
17							
18							
19							
20							
21							
22							
23							
24							
25							
26							
27							
28							
29							
30							
35							
40							

13.75%

% de Balance de Hipoteca al Final del Año

Edad del Préstamo	Término Inicial en Años						
	10	**15**	**20**	**25**	**30**	**35**	**40**
1	.9499	.9784	.9898	.9950	.9975	.9988	.9994
2	.8925	.9536	.9782	.9893	.9947	.9974	.9987
3	.8266	.9251	.9648	.9828	.9915	.9957	.9979
4	.7511	.8926	.9495	.9753	.9878	.9939	.9969
5	.6645	.8552	.9319	.9668	.9835	.9917	.9958
6	.5653	.8123	.9117	.9569	.9786	.9893	.9946
7	.4515	.7632	.8886	.9456	.9730	.9865	.9932
8	.3211	.7069	.8621	.9327	.9666	.9833	.9916
9	.1715	.6423	.8317	.9179	.9592	.9796	.9897
10	.0000	.5683	.7969	.9009	.9508	.9754	.9876
11		.4834	.7570	.8814	.9411	.9705	.9852
12		.3861	.7112	.8591	.9300	.9650	.9824
13		.2746	.6587	.8335	.9173	.9586	.9792
14		.1466	.5986	.8041	.9027	.9513	.9755
15		.0000	.5296	.7704	.8860	.9429	.9713
16			4505	.7318	.8669	.9333	.9665
17			.3598	.6876	.8449	.9223	.9610
18			.2559	.6368	.8197	.9097	.9546
19			.1367	.5787	.7908	.8953	.9474
20			.0000	.5120	.7577	.8787	.9390
21				.4355	.7198	.8597	.9295
22				.3479	.6762	.8379	.9185
23				.2473	.6263	.8129	.9060
24				.1321	.5691	.7843	.8916
25				.0000	.5035	.7515	.8751
26					.4283	.7138	.8561
27					.3421	.6706	.8344
28					.2433	.6212	8096
29					.1299	.5644	.7810
30					.0000	.4994	.7483
35						.0000	.4973
40							.0000

14.00%

% de Balance de Hipoteca al Final del Año

Edad del Préstamo	Término Inicial en Años						
	2	**3**	**4**	**5**	**6**	**7**	**8**
1	.5347	.7118	.7995	.8515	.8856	.9095	.9720
2	.0000	.3807	.5691	.6808	.7541	.8054	.8430
3		.0000	.3043	.4846	.6029	.6858	.7466
4			.0000	.2591	.4292	.5483	.6357
5				.0000	.2295	.3903	.5083
6					.0000	.2087	.3618
7						.0000	.1935
8							.0000
9							
10							
11							
12							
13							
14							
15							
16							
17							
18							
19							
20							
21							
22							
23							
24							
25							
26							
27							
28							
29							
30							
35							
40							

14.00%

% de Balance de Hipoteca al Final del Año

Edad del Prestamo	Término Inicial en Años						
	10	**15**	**20**	**25**	**30**	**35**	**40**
1	.9506	.9789	.9902	.9953	.9977	.9988	.9994
2	.8938	.9546	.9789	.9898	.9950	.9975	.9988
3	.8285	.9267	.9659	.9835	.9919	.9960	.9980
4	.7535	.8946	.9509	.9763	.9884	.9942	.9971
5	.6673	.8577	.9338	.9680	.9843	.9922	.9961
6	5682	.8153	.9140	.9585	.9796	.9899	.9950
7	.4543	.7666	.8913	.9476	.9743	.9873	.9937
8	.3234	.7106	.8653	.9350	.9681	.9842	.9922
9	.1729	.6463	.8353	.9205	.9610	.9807	.9904
10	.0000	.5723	.8009	.9039	.9528	.9767	.9884
11		.4873	.7613	.8848	.9435	.9720	.9861
12		.3897	.7158	.8628	.9327	.9667	.9835
13		.2774	.6636	.8376	.9203	.9606	.9804
14		.1483	.6035	.8086	.9061	.9535	.9769
15		.0000	.5344	.7753	.8897	.9454	.9729
16			.4551	.7370	.8709	.9361	.9683
17			.3638	.6930	.8493	.9254	.9630
18			.2590	.6423	.8245	.9132	.9569
19			.1385	.5842	.7959	.8990	.9499
20			.0000	.5173	.7631	.8828	.9418
21				.4405	.7254	.8642	.9325
22				.3522	.6821	.8427	.9219
23				.2507	.6323	.8181	.9096
24				.1341	.5750	.7897	.8956
25				.0000	.5092	.7572	.8794
26					.4336	.7198	.8608
27					.3467	.6768	.8395
28					.2468	.6274	.8149
29					.1320	.5706	.7867
30					.0000	5053	.7543
35						.0000	.5033
40							.0000

14.25%

% de Balance de Hipoteca al Final del Año

Edad del Préstamo	Término Inicial en Años						
	2	**3**	**4**	**5**	**6**	**7**	**8**
1	.5354	.7126	.8004	.8523	.8864	.9102	.9277
2	.0000	.3815	.5704	.6822	.7555	.8068	.8445
3		.0000	.3053	.4861	.6047	.6877	.7485
4			.0000	.2603	.4309	.5504	.6380
5				.0000	.2307	.3822	.5106
6					.0000	.2100	.3639
7						.0000	.1948
8							.0000
9							
10							
11							
12							
13							
14							
15							
16							
17							
18							
19							
20							
21							
22							
23							
24							
25							
26							
27							
28							
29							
30							
35							
40							

14.25%

% de Balance de Hipoteca al Final del Año

Edad del Préstamo	Término Inicial en Años						
	10	**15**	**20**	**25**	**30**	**35**	**40**
1	.9513	.9794	.9905	.9955	.9978	.9989	.9995
2	.8951	.9556	.9795	.9902	.9953	.9977	.9989
3	.8304	.9282	.9669	.9842	.9923	.9963	.9982
4	.7559	.8966	9524	.9773	.9890	.9946	.9974
5	.6700	.8602	.9356	.9693	.9851	.9927	.9964
6	.5711	.8183	.9163	.9600	.9806	.9905	.9953
7	.4571	.7700	.8940	.9494	.9755	.9880	.9941
8	.3257	.7144	.8684	.9372	.9695	.9851	.9927
9	.1744	.6502	.8388	.9231	.9627	.9818	.9910
10	.0000	.5764	.8048	.9068	.9548	.9779	.9892
11		.4912	.7656	.8881	.9457	.9735	.9870
12		.3932	.7204	.8665	.9353	.9683	.9845
13		.2802	.6683	.8417	.9232	.9625	.9816
14		.1500	.6084	.8131	.9093	.9557	.9782
15		.0000	.5392	.7801	.8933	.9478	.9744
16			.4596	.7421	.8749	.9388	.9700
17			.3679	.6983	.8536	.9284	.9649
18			.2621	.6478	.8291	.9165	.9590
19			.1403	.5897	.8009	.9027	.9522
20			.0000	.5227	.7684	.8868	.9444
21				.4455	.7310	.8685	.9355
22				.3565	.6878	.8474	.9251
23				.2541	.6381	.8231	.9132
24				.1360	.5809	.7951	.8994
25				.0000	.5149	.7628	.8836
26					.4388	.7257	.8654
27					.3512	.6828	.8444
28					.2503	.6335	.8201
29					.1340	.5766	.7922
30					.0000	.5111	.7601
35						.0000	.5093
40							.0000

14.50% — % de Balance de Hipoteca al Final del Año

Edad del Préstamo	Término Inicial en Años						
	2	**3**	**4**	**5**	**6**	**7**	**8**
1	.5360	.7134	.8012	.8532	.8872	.9110	.9285
2	.0000	.3824	.5716	.6835	.7569	.8083	.8459
3		.0000	.3063	.4876	.6064	.6896	.7505
4			.0000	.2614	.4326	.5525	.6403
5				.0000	.2319	.3941	.5130
6					.0000	.2113	.3660
7						.0000	.1961
8							.0000
9							
10							
11							
12							
13							
14							
15							
16							
17							
18							
19							
20							
21							
22							
23							
24							
25							
26							
27							
28							
29							
30							
35							
40							

14.50%

% de Balance de Hipoteca al Final del Año

Edad del Préstamo	Término Inicial en Años						
	10	**15**	**20**	**25**	**30**	**35**	**40**
1	.9519	.9798	.9908	.9957	.9979	.9990	.9995
2	.8964	.9565	.9802	.9906	.9955	.9978	.9989
3	.8323	.9296	.9679	.9849	.9927	.9965	.9983
4	.7583	.8986	.9537	.9782	.9895	.9949	.9975
5	.6728	.8627	.9374	.9704	.9858	.9932	.9967
6	.5740	.8212	.9185	.9615	.9815	.9911	.9957
7	.4599	.7733	.8966	.9512	.9766	.9887	.9945
8	.3281	.7180	.8714	.9393	.9709	.9859	.9932
9	.1758	.6542	.8423	.9256	.9643	.9828	.9916
10	.0000	.5804	.8087	.9097	.9567	.9791	.9899
11		.4951	.7698	.8913	.9479	.9748	.9878
12		.3967	.7249	.8701	.9377	.9699	.9854
13		.2830	.6731	.8457	.9260	.9642	.9827
14		.1517	.6132	.8174	.9124	.9577	.9795
15		.0000	.5440	.7848	.8968	.9501	.9758
16			.4641	.7470	.8787	.9414	.9716
17			.3719	.7035	.8578	.9313	.9667
18			.2653	.6532	.8337	.9197	.9610
19			.1422	.5951	.8058	.9062	.9545
20			.0000	.5279	.7736	.8906	.9470
21				.4504	.7365	.8727	.9383
22				.3609	.6935	.8519	.9282
23				.2574	.6439	.8280	.9166
24				.1380	.5866	.8003	.9032
25				.0000	.5205	.7683	.8877
26					.4440	.7314	.8698
27					.3558	.6888	.8491
28					.2538	.6395	.8252
29					.1360	.5826	.7976
30					.0000	.5169	.7658
35						.0000	.5152
40							.0000

14.75% — % de Balance de Hipoteca al Final del Año

Edad del Préstamo	Término Inicial en Años						
	2	3	4	5	6	7	8
1	.5366	.7142	.8020	.8540	.8880	.9118	.9292
2	.0000	.3832	.5728	.6849	.7584	.8097	.8473
3		.0000	.3073	.4891	.6082	.6915	.7524
4			.0000	.2625	.4344	.5546	.6425
5				.0000	.2331	.3961	.5153
6					.0000	.2125	.3680
7						.0000	.1975
8							.0000
9							
10							
11							
12							
13							
14							
15							
16							
17							
18							
19							
20							
21							
22							
23							
24							
25							
26							
27							
28							
29							
30							
35							
40							

14.75% % de Balance de Hipoteca al Final del Año

Edad del Préstamo	Término Inicial en Años						
	10	**15**	**20**	**25**	**30**	**35**	**40**
1	.9526	.9803	.9911	.9959	.9980	.9991	.9996
2	.8977	.9575	.9808	.9910	.9958	.9980	.9990
3	.8342	.9311	.9689	.9855	.9931	.9967	.9984
4	.7606	.9005	.9551	.9790	.9901	.9953	.9977
5	.6755	.8651	.9391	.9716	.9865	.9936	.9969
6	.5768	.8241	.9206	.9630	.9824	.9916	.9960
7	.4626	.7766	.8992	.9530	.9777	.9894	.9949
8	.3304	.7217	.8744	.9414	.9722	.9867	.9936
9	.1773	.6580	.8457	.9280	.9659	.9837	.9922
10	.0000	.5843	.8124	.9124	.9585	.9802	.9905
11		.4990	.7739	.8945	.9500	.9761	.9886
12		.4002	.7294	.8737	.9401	.9714	.9863
13		.2858	.6778	.8496	.9287	.9660	.9837
14		.1534	.6180	.8217	.9155	.9596	.9807
15		.0000	.5488	.7894	.9002	.9523	.9772
16			.4686	.7520	.8824	.9439	.9731
17			.3759	.7086	.8619	.9341	.9684
18			.2684	.6585	.8381	.9227	.9630
19			.1440	.6004	.8106	.9096	9567
20			.0000	.5332	.7787	.8944	.9494
21				.4553	.7418	.8768	.9410
22				.3652	.6991	.8564	.9312
23				.2608	.6496	.8327	.9199
24				.1399	.5923	.8054	.9068
25				.0000	.5260	.7737	.8916
26					.4492	.7371	.8741
27					.3603	.6946	.8537
28					.2573	.6455	.8302
29					.1381	.5885	.8029
30					.0000	.5226	.7713
35						.0000	.5210
40							.0000

15.00%	% de Balance de Hipoteca al Final del Año						
Edad del Préstamo	Término Inicial en Años						
	2	**3**	**4**	**5**	**6**	**7**	**8**
1	.5372	.7149	.8028	.8548	.8888	.9126	.9300
2	.0000	.3841	.5740	.6863	.7598	.8111	.8487
3		.0000	.3083	.4906	.6100	.6934	.7543
4			.0000	.2636	.4361	.5567	.6448
5				.0000	.2343	.3980	.5177
6					.0000	.2138	.3701
7						.0000	.1988
8							.0000
9							
10							
11							
12							
13							
14							
15							
16							
17							
18							
19							
20							
21							
22							
23							
24							
25							
26							
27							
28							
29							
30							
35							
40							

15.00%

% de Balance de Hipoteca al Final del Año

Edad del Préstamo	Término Inicial en Años						
	10	**15**	**20**	**25**	**30**	**35**	**40**
1	.9533	.9808	.9914	.9960	.9981	.9991	.9996
2	.8990	.9584	.9814	.9914	.9960	.9981	.9991
3	.8361	.9325	.9699	.9861	.9935	.9969	.9985
4	.7630	.9024	.9564	.9799	.9906	.9956	.9979
5	.6782	.8675	.9408	.9727	.9872	.9940	.9971
6	.5797	.8270	.9227	.9643	.9833	.9921	.9963
7	.4654	.7799	.9017	.9546	.9787	.9900	.9953
8	.3327	.7253	.8773	.9434	.9735	.9875	.9941
9	.1787	.6619	.8490	.9303	.9674	.9846	.9927
10	.0000	.5883	.8162	.9151	.9602	.9812	.9911
11		.5029	.7780	.8975	.9520	.9774	.9893
12		.4037	.7338	.8771	.9424	.9728	.9871
13		.2887	.6824	.8534	.9313	.9676	.9847
14		.1551	.6227	.8259	.9184	.9615	.9818
15		.0000	.5535	.7939	.9034	.9545	.9784
16			.4731	.7568	.8861	.9463	.9746
17			.3799	.7137	.8659	.9367	.9701
18			.2716	.6638	.8425	.9257	.9648
19			.1459	.6057	.8153	.9129	.9588
20			.0000	.5384	.7837	.8980	.9517
21				.4602	.7471	.8807	.9436
22				.3695	.7046	.8607	.9341
23				.2642	.6553	.8374	.9230
24				.1419	.5980	.8104	.9103
25				.0000	.5315	.7790	.8954
26					.4543	.7426	.8782
27					.3648	.7004	.8582
28					.2608	.6513	.8350
29					.1401	.5944	.8081
30					.0000	.5283	.7768
35						.0000	.5268
40							.0000

15.25%

% de Balance de Hipoteca al Final del Año

Edad del Préstamo	Término Inicial en Años						
	2	**3**	**4**	**5**	**6**	**7**	**8**
1	.5378	.7157	.8037	.8556	.8896	.9134	.9307
2	.0000	.3849	.5752	.6876	.7612	.8125	.8501
3		.0000	.3093	.4922	.6117	.6952	.7562
4			.0000	.2647	.4378	.5587	.6471
5				.0000	.2355	.3999	.5200
6					.0000	.2151	.3722
7						.0000	.2002
8							.0000
9							
10							
11							
12							
13							
14							
15							
16							
17							
18							
19							
20							
21							
22							
23							
24							
25							
26							
27							
28							
29							
30							
35							
40							

15.25%

% de Balance de Hipoteca al Final del Año

Edad del Préstamo	Término Inicial en Años						
	10	**15**	**20**	**25**	**30**	**35**	**40**
1	.9539	.9812	.9917	.9962	.9982	.9992	.9996
2	.9003	.9594	.9820	.9918	.9962	.9982	.9992
3	.8379	.9339	.9708	.9867	.9938	.9971	.9987
4	.7653	.9043	.9577	.9807	.9911	.9958	.9981
5	.6809	.8699	.9425	.9738	.9878	.9943	.9974
6	.5826	.8298	.9248	.9657	.9841	.9926	.9965
7	.4682	.7832	.9042	.9563	.9798	.9906	.9956
8	.3351	.7289	.8802	.9453	.9747	.9882	.9945
9	.1802	.6657	.8523	.9326	.9688	.9855	.9932
10	.0000	.5923	.8199	.9178	.9619	.9823	.9917
11		.5067	.7821	.9005	.9539	.9785	.9900
12		.4073	.7381	.8805	.9447	.9742	.9879
13		.2915	.6870	.8571	.9338	.9692	.9856
14		.1568	.6275	.8300	.9213	.9633	.9828
15		.0000	.5582	.7983	.9066	.9565	.9797
16			.4776	.7616	.8896	.9485	.9759
17			.3838	.7188	.8698	.9393	.9716
18			.2747	.6690	.8467	.9286	.9666
19			.1477	.6110	.8199	.9160	.9608
20			.0000	.5436	.7886	.9015	.9539
21				.4651	.7523	.8846	.9460
22				.3738	.7100	.8648	.9368
23				.2675	.6608	.8419	.9261
24				.1439	.6036	.8152	.9136
25				.0000	.5370	.7842	.8991
26					.4594	.7480	.8822
27					.3692	.7060	.8626
28					.2643	.6571	.8397
29					.1421	.6002	.8131
30					.0000	.5339	.7821
35						.0000	.5325
40							.0000

15.50% % de Balance de Hipoteca al Final del Año

Edad del Préstamo	Término Inicial en Años						
	2	**3**	**4**	**5**	**6**	**7**	**8**
1	.5284	.7165	0.8045	.8564	.8904	.9141	.9314
2	.0000	.3858	.5764	.6890	.7626	.8140	.8515
3		.0000	.3103	.4937	.6135	.6971	.7581
4			.0000	.2658	.4396	.5608	.6493
5				.0000	.2367	.4018	.5224
6					.0000	.2163	.3743
7						.0000	.2015
8							.0000
9							
10							
11							
12							
13							
14							
15							
16							
17							
18							
19							
20							
21							
22							
23							
24							
25							
26							
27							
28							
29							
30							
35							
40							

15.50%

% de Balance de Hipoteca al Final del Año

Edad del Préstamo	Término Inicial en Años						
	10	**15**	**20**	**25**	**30**	**35**	**40**
1	.9546	.9817	.9920	.9964	.9983	.9992	.9996
2	.9016	.9603	.9826	.9922	.9964	.9983	.9992
3	.8398	.9353	.9717	.9872	.9942	.9973	.9988
4	.7676	.9062	.9590	.9815	.9915	.9961	.9982
5	.6835	.8722	.9441	.9748	.9885	.9947	.9975
6	.5854	.8326	.9268	.9670	.9849	.9930	.9968
7	.4709	.7864	.9066	.9579	.9807	.9911	.9959
8	.3374	.7324	.8830	.9472	.9758	.9889	.9949
9	.1817	.6695	.8555	.9348	.9702	.9863	.9937
10	.0000	.5962	.8235	.9203	.9635	.9832	.9922
11		.5106	.7861	.9034	.9558	.9796	.9906
12		.4108	.7424	.8838	.9468	.9755	.9887
13		.2943	.6915	.8608	.9363	.9707	.9864
14		.1585	.6321	.8340	.9240	.9650	.9838
15		.0000	.5629	.8027	.9097	.9584	.9808
16			.4821	.7662	.8930	.9507	.9772
17			.3878	.7237	.8736	.9418	.9731
18			.2779	.6741	.8508	.9313	.9683
19			.1496	.6162	.8244	.9191	.9626
20			.0000	.5487	.7935	.9049	.9561
21				.4699	.7574	.8883	.9484
22				.3780	.7154	.8689	.9395
23				.2709	.6663	.8463	.9290
24				.1458	.6091	.8200	.9169
25				.0000	.5423	.7892	.9027
26					.4645	.7534	.8861
27					.3737	.7116	.8668
28					.2677	.6628	.8442
29					.1442	.6059	.8180
30					.0000	.5395	.7873
35						.0000	.5381
40							.0000

15.75% % de Balance de Hipoteca al Final del Año

Edad del Préstamo	Término Inicial en Años						
	2	**3**	**4**	**5**	**6**	**7**	**8**
1	.5390	.7173	.8053	.8573	.8912	.9149	.9322
2	.0000	3866	.5776	.6903	.7640	.8154	.8528
3		.0000	.3114	.4952	.6152	.6990	.7600
4			.0000	.2669	.4413	.5629	.6516
5				.0000	.2379	.4037	.5247
6					.0000	.2176	.3763
7						.0000	.2029
8							.0000
9							
10							
11							
12							
13							
14							
15							
16							
17							
18							
19							
20							
21							
22							
23							
24							
25							
26							
27							
28							
29							
30							
35							
40							

15.75%

% de Balance de Hipoteca al Final del Año

Edad del Préstamo	Término Inicial en Años						
	10	**15**	**20**	**25**	**30**	**35**	**40**
1	.9552	.9821	.9923	.9965	.9984	.9993	.9997
2	.9028	.9611	.9832	.9925	.9966	.9985	.9993
3	.8416	.9366	.9726	.9878	.9945	.9975	.9989
4	.7700	.9080	.9602	.9822	.9920	.9963	.9983
5	.6862	.8745	.9457	.9758	.9890	.9950	.9977
6	.5882	.8353	.9288	.9682	.9856	.9935	.9970
7	.4737	.7895	.9090	.9594	.9816	.9916	.9962
8	.3398	.7360	.8858	.9490	.9770	.9895	.9952
9	.1832	.6733	.8587	.9370	.9715	.9870	.9941
10	.0000	.6001	.8270	.9228	.9651	.9841	.9928
11		.5144	.7900	.9063	.9576	.9807	.9912
12		.4143	.7467	.8870	.9489	.9767	.9894
13		.2971	.6960	.8643	.9386	.9721	.9873
14		.1602	.6368	.8379	.9267	.9666	.9848
15		.0000	.5675	.8070	.9127	.9603	.9819
16			.4865	.7709	.8964	.9528	.9785
17			.3918	.7286	.8772	.9441	.9745
18			.2810	.6792	.8549	.9340	.9699
19			.1515	.6214	.8287	.9221	.9644
20			.0000	.5538	.7982	.9082	.9581
21				.4747	.7624	.8919	.9507
22				.3823	.7206	.8729	.9420
23				.2742	.6717	.8506	.9318
24				.1478	.6145	.8246	.9200
25				.0000	.5477	.7942	.9061
26					.4695	.7586	.8899
27					.3781	.7170	.8709
28					.2712	.6684	.8487
29					.1462	.6115	.8227
30					.0000	.5450	.7924
35						.0000	.5437
40							.0000

Factores de Valor Presente

Valor Presente

Mientras más rápido se reciben los flujos de efectivo de las inversiones, más valor tienen los mismos. Mil dólares recibidos hoy son más valiosos que mil dólares que se recibirán al final de cinco años. Esto significa que si una inversión promete un rendimiento de mil dólares al final de cinco años, hay que determinar su valor actual. Para esto se utilizan tablas de factores de valor presente.

Los inversionistas necesitan conocer el valor presente de los flujos de efectivo que producirá una inversión para poder identificar el precio que deben pagar por la misma.

Para poder estimar el valor presente de los flujos de efectivo futuros hay que aplicar una tasa de descuento a los mismos. La tasa de descuento representa el rendimiento que el inversionista exige como condición para efectuar la inversión. Por lo general, éste es equivalente al rendimiento que el inversionista conoce que puede obtener de otra inversión con riesgos similares.

La fórmula matemática es complicada, pero podemos fácilmente realizar este cálculo utilizando las siguientes tablas de factores de valor presente. Cabe mencionar que es muy importante que el inversionista conozca con precisión la tasa de descuento que debe aplicar a su inversión para que este cálculo sea efectivo.

Practiquemos algunos ejemplos:

Ejemplo No. 1

Su mejor amigo le promete que le regalará $5,000 en cinco años. Usted sabe que si usted obtuviera este dinero hoy, podría conseguir un rendimiento de 11% invirtiéndolo en fondos mutuos. ¿Cuál es el *Valor Presente* de los $5,000 que su amigo le regalará en cinco años?

Respuesta

Identifique en la tabla de *Valor Presente* el factor correspondiente a la intersección de cinco años y 11%. Corresponde a 0.593451. Multiplique este factor por $5,000 y el resultado es $2,967 redondeado.

Valor Presente = Factor de la tabla × Valor Futuro
Valor Presente = 0.593451 × 5,000
Valor Presente = 2,967

El valor presente de esta promesa de dinero es $2,967.

Ejemplo No. 2

Su vecino es un desarrollador y está construyendo un edificio de oficinas para una agencia de gobierno. El proyecto estará completado al final de dos años. Su vecino necesita dinero para terminar la construcción del edificio y le ofrece $200,000 una vez completado el mismo. Usted ha establecido como meta personal de inversión un rendimiento mínimo de 8%. ¿Cuánto necesitaría invertir (*Valor Presente*) en este proyecto para lograr obtener los $200,000 al final de los dos años?

Respuesta

Identifique en la tabla de *Valor Presente* el factor correspondiente a la intersección de dos años y 8%. Corresponde a 0.857339. Multiplique este factor por $200,000 y el resultado es $171,468 redondeado.

Valor Presente = Factor de la tabla × Valor Futuro
Valor Presente = 0.857339 × 200,000
Valor Presente = 171,468

El valor presente de esta inversión es $171,468. Ésta es la cantidad máxima que debe invertir para satisfacer su requisito personal de rendimiento mínimo en su inversión.

Tabla de Factores de Valor Presente

Términos 1 a 30 Años

Tasas de Descuento
1% a 25.875%

Utilice estas tablas para determinar el valor presente de flujos de efectivo futuros.

Factor del Valor Presente Anual

Años	Tasa de Descuento			
	1.000%	**1.125%**	**1.250%**	**1.375%**
1	0.990099	0.988875	0.987654	0.986436
2	0.980296	0.977874	0.975461	0.973057
3	0.970590	0.966995	0.963418	0.959859
4	0.960980	0.956238	0.951524	0.946840
5	0.951466	0.945600	0.939777	0.933997
6	0.942045	0.935080	0.928175	0.921329
7	0.932718	0.924677	0.916716	0.908833
8	0.923483	0.914391	0.905398	0.896506
9	0.914340	0.904218	0.894221	0.884346
10	0.905287	0.894159	0.883181	0.872351
11	0.896324	0.884211	0.872277	0.860519
12	0.887449	0.874375	0.861509	0.848847
13	0.878663	0.864647	0.850873	0.837334
14	0.869963	0.855028	0.840368	0.825977
15	0.861349	0.845516	0.829993	0.814774
16	0.852821	0.836110	0.819746	0.803722
17	0.844377	0.826808	0.809626	0.792821
18	0.836017	0.817610	0.799631	0.782068
19	0.827740	0.808515	0.789759	0.771460
20	0.819544	0.799520	0.780009	0.760996
21	0.811430	0.790625	0.770379	0.750675
22	0.803396	0.781830	0.760868	0.740493
23	0.795442	0.773132	0.751475	0.730449
24	0.787566	0.764531	0.742197	0.720542
25	0.779768	0.756026	0.733034	0.710769
26	0.772048	0.747615	0.723984	0.701128
27	0.764404	0.739298	0.715046	0.691618
28	0.756836	0.731073	0.706219	0.682238
29	0.749342	0.722940	0.697500	0.672984
30	0.741923	0.714898	0.688889	0.663856

Factor del Valor Presente Anual

	Tasa de Descuento			
Años	**1.500%**	**1.625%**	**1.750%**	**1.875%**
1	0.985222	0.984010	0.982801	0.981595
2	0.970662	0.968275	0.965898	0.963529
3	0.956317	0.952792	0.949285	0.945795
4	0.942184	0.937557	0.932959	0.928388
5	0.928260	0.922565	0.916913	0.911301
6	0.914542	0.907814	0.901143	0.894529
7	0.901027	0.893297	0.885644	0.878065
8	0.887711	0.879013	0.870412	0.861904
9	0.874592	0.864958	0.855441	0.846041
10	0.861667	0.851127	0.840729	0.830470
11	0.848933	0.837517	0.826269	0.815185
12	0.836387	0.824125	0.812058	0.800182
13	0.824027	0.810947	0.798091	0.785454
14	0.811849	0.797980	0.784365	0.770998
15	0.799852	0.785220	0.770875	0.756808
16	0.788031	0.772665	0.757616	0.742879
17	0.776385	0.760310	0.744586	0.729206
18	0.764912	0.748152	0.731780	0.715785
19	0.753607	0.736189	0.719194	0.702611
20	0.742470	0.724417	0.706825	0.689680
21	0.731498	0.712834	0.694668	0.676986
22	0.720688	0.701435	0.682720	0.664527
23	0.710037	0.690219	0.670978	0.652296
24	0.699544	0.679183	0.659438	0.640291
25	0.689206	0.668322	0.648096	0.628506
26	0.679021	0.657636	0.636950	0.616938
27	0.668986	0.647120	0.625995	0.605584
28	0.659099	0.636773	0.615228	0.594438
29	0.649359	0.626590	0.604647	0.583497
30	0.639762	0.616571	0.594248	0.572758

Factor del Valor Presente Anual

	Tasa de Descuento			
Años	**2.000%**	**2.125%**	**2.250%**	**2.375%**
1	0.980392	0.979192	0.977995	0.976801
2	0.961169	0.958817	0.956474	0.954140
3	0.942322	0.938866	0.935427	0.932005
4	0.923845	0.919331	0.914843	0.910383
5	0.905731	0.900201	0.894712	0.889263
6	0.887971	0.881470	0.875024	0.868633
7	0.870560	0.863129	0.855769	0.848482
8	0.853490	0.845169	0.836938	0.828798
9	0.836755	0.827583	0.818522	0.809571
10	0.820348	0.810362	0.800510	0.790789
11	0.804263	0.793501	0.782895	0.772444
12	0.788493	0.776990	0.765667	0.754524
13	0.773033	0.760822	0.748819	0.737020
14	0.757875	0.744991	0.732341	0.719922
15	0.743015	0.729489	0.716226	0.703220
16	0.728446	0.714310	0.700466	0.686906
17	0.714163	0.699447	0.685052	0.670971
18	0.700159	0.684893	0.669978	0.655405
19	0.686431	0.670642	0.655235	0.640200
20	0.672971	0.656687	0.640816	0.625348
21	0.659776	0.643023	0.626715	0.610840
22	0.646839	0.629643	0.612925	0.596670
23	0.634156	0.616542	0.599437	0.582827
24	0.621721	0.603713	0.586247	0.569306
25	0.609531	0.591151	0.573346	0.556099
26	0.597579	0.578850	0.560730	0.543198
27	0.585862	0.566806	0.548391	0.530596
28	0.574375	0.555012	0.536324	0.518287
29	0.563112	0.543463	0.524522	0.506263
30	0.552071	0.532155	0.512980	0.494519

Factor del Valor Presente Anual

	Tasa de Descuento			
Años	**2.500%**	**2.625%**	**2.750%**	**2.875%**
1	0.975610	0.974421	0.973236	0.972053
2	0.951814	0.949497	0.947188	0.944888
3	0.928599	0.925210	0.921838	0.918482
4	0.905951	0.901545	0.897166	0.892813
5	0.883854	0.878485	0.873154	0.867862
6	0.862297	0.856014	0.849785	0.843608
7	0.841265	0.834119	0.827041	0.820032
8	0.820747	0.812783	0.804906	0.797115
9	0.800728	0.791993	0.783364	0.774839
10	0.781198	0.771735	0.762398	0.753185
11	0.762145	0.751995	0.741993	0.732136
12	0.743556	0.732760	0.722134	0.711675
13	0.725420	0.714017	0.702807	0.691786
14	0.707727	0.695754	0.683997	0.672453
15	0.690466	0.677957	0.665691	0.653661
16	0.673625	0.660616	0.647874	0.635393
17	0.657195	0.643719	0.630535	0.617636
18	0.641166	0.627253	0.613659	0.600375
19	0.625528	0.611209	0.597235	0.583597
20	0.610271	0.595575	0.581251	0.567287
21	0.595386	0.580341	0.565694	0.551434
22	0.580865	0.565497	0.550554	0.536023
23	0.566697	0.551032	0.535819	0.521043
24	0.552875	0.536938	0.521478	0.506482
25	0.539391	0.523204	0.507521	0.492327
26	0.526235	0.509821	0.493938	0.478568
27	0.513400	0.496780	0.480718	0.465194
28	0.500878	0.484073	0.467852	0.452193
29	0.488661	0.471692	0.455331	0.439556
30	0.476743	0.459626	0.443144	0.427272

Factor del Valor Presente Anual

Años	Tasa de Descuento			
	3.000%	**3.125%**	**3.250%**	**3.375%**
1	0.970874	0.969697	0.968523	0.967352
2	0.942596	0.940312	0.938037	0.935770
3	0.915142	0.911818	0.908510	0.905219
4	0.888487	0.884187	0.879913	0.875665
5	0.862609	0.857394	0.852216	0.847076
6	0.837484	0.831412	0.825391	0.819421
7	0.813092	0.806218	0.799410	0.792668
8	0.789409	0.781787	0.774247	0.766789
9	0.766417	0.758096	0.749876	0.741755
10	0.744094	0.735124	0.726272	0.717538
11	0.722421	0.712847	0.703411	0.694112
12	0.701380	0.691246	0.681270	0.671450
13	0.680951	0.670299	0.659826	0.649528
14	0.661118	0.649987	0.639056	0.628323
15	0.641862	0.630290	0.618941	0.607809
16	0.623167	0.611191	0.599458	0.587965
17	0.605016	0.592670	0.580589	0.568769
18	0.587395	0.574710	0.562314	0.550200
19	0.570286	0.557294	0.544614	0.532237
20	0.553676	0.540407	0.527471	0.514860
21	0.537549	0.524031	0.510868	0.498051
22	0.521893	0.508151	0.494787	0.481791
23	0.506692	0.492753	0.479213	0.466061
24	0.491934	0.477821	0.464129	0.450845
25	0.477606	0.463341	0.449519	0.436126
26	0.463695	0.449301	0.435370	0.421887
27	0.450189	0.435685	0.421666	0.408113
28	0.437077	0.422483	0.408393	0.394789
29	0.424346	0.409680	0.395538	0.381900
30	0.411987	0.397266	0.383088	0.369432

Factor del Valor Presente Anual

	Tasa de Descuento			
Años	**3.500%**	**3.625%**	**3.750%**	**3.875%**
1	0.966184	0.965018	0.963855	0.962696
2	0.933511	0.931260	0.929017	0.926783
3	0.901943	0.898683	0.895438	0.892210
4	0.871442	0.867245	0.863073	0.858926
5	0.841973	0.836907	0.831878	0.826884
6	0.813501	0.807631	0.801810	0.796038
7	0.785991	0.779378	0.772829	0.766342
8	0.759412	0.752114	0.744895	0.737754
9	0.733731	0.725804	0.717971	0.710233
10	0.708919	0.700414	0.692020	0.683738
11	0.684946	0.675912	0.667008	0.658231
12	0.661783	0.652267	0.642899	0.633676
13	0.639404	0.629450	0.619662	0.610037
14	0.617782	0.607430	0.597264	0.587280
15	0.596891	0.586181	0.575676	0.565372
16	0.576706	0.565675	0.554869	0.544281
17	0.557204	0.545887	0.534813	0.523977
18	0.538361	0.526791	0.515483	0.504430
19	0.520156	0.508363	0.496851	0.485613
20	0.502566	0.490579	0.478892	0.467497
21	0.485571	0.473418	0.461583	0.450058
22	0.469151	0.456857	0.444899	0.433269
23	0.453286	0.440875	0.428819	0.417106
24	0.437957	0.425452	0.413319	0.401546
25	0.423147	0.410569	0.398380	0.386566
26	0.408838	0.396207	0.383981	0.372146
27	0.395012	0.382347	0.370102	0.358263
28	0.381654	0.368971	0.356725	0.344898
29	0.368748	0.356064	0.343831	0.332032
30	0.356278	0.343608	0.331403	0.319646

Factor del Valor Presente Anual

	Tasa de Descuento			
Años	**4.000%**	**4.125%**	**4.250%**	**4.375%**
1	0.961538	0.960384	0.959233	0.958084
2	0.924556	0.922338	0.920127	0.917925
3	0.888996	0.885799	0.882616	0.879449
4	0.854804	0.850707	0.846634	0.842586
5	0.821927	0.817005	0.812119	0.807268
6	0.790315	0.784639	0.779011	0.773430
7	0.759918	0.753555	0.747253	0.741011
8	0.730690	0.723702	0.716789	0.709951
9	0.702587	0.695032	0.687568	0.680192
10	0.675564	0.667498	0.659537	0.651681
11	0.649581	0.641054	0.632650	0.624365
12	0.624597	0.615658	0.606858	0.598194
13	0.600574	0.591269	0.582118	0.573120
14	0.577475	0.567845	0.558387	0.549097
15	0.555265	0.545349	0.535623	0.526081
16	0.533908	0.523745	0.513787	0.504030
17	0.513373	0.502996	0.492841	0.482903
18	0.493628	0.483070	0.472749	0.462661
19	0.474642	0.463932	0.453477	0.443268
20	0.456387	0.445553	0.434989	0.424688
21	0.438834	0.427902	0.417256	0.406887
22	0.421955	0.410951	0.400246	0.389832
23	0.405726	0.394671	0.383929	0.373492
24	0.390121	0.379035	0.368277	0.357836
25	0.375117	0.364019	0.353263	0.342837
26	0.360689	0.349599	0.338862	0.328467
27	0.346817	0.335749	0.325047	0.314699
28	0.333477	0.322448	0.311796	0.301508
29	0.320651	0.309674	0.299085	0.288870
30	0.308319	0.297406	0.286892	0.276761

Factor del Valor Presente Anual

Años	Tasa de Descuento			
	4.500%	**4.625%**	**4.750%**	**4.875%**
1	0.956938	0.955795	0.954654	0.953516
2	0.915730	0.913543	0.911364	0.909193
3	0.876297	0.873160	0.870037	0.866930
4	0.838561	0.834561	0.830585	0.826632
5	0.802451	0.797669	0.792921	0.788207
6	0.767896	0.762408	0.756965	0.751568
7	0.734828	0.728705	0.722640	0.716632
8	0.703185	0.696492	0.689871	0.683320
9	0.672904	0.665703	0.658588	0.651557
10	0.643928	0.636276	0.628723	0.621270
11	0.616199	0.608149	0.600213	0.592391
12	0.589664	0.581265	0.572996	0.564854
13	0.564272	0.555570	0.547013	0.538598
14	0.539973	0.531011	0.522208	0.513561
15	0.516720	0.507537	0.498528	0.489689
16	0.494469	0.485101	0.475922	0.466926
17	0.473176	0.463657	0.454341	0.445222
18	0.452800	0.443161	0.433738	0.424526
19	0.433302	0.423571	0.414070	0.404793
20	0.414643	0.404847	0.395293	0.385976
21	0.396787	0.386950	0.377368	0.368035
22	0.379701	0.369845	0.360256	0.350927
23	0.363350	0.353496	0.343920	0.334614
24	0.347703	0.337869	0.328324	0.319060
25	0.332731	0.322934	0.313436	0.304229
26	0.318402	0.308658	0.299223	0.290087
27	0.304691	0.295014	0.285655	0.276603
28	0.291571	0.281973	0.272701	0.263745
29	0.279015	0.269508	0.260335	0.251485
30	0.267000	0.257594	0.248530	0.239795

Factor del Valor Presente Anual

	Tasa de Descuento			
Años	**5.000%**	**5.125%**	**5.250%**	**5.375%**
1	0.952381	0.951249	0.950119	0.948992
2	0.907029	0.904874	0.902726	0.900585
3	0.863838	0.860760	0.857697	0.854648
4	0.822702	0.818796	0.814914	0.811054
5	0.783526	0.778879	0.774265	0.769683
6	0.746215	0.740907	0.735643	0.730423
7	0.710681	0.704787	0.698949	0.693165
8	0.676839	0.670428	0.664084	0.657808
9	0.644609	0.637743	0.630959	0.624255
10	0.613913	0.606652	0.599486	0.592412
11	0.584679	0.577077	0.569583	0.562194
12	0.556837	0.548944	0.541171	0.533518
13	0.530321	0.522182	0.514177	0.506304
14	0.505068	0.496725	0.488529	0.480478
15	0.481017	0.472509	0.464161	0.455970
16	0.458112	0.449473	0.441008	0.432712
17	0.436297	0.427561	0.419010	0.410640
18	0.415521	0.406717	0.398109	0.389694
19	0.395734	0.386889	0.378251	0.369816
20	0.376889	0.368027	0.359383	0.350952
21	0.358942	0.350085	0.341457	0.333051
22	0.341850	0.333018	0.324425	0.316063
23	0.325571	0.316783	0.308242	0.299941
24	0.310068	0.301339	0.292866	0.284641
25	0.295303	0.286649	0.278258	0.270122
26	0.281241	0.272674	0.264378	0.256344
27	0.267848	0.259381	0.251190	0.243268
28	0.255094	0.246736	0.238661	0.230859
29	0.242946	0.234707	0.226756	0.219084
30	0.231377	0.223265	0.215445	0.207909

Factor del Valor Presente Anual

Años	Tasa de Descuento 5.500%	5.625%	5.750%	5.875%
1	0.947867	0.946746	0.945626	0.944510
2	0.898452	0.896327	0.894209	0.892099
3	0.851614	0.848594	0.845588	0.842597
4	0.807217	0.803402	0.799611	0.795841
5	0.765134	0.760618	0.756133	0.751680
6	0.725246	0.720111	0.715019	0.709969
7	0.687437	0.681762	0.676141	0.670573
8	0.651599	0.645455	0.639377	0.633363
9	0.617629	0.611082	0.604612	0.598218
10	0.585431	0.578539	0.571737	0.565023
11	0.554911	0.547729	0.540650	0.533669
12	0.525982	0.518560	0.511253	0.504056
13	0.498561	0.490945	0.483454	0.476086
14	0.472569	0.464800	0.457167	0.449668
15	0.447933	0.440047	0.432309	0.424716
16	0.424581	0.416613	0.408803	0.401149
17	0.402447	0.394426	0.386575	0.378889
18	0.381466	0.373421	0.365555	0.357864
19	0.361579	0.353535	0.345679	0.338006
20	0.342729	0.334708	0.326883	0.319250
21	0.324862	0.316883	0.309109	0.301535
22	0.307926	0.300008	0.292302	0.284803
23	0.291873	0.284031	0.276408	0.268999
24	0.276657	0.268905	0.261379	0.254073
25	0.262234	0.254584	0.247167	0.239974
26	0.248563	0.241027	0.233728	0.226658
27	0.235605	0.228191	0.221019	0.214081
28	0.223322	0.216039	0.209002	0.202201
29	0.211679	0.204534	0.197637	0.190981
30	0.200644	0.193641	0.186891	0.180384

Factor del Valor Presente Anual

	Tasa de Descuento			
Años	**6.000%**	**6.125%**	**6.250%**	**6.375%**
1	0.943396	0.942285	0.941176	0.940071
2	0.889996	0.887901	0.885813	0.883733
3	0.839619	0.836656	0.833706	0.830771
4	0.792094	0.788368	0.784665	0.780983
5	0.747258	0.742868	0.738508	0.734179
6	0.704961	0.699993	0.695067	0.690180
7	0.665057	0.659593	0.654180	0.648818
8	0.627412	0.621525	0.615699	0.609935
9	0.591898	0.585653	0.579481	0.573382
10	0.558395	0.551852	0.545394	0.539019
11	0.526788	0.520002	0.513312	0.506716
12	0.496969	0.489990	0.483117	0.476349
13	0.468839	0.461711	0.454699	0.447802
14	0.442301	0.435063	0.427952	0.420965
15	0.417265	0.409953	0.402778	0.395737
16	0.393646	0.386293	0.379085	0.372020
17	0.371364	0.363998	0.356786	0.349725
18	0.350344	0.342990	0.335799	0.328767
19	0.330513	0.323194	0.316046	0.309064
20	0.311805	0.304541	0.297455	0.290542
21	0.294155	0.286965	0.279958	0.273130
22	0.277505	0.270402	0.263490	0.256761
23	0.261797	0.254796	0.247990	0.241374
24	0.246979	0.240091	0.233402	0.226908
25	0.232999	0.226234	0.219673	0.213310
26	0.219810	0.213177	0.206751	0.200526
27	0.207368	0.200873	0.194589	0.188509
28	0.195630	0.189280	0.183143	0.177212
29	0.184557	0.178356	0.172370	0.166591
30	0.174110	0.168062	0.162230	0.156608

Factor del Valor Presente Anual

	Tasa de Descuento			
Años	**6.500%**	**6.625%**	**6.750%**	**6.875%**
1	0.938967	0.937866	0.936768	0.935673
2	0.881659	0.879593	0.877535	0.875483
3	0.827849	0.824941	0.822046	0.819165
4	0.777323	0.773684	0.770067	0.766471
5	0.729881	0.725613	0.721374	0.717165
6	0.685334	0.680528	0.675760	0.671032
7	0.643506	0.638244	0.633031	0.627866
8	0.604231	0.598588	0.593003	0.587477
9	0.567353	0.561395	0.555506	0.549686
10	0.532726	0.526514	0.520381	0.514326
11	0.500212	0.493799	0.487476	0.481241
12	0.469683	0.463118	0.456652	0.450284
13	0.441017	0.434343	0.427777	0.421318
14	0.414100	0.407355	0.400728	0.394216
15	0.388827	0.382045	0.375389	0.368857
16	0.365095	0.358307	0.351653	0.345129
17	0.342813	0.336044	0.329417	0.322928
18	0.321890	0.315164	0.308587	0.302155
19	0.302244	0.295582	0.289075	0.282718
20	0.283797	0.277217	0.270796	0.264532
21	0.266476	0.259992	0.253673	0.247515
22	0.250212	0.243838	0.237633	0.231593
23	0.234941	0.228687	0.222607	0.216695
24	0.220602	0.214478	0.208531	0.202756
25	0.207138	0.201152	0.195345	0.189713
26	0.194496	0.188653	0.182993	0.177509
27	0.182625	0.176932	0.171422	0.166090
28	0.171479	0.165938	0.160583	0.155406
29	0.161013	0.155628	0.150429	0.145409
30	0.151186	0.145958	0.140917	0.136056

Factor del Valor Presente Anual

	Tasa de Descuento			
Años	**7.000%**	**7.125%**	**7.250%**	**7.375%**
1	0.934579	0.933489	0.932401	0.931315
2	0.873439	0.871402	0.869371	0.867349
3	0.816298	0.813444	0.810603	0.807775
4	0.762895	0.759341	0.755807	0.752293
5	0.712986	0.708836	0.704715	0.700623
6	0.666342	0.661691	0.657077	0.652501
7	0.622750	0.617681	0.612659	0.607684
8	0.582009	0.576598	0.571244	0.565945
9	0.543934	0.538248	0.532628	0.527074
10	0.508349	0.502449	0.496623	0.490872
11	0.475093	0.469030	0.463052	0.457157
12	0.444012	0.437835	0.431750	0.425757
13	0.414964	0.408714	0.402564	0.396514
14	0.387817	0.381530	0.375351	0.369280
15	0.362446	0.356154	0.349978	0.343916
16	0.338735	0.332466	0.326320	0.320294
17	0.316574	0.310353	0.304261	0.298295
18	0.295864	0.289711	0.283693	0.277807
19	0.276508	0.270442	0.264516	0.258726
20	0.258419	0.252455	0.246635	0.240955
21	0.241513	0.235664	0.229962	0.224405
22	0.225713	0.219989	0.214417	0.208992
23	0.210947	0.205358	0.199923	0.194638
24	0.197147	0.191699	0.186408	0.181269
25	0.184249	0.178949	0.173807	0.168819
26	0.172195	0.167047	0.162058	0.157223
27	0.160930	0.155936	0.151103	0.146425
28	0.150402	0.145565	0.140889	0.136368
29	0.140563	0.135883	0.131365	0.127001
30	0.131367	0.126845	0.122484	0.118278

Factor del Valor Presente Anual

	Tasa de Descuento			
Años	**7.500%**	**7.625%**	**7.750%**	**7.875%**
1	0.930233	0.929152	0.928074	0.926999
2	0.865333	0.863324	0.861322	0.859327
3	0.804961	0.802159	0.799371	0.796595
4	0.748801	0.745328	0.741875	0.738443
5	0.696559	0.692523	0.688515	0.684535
6	0.647962	0.643459	0.638993	0.634564
7	0.602755	0.597871	0.593033	0.588240
8	0.560702	0.555514	0.550379	0.545298
9	0.521583	0.516157	0.510792	0.505490
10	0.485194	0.479588	0.474053	0.468589
11	0.451343	0.445610	0.439957	0.434381
12	0.419854	0.414040	0.408312	0.402671
13	0.390562	0.384706	0.378944	0.373276
14	0.363313	0.357450	0.351688	0.346026
15	0.337966	0.332126	0.326393	0.320766
16	0.314387	0.308595	0.302917	0.297349
17	0.292453	0.286732	0.281129	0.275643
18	0.272049	0.266418	0.260909	0.255520
19	0.253069	0.247543	0.242143	0.236867
20	0.235413	0.230005	0.224727	0.219575
21	0.218989	0.213709	0.208563	0.203546
22	0.203711	0.198569	0.193562	0.188687
23	0.189498	0.184500	0.179640	0.174913
24	0.176277	0.171429	0.166719	0.162144
25	0.163979	0.159284	0.154728	0.150307
26	0.152539	0.147999	0.143599	0.139335
27	0.141896	0.137513	0.133270	0.129163
28	0.131997	0.127771	0.123685	0.119734
29	0.122788	0.118718	0.114789	0.110993
30	0.114221	0.110308	0.106532	0.102891

Factor del Valor Presente Anual

	Tasa de Descuento			
Años	**8.000%**	**8.125%**	**8.250%**	**8.375%**
1	0.925926	0.924855	0.923788	0.922722
2	0.857339	0.855358	0.853383	0.851416
3	0.793832	0.791082	0.788345	0.785620
4	0.735030	0.731637	0.728263	0.724909
5	0.680583	0.676658	0.672760	0.668890
6	0.630170	0.625811	0.621488	0.617199
7	0.583490	0.578785	0.574123	0.569503
8	0.540269	0.535292	0.530367	0.525493
9	0.500249	0.495068	0.489947	0.484884
10	0.463193	0.457866	0.452607	0.447413
11	0.428883	0.423460	0.418112	0.412838
12	0.397114	0.391640	0.386247	0.380935
13	0.367698	0.362210	0.356810	0.351497
14	0.340461	0.334992	0.329617	0.324334
15	0.315242	0.309819	0.304496	0.299270
16	0.291890	0.286538	0.281289	0.276143
17	0.270269	0.265006	0.259852	0.254803
18	0.250249	0.245092	0.240048	0.235113
19	0.231712	0.226675	0.221753	0.216944
20	0.214548	0.209642	0.204853	0.200179
21	0.198656	0.193888	0.189240	0.184709
22	0.183941	0.179319	0.174818	0.170435
23	0.170315	0.165844	0.161495	0.157264
24	0.157699	0.153382	0.149187	0.145111
25	0.146018	0.141856	0.137817	0.133897
26	0.135202	0.131196	0.127314	0.123550
27	0.125187	0.121337	0.117611	0.114002
28	0.115914	0.112220	0.108647	0.105193
29	0.107328	0.103787	0.100367	0.097063
30	0.099377	0.095988	0.092718	0.089563

Factor del Valor Presente Anual

	Tasa de Descuento			
Años	**8.500%**	**8.625%**	**8.750%**	**8.875%**
1	0.921659	0.920598	0.919540	0.918485
2	0.849455	0.847501	0.845554	0.843614
3	0.782908	0.780208	0.777521	0.774846
4	0.721574	0.718259	0.714962	0.711684
5	0.665045	0.661228	0.657436	0.653671
6	0.612945	0.608725	0.604539	0.600387
7	0.564926	0.560391	0.555898	0.551446
8	0.520669	0.515895	0.511171	0.506494
9	0.479880	0.474933	0.470042	0.465207
10	0.442285	0.437222	0.432222	0.427286
11	0.407636	0.402506	0.397446	0.392455
12	0.375702	0.370546	0.365468	0.360464
13	0.346269	0.341124	0.336062	0.331081
14	0.319142	0.314039	0.309023	0.304092
15	0.294140	0.289103	0.284159	0.279304
16	0.271097	0.266148	0.261295	0.256537
17	0.249859	0.245016	0.240272	0.235625
18	0.230285	0.225561	0.220939	0.216418
19	0.212244	0.207651	0.203163	0.198776
20	0.195616	0.191163	0.186816	0.182573
21	0.180292	0.175985	0.171785	0.167691
22	0.166167	0.162011	0.157963	0.154021
23	0.153150	0.149147	0.145254	0.141466
24	0.141152	0.137305	0.133567	0.129934
25	0.130094	0.126402	0.122820	0.119343
26	0.119902	0.116366	0.112938	0.109614
27	0.110509	0.107126	0.103851	0.100679
28	0.101851	0.098620	0.095495	0.092472
29	0.093872	0.090790	0.087811	0.084934
30	0.086518	0.083581	0.080746	0.078011

Factor del Valor Presente Anual

Años	Tasa de Descuento			
	9.000%	9.125%	9.250%	9.375%
1	0.917431	0.916380	0.915332	0.914286
2	0.841680	0.839753	0.837832	0.835918
3	0.772183	0.769533	0.766895	0.764268
4	0.708425	0.705185	0.701963	0.698760
5	0.649931	0.646218	0.642529	0.638866
6	0.596267	0.592181	0.588127	0.584106
7	0.547034	0.542663	0.538332	0.534040
8	0.501866	0.497286	0.492752	0.488265
9	0.460428	0.455703	0.451032	0.446414
10	0.422411	0.417597	0.412844	0.408150
11	0.387533	0.382678	0.377889	0.373165
12	0.355535	0.350678	0.345894	0.341180
13	0.326179	0.321355	0.316608	0.311936
14	0.299246	0.294483	0.289801	0.285198
15	0.274538	0.269859	0.265264	0.260753
16	0.251870	0.247293	0.242805	0.238403
17	0.231073	0.226614	0.222247	0.217968
18	0.211994	0.207665	0.203430	0.199285
19	0.194490	0.190300	0.186206	0.182204
20	0.178431	0.174387	0.170440	0.166586
21	0.163698	0.159805	0.156009	0.152307
22	0.150182	0.146442	0.142800	0.139252
23	0.137781	0.134197	0.130709	0.127316
24	0.126405	0.122975	0.119642	0.116404
25	0.115968	0.112692	0.109513	0.106426
26	0.106393	0.103269	0.100240	0.097304
27	0.097608	0.094634	0.091753	0.088964
28	0.089548	0.086720	0.083985	0.081338
29	0.082155	0.079469	0.076874	0.074366
30	0.075371	0.072824	0.070365	0.067992

Factor del Valor Presente Anual

	Tasa de Descuento			
Años	**9.500%**	**9.625%**	**9.750%**	**9.875%**
1	0.913242	0.912201	0.911162	0.910125
2	0.834011	0.832110	0.830216	0.828328
3	0.761654	0.759051	0.756461	0.753882
4	0.695574	0.692407	0.689258	0.686127
5	0.635228	0.631614	0.628026	0.624461
6	0.580117	0.576159	0.572233	0.568338
7	0.529787	0.525573	0.521397	0.517259
8	0.483824	0.479428	0.475077	0.470770
9	0.441848	0.437334	0.432872	0.428460
10	0.403514	0.398937	0.394416	0.389952
11	0.368506	0.363910	0.359377	0.354905
12	0.336535	0.331959	0.327450	0.323008
13	0.307338	0.302813	0.298360	0.293978
14	0.280674	0.276227	0.271855	0.267557
15	0.256323	0.251974	0.247703	0.243510
16	0.234085	0.229851	0.225698	0.221625
17	0.213777	0.209670	0.205647	0.201706
18	0.195230	0.191261	0.187378	0.183578
19	0.178292	0.174469	0.170732	0.167079
20	0.162824	0.159150	0.155564	0.152063
21	0.148697	0.145177	0.141744	0.138396
22	0.135797	0.132431	0.129152	0.125958
23	0.124015	0.120803	0.117678	0.114637
24	0.113256	0.110197	0.107224	0.104334
25	0.103430	0.100522	0.097698	0.094957
26	0.094457	0.091696	0.089019	0.086423
27	0.086262	0.083645	0.081111	0.078656
28	0.078778	0.076301	0.073905	0.071587
29	0.071943	0.069602	0.067339	0.065153
30	0.065702	0.063491	0.061357	0.059297

Factor del Valor Presente Anual

	Tasa de Descuento			
Años	**10.000%**	**10.125%**	**10.250%**	**10.375%**
1	0.909091	0.908059	0.907029	0.906002
2	0.826446	0.824571	0.822702	0.820840
3	0.751315	0.748759	0.746215	0.743683
4	0.683013	0.679918	0.676839	0.673778
5	0.620921	0.617405	0.613913	0.610445
6	0.564474	0.560641	0.556837	0.553064
7	0.513158	0.509095	0.505068	0.501078
8	0.466507	0.462288	0.458112	0.453977
9	0.424098	0.419785	0.415521	0.411305
10	0.385543	0.381189	0.376889	0.372643
11	0.350494	0.346142	0.341850	0.337615
12	0.318631	0.314318	0.310068	0.305880
13	0.289664	0.285419	0.281241	0.277128
14	0.263331	0.259177	0.255094	0.251079
15	0.239392	0.235348	0.231377	0.227478
16	0.217629	0.213710	0.209866	0.206096
17	0.197845	0.194061	0.190355	0.186723
18	0.179859	0.176219	0.172657	0.169171
19	0.163508	0.160018	0.156605	0.153270
20	0.148644	0.145305	0.142046	0.138863
21	0.135131	0.131946	0.128840	0.125810
22	0.122846	0.119815	0.116861	0.113984
23	0.111678	0.108799	0.105997	0.103270
24	0.101526	0.098796	0.096142	0.093563
25	0.092296	0.089712	0.087204	0.084768
26	0.083905	0.081464	0.079096	0.076800
27	0.076278	0.073974	0.071743	0.069581
28	0.069343	0.067173	0.065073	0.063041
29	0.063039	0.060997	0.059023	0.057115
30	0.057309	0.055389	0.053536	0.051746

Factor del Valor Presente Anual

	Tasa de Descuento			
Años	**10.500%**	**10.625%**	**10.750%**	**10.875%**
1	0.904977	0.903955	0.902935	0.901917
2	0.818984	0.817134	0.815291	0.813454
3	0.741162	0.738652	0.736154	0.733667
4	0.670735	0.667708	0.664699	0.661707
5	0.607000	0.603578	0.600180	0.596804
6	0.549321	0.545607	0.541923	0.538268
7	0.497123	0.493204	0.489321	0.485472
8	0.449885	0.445835	0.441825	0.437856
9	0.407136	0.403014	0.398939	0.394909
10	0.368449	0.364307	0.360216	0.356175
11	0.333438	0.329317	0.325251	0.321240
12	0.301754	0.297687	0.293681	0.289732
13	0.273080	0.269096	0.265174	0.261314
14	0.247132	0.243251	0.239435	0.235683
15	0.223648	0.219888	0.216194	0.212567
16	0.202397	0.198768	0.195209	0.191718
17	0.183164	0.179678	0.176261	0.172913
18	0.165760	0.162421	0.159152	0.155953
19	0.150009	0.146821	0.143704	0.140657
20	0.135755	0.132719	0.129755	0.126861
21	0.122855	0.119972	0.117161	0.114418
22	0.111181	0.108450	0.105788	0.103195
23	0.100616	0.098033	0.095520	0.093074
24	0.091055	0.088618	0.086248	0.083945
25	0.082403	0.080107	0.077877	0.075711
26	0.074573	0.072413	0.070317	0.068285
27	0.067487	0.065458	0.063492	0.061587
28	0.061074	0.059171	0.057329	0.055547
29	0.055271	0.053488	0.051764	0.050098
30	0.050019	0.048351	0.046740	0.045185

Factor del Valor Presente Anual

Años	Tasa de Descuento			
	11.000%	**11.125%**	**11.250%**	**11.375%**
1	0.900901	0.899888	0.898876	0.897868
2	0.811622	0.809798	0.807979	0.806166
3	0.731191	0.728727	0.726273	0.723830
4	0.658731	0.655772	0.652830	0.649904
5	0.593451	0.590121	0.586813	0.583528
6	0.534641	0.531043	0.527473	0.523931
7	0.481658	0.477879	0.474133	0.470420
8	0.433926	0.430037	0.426187	0.422375
9	0.390925	0.386985	0.383089	0.379237
10	0.352184	0.348243	0.344350	0.340504
11	0.317283	0.313379	0.309528	0.305728
12	0.285841	0.282006	0.278227	0.274503
13	0.257514	0.253774	0.250092	0.246468
14	0.231995	0.228368	0.224802	0.221295
15	0.209004	0.205505	0.202069	0.198694
16	0.188292	0.184932	0.181635	0.178401
17	0.169633	0.166418	0.163267	0.160180
18	0.152822	0.149757	0.146757	0.143821
19	0.137678	0.134765	0.131917	0.129132
20	0.124034	0.121273	0.118577	0.115943
21	0.111742	0.109132	0.106586	0.104102
22	0.100669	0.098207	0.095808	0.093470
23	0.090693	0.088375	0.086119	0.083923
24	0.081705	0.079528	0.077410	0.075352
25	0.073608	0.071566	0.069582	0.067656
26	0.066314	0.064401	0.062546	0.060746
27	0.059742	0.057954	0.056221	0.054542
28	0.053822	0.052152	0.050536	0.048972
29	0.048488	0.046931	0.045425	0.043970
30	0.043683	0.042232	0.040832	0.039479

Factor del Valor Presente Anual

Años	Tasa de Descuento			
	11.500%	11.625%	11.750%	11.875%
1	0.896861	0.895857	0.894855	0.893855
2	0.804360	0.802559	0.800765	0.798976
3	0.721399	0.718978	0.716568	0.714169
4	0.646994	0.644101	0.641224	0.638363
5	0.580264	0.577022	0.573802	0.570604
6	0.520416	0.516929	0.513470	0.510037
7	0.466741	0.463095	0.459481	0.455899
8	0.418602	0.414866	0.411168	0.407508
9	0.375428	0.371661	0.367936	0.364253
10	0.336706	0.332955	0.329249	0.325589
11	0.301979	0.298280	0.294630	0.291029
12	0.270833	0.267216	0.263651	0.260138
13	0.242900	0.239387	0.235929	0.232525
14	0.217847	0.214457	0.211123	0.207844
15	0.195379	0.192122	0.188924	0.185782
16	0.175227	0.172114	0.169059	0.166062
17	0.157155	0.154190	0.151284	0.148436
18	0.140946	0.138132	0.135377	0.132680
19	0.126409	0.123746	0.121143	0.118597
20	0.113371	0.110859	0.108405	0.106008
21	0.101678	0.099314	0.097007	0.094756
22	0.091191	0.088971	0.086807	0.084698
23	0.081786	0.079705	0.077680	0.075708
24	0.073351	0.071404	0.069512	0.067672
25	0.065785	0.063968	0.062203	0.060489
26	0.059000	0.057306	0.055663	0.054068
27	0.052915	0.051338	0.049810	0.048329
28	0.047457	0.045992	0.044573	0.043199
29	0.042563	0.041202	0.039886	0.038614
30	0.038173	0.036911	0.035692	0.034515

Factor del Valor Presente Anual

Años	Tasa de Descuento			
	12.000%	**12.125%**	**12.250%**	**12.375%**
1	0.892857	0.891862	0.890869	0.889878
2	0.797194	0.795417	0.793647	0.791882
3	0.711780	0.709402	0.707035	0.704678
4	0.635518	0.632689	0.629875	0.627077
5	0.567427	0.564271	0.561136	0.558022
6	0.506631	0.503252	0.499899	0.496571
7	0.452349	0.448831	0.445344	0.441888
8	0.403883	0.400295	0.396743	0.393226
9	0.360610	0.357008	0.353446	0.349923
10	0.321973	0.318402	0.314874	0.311389
11	0.287476	0.283970	0.280511	0.277098
12	0.256675	0.253262	0.249899	0.246583
13	0.229174	0.225875	0.222627	0.219429
14	0.204620	0.201449	0.198331	0.195265
15	0.182696	0.179665	0.176687	0.173762
16	0.163122	0.160236	0.157405	0.154627
17	0.145644	0.142909	0.140227	0.137599
18	0.130040	0.127455	0.124924	0.122446
19	0.116107	0.113672	0.111291	0.108962
20	0.103667	0.101380	0.099145	0.096963
21	0.092560	0.090417	0.088326	0.086285
22	0.082643	0.080639	0.078687	0.076783
23	0.073788	0.071919	0.070099	0.068328
24	0.065882	0.064142	0.062449	0.060803
25	0.058823	0.057206	0.055634	0.054107
26	0.052521	0.051019	0.049563	0.048149
27	0.046894	0.045502	0.044154	0.042847
28	0.041869	0.040582	0.039335	0.038128
29	0.037383	0.036193	0.035043	0.033930
30	0.033378	0.032279	0.031218	0.030193

Factor del Valor Presente Anual

	Tasa de Descuento			
Años	**12.500%**	**12.625%**	**12.750%**	**12.875%**
1	0.888889	0.887902	0.886918	0.885936
2	0.790123	0.788371	0.786623	0.784882
3	0.702332	0.699996	0.697670	0.695355
4	0.624295	0.621528	0.618776	0.616040
5	0.554929	0.551856	0.548804	0.545772
6	0.493270	0.489994	0.486744	0.483519
7	0.438462	0.435067	0.431702	0.428367
8	0.389744	0.386297	0.382884	0.379505
9	0.346439	0.342994	0.339587	0.336217
10	0.307946	0.304545	0.301186	0.297867
11	0.273730	0.270407	0.267127	0.263891
12	0.243315	0.240095	0.236920	0.233790
13	0.216280	0.213181	0.210128	0.207123
14	0.192249	0.189283	0.186367	0.183498
15	0.170888	0.168065	0.165292	0.162567
16	0.151901	0.149226	0.146600	0.144024
17	0.135023	0.132498	0.130023	0.127596
18	0.120020	0.117645	0.115319	0.113042
19	0.106685	0.104457	0.102279	0.100148
20	0.094831	0.092748	0.090713	0.088725
21	0.084294	0.082351	0.080455	0.078604
22	0.074928	0.073120	0.071357	0.069638
23	0.066603	0.064923	0.063288	0.061695
24	0.059202	0.057645	0.056131	0.054658
25	0.052624	0.051183	0.049784	0.048423
26	0.046777	0.045446	0.044154	0.042900
27	0.041580	0.040352	0.039161	0.038007
28	0.036960	0.035828	0.034733	0.033672
29	0.032853	0.031812	0.030805	0.029831
30	0.029203	0.028246	0.027321	0.026428

Factor del Valor Presente Anual

	Tasa de Descuento			
Años	**13.000%**	**13.125%**	**13.250%**	**13.375%**
1	0.884956	0.883978	0.883002	0.882029
2	0.783147	0.781417	0.779693	0.777975
3	0.693050	0.690755	0.688471	0.686196
4	0.613319	0.610612	0.607921	0.605244
5	0.542760	0.539768	0.536796	0.533843
6	0.480319	0.477143	0.473992	0.470865
7	0.425061	0.421784	0.418536	0.415316
8	0.376160	0.372848	0.369568	0.366321
9	0.332885	0.329589	0.326329	0.323105
10	0.294588	0.291349	0.288150	0.284988
11	0.260698	0.257546	0.254437	0.251368
12	0.230706	0.227665	0.224668	0.221714
13	0.204165	0.201251	0.198382	0.195558
14	0.180677	0.177902	0.175172	0.172488
15	0.159891	0.157261	0.154677	0.152139
16	0.141496	0.139015	0.136580	0.134191
17	0.125218	0.122886	0.120601	0.118360
18	0.110812	0.108629	0.106491	0.104397
19	0.098064	0.096026	0.094032	0.092081
20	0.086782	0.084884	0.083030	0.081218
21	0.076798	0.075036	0.073316	0.071637
22	0.067963	0.066330	0.064738	0.063186
23	0.060144	0.058634	0.057164	0.055732
24	0.053225	0.051832	0.050476	0.049157
25	0.047102	0.045818	0.044570	0.043358
26	0.041683	0.040502	0.039356	0.038243
27	0.036888	0.035803	0.034751	0.033731
28	0.032644	0.031649	0.030685	0.029752
29	0.028889	0.027977	0.027095	0.026242
30	0.025565	0.024731	0.023925	0.023146

Factor del Valor Presente Anual

Años	Tasa de Descuento			
	13.500%	13.625%	13.750%	13.875%
1	0.881057	0.880088	0.879121	0.878156
2	0.776262	0.774555	0.772854	0.771158
3	0.683931	0.681676	0.679432	0.677197
4	0.602583	0.599935	0.597303	0.594684
5	0.530910	0.527996	0.525101	0.522225
6	0.467762	0.464683	0.461627	0.458595
7	0.412125	0.408962	0.405826	0.402718
8	0.363106	0.359922	0.356770	0.353649
9	0.319917	0.316763	0.313644	0.310559
10	0.281865	0.278780	0.275731	0.272719
11	0.248339	0.245351	0.242401	0.239490
12	0.218801	0.215930	0.213100	0.210310
13	0.192776	0.190038	0.187341	0.184685
14	0.169847	0.167250	0.164695	0.162182
15	0.149645	0.147194	0.144787	0.142421
16	0.131846	0.129544	0.127285	0.125068
17	0.116164	0.114010	0.111899	0.109829
18	0.102347	0.100339	0.098373	0.096447
19	0.090173	0.088307	0.086482	0.084696
20	0.079448	0.077718	0.076028	0.074376
21	0.069998	0.068399	0.066838	0.065314
22	0.061672	0.060197	0.058758	0.057356
23	0.054337	0.052979	0.051656	0.050367
24	0.047874	0.046626	0.045412	0.044230
25	0.042180	0.041035	0.039922	0.038841
26	0.037163	0.036114	0.035096	0.034108
27	0.032742	0.031784	0.030854	0.029953
28	0.028848	0.027972	0.027124	0.026303
29	0.025417	0.024618	0.023846	0.023098
30	0.022394	0.021666	0.020963	0.020284

Factor del Valor Presente Anual

	Tasa de Descuento			
Años	**14.000%**	**14.125%**	**14.250%**	**14.375%**
1	0.877193	0.876232	0.875274	0.874317
2	0.769468	0.767783	0.766104	0.764430
3	0.674972	0.672756	0.670550	0.668354
4	0.592080	0.589491	0.586915	0.584353
5	0.519369	0.516531	0.513711	0.510910
6	0.455587	0.452601	0.449638	0.446697
7	0.399637	0.396583	0.393556	0.390555
8	0.350559	0.347499	0.344469	0.341469
9	0.307508	0.304490	0.301505	0.298552
10	0.269744	0.266804	0.263899	0.261029
11	0.236617	0.233782	0.230984	0.228222
12	0.207559	0.204847	0.202174	0.199539
13	0.182069	0.179494	0.176958	0.174460
14	0.159710	0.157278	0.154886	0.152533
15	0.140096	0.137812	0.135568	0.133362
16	0.122892	0.120756	0.118659	0.116601
17	0.107800	0.105810	0.103859	0.101946
18	0.094561	0.092714	0.090905	0.089133
19	0.082948	0.081239	0.079567	0.077931
20	0.072762	0.071184	0.069643	0.068136
21	0.063826	0.062374	0.060956	0.059573
22	0.055988	0.054654	0.053354	0.052085
23	0.049112	0.047890	0.046699	0.045539
24	0.043081	0.041962	0.040874	0.039816
25	0.037790	0.036769	0.035776	0.034811
26	0.033149	0.032218	0.031314	0.030436
27	0.029078	0.028231	0.027408	0.026611
28	0.025507	0.024736	0.023990	0.023266
29	0.022375	0.021675	0.020998	0.020342
30	0.019627	0.018992	0.018379	0.017786

Factor del Valor Presente Anual

	Tasa de Descuento			
Años	**14.500%**	**14.625%**	**14.750%**	**14.875%**
1	0.873362	0.872410	0.871460	0.870511
2	0.762762	0.761099	0.759442	0.757790
3	0.666168	0.663991	0.661823	0.659665
4	0.581806	0.579272	0.576752	0.574246
5	0.508127	0.505363	0.502616	0.499888
6	0.443779	0.440884	0.438010	0.435158
7	0.387580	0.384631	0.381708	0.378810
8	0.338498	0.335556	0.332643	0.329758
9	0.295631	0.292743	0.289885	0.287058
10	0.258193	0.255392	0.252623	0.249888
11	0.225496	0.222806	0.220151	0.217530
12	0.196940	0.194378	0.191853	0.189362
13	0.172000	0.169578	0.167192	0.164842
14	0.150218	0.147941	0.145701	0.143497
15	0.131195	0.129065	0.126972	0.124916
16	0.114581	0.112598	0.110651	0.108741
17	0.100071	0.098232	0.096428	0.094660
18	0.087398	0.085698	0.084033	0.082403
19	0.076330	0.074764	0.073232	0.071732
20	0.066664	0.065225	0.063818	0.062444
21	0.058222	0.056903	0.055615	0.054358
22	0.050849	0.049643	0.048466	0.047319
23	0.044409	0.043309	0.042237	0.041192
24	0.038785	0.037783	0.036807	0.035858
25	0.033874	0.032962	0.032076	0.031215
26	0.029584	0.028757	0.027953	0.027173
27	0.025838	0.025088	0.024360	0.023654
28	0.022566	0.021887	0.021229	0.020591
29	0.019708	0.019094	0.018500	0.017925
30	0.017212	0.016658	0.016122	0.015604

Factor del Valor Presente Anual

Años	Tasa de Descuento			
	15.000%	**15.125%**	**15.250%**	**15.375%**
1	0.869565	0.868621	0.867679	0.866739
2	0.756144	0.754503	0.752867	0.751236
3	0.657516	0.655377	0.653247	0.651126
4	0.571753	0.569274	0.566808	0.564356
5	0.497177	0.494483	0.491808	0.489149
6	0.432328	0.429519	0.426731	0.423965
7	0.375937	0.373089	0.370266	0.367467
8	0.326902	0.324073	0.321272	0.318498
9	0.284262	0.281497	0.278761	0.276054
10	0.247185	0.244514	0.241875	0.239267
11	0.214943	0.212390	0.209870	0.207382
12	0.186907	0.184486	0.182100	0.179746
13	0.162528	0.160249	0.158004	0.155793
14	0.141329	0.139195	0.137097	0.135032
15	0.122894	0.120908	0.118956	0.117037
16	0.106865	0.105023	0.103216	0.101441
17	0.092926	0.091225	0.089558	0.087923
18	0.080805	0.079240	0.077708	0.076206
19	0.070265	0.068830	0.067425	0.066051
20	0.061100	0.059787	0.058503	0.057249
21	0.053131	0.051932	0.050762	0.049620
22	0.046201	0.045109	0.044045	0.043007
23	0.040174	0.039183	0.038217	0.037276
24	0.034934	0.034035	0.033160	0.032309
25	0.030378	0.029564	0.028772	0.028003
26	0.026415	0.025680	0.024965	0.024271
27	0.022970	0.022306	0.021662	0.021037
28	0.019974	0.019375	0.018795	0.018234
29	0.017369	0.016830	0.016308	0.015804
30	0.015103	0.014619	0.014151	0.013698

Factor del Valor Presente Anual

	Tasa de Descuento			
Años	**15.500%**	**15.625%**	**15.750%**	**15.875%**
1	0.865801	0.864865	0.863931	0.862999
2	0.749611	0.747991	0.746377	0.744767
3	0.649014	0.646911	0.644818	0.642733
4	0.561917	0.559491	0.557078	0.554678
5	0.486508	0.483884	0.481277	0.478687
6	0.421219	0.418494	0.415790	0.413106
7	0.364692	0.361941	0.359214	0.356510
8	0.315751	0.313030	0.310336	0.307668
9	0.273377	0.270729	0.268109	0.265517
10	0.236690	0.234144	0.231627	0.229141
11	0.204927	0.202503	0.200110	0.197748
12	0.177426	0.175137	0.172881	0.170657
13	0.153615	0.151470	0.149357	0.147276
14	0.133000	0.131001	0.129035	0.127099
15	0.115152	0.113298	0.111477	0.109687
16	0.099698	0.097988	0.096308	0.094659
17	0.086319	0.084746	0.083204	0.081691
18	0.074735	0.073294	0.071882	0.070499
19	0.064706	0.063389	0.062101	0.060841
20	0.056022	0.054823	0.053651	0.052506
21	0.048504	0.047415	0.046351	0.045312
22	0.041995	0.041007	0.040044	0.039104
23	0.036359	0.035466	0.034595	0.033747
24	0.031480	0.030673	0.029888	0.029124
25	0.027255	0.026528	0.025821	0.025134
26	0.023598	0.022943	0.022308	0.021690
27	0.020431	0.019843	0.019272	0.018719
28	0.017689	0.017161	0.016650	0.016154
29	0.015315	0.014842	0.014384	0.013941
30	0.013260	0.012837	0.012427	0.012031

Factor del Valor Presente Anual

	Tasa de Descuento			
Años	**16.000%**	**16.125%**	**16.250%**	**16.375%**
1	0.862069	0.861141	0.860215	0.859291
2	0.743163	0.741564	0.739970	0.738381
3	0.640658	0.638591	0.636533	0.634484
4	0.552291	0.549917	0.547556	0.545207
5	0.476113	0.473556	0.471015	0.468491
6	0.410442	0.407799	0.405175	0.402570
7	0.353830	0.351172	0.348537	0.345925
8	0.305025	0.302409	0.299817	0.297250
9	0.262953	0.260416	0.257907	0.255425
10	0.226684	0.224255	0.221856	0.219484
11	0.195417	0.193115	0.190844	0.188601
12	0.168463	0.166300	0.164166	0.162063
13	0.145227	0.143207	0.141218	0.139259
14	0.125195	0.123322	0.121478	0.119664
15	0.107927	0.106197	0.104497	0.102826
16	0.093041	0.091451	0.089890	0.088358
17	0.080207	0.078752	0.077325	0.075925
18	0.069144	0.067817	0.066516	0.065242
19	0.059607	0.058400	0.057218	0.056062
20	0.051385	0.050290	0.049220	0.048173
21	0.044298	0.043307	0.042340	0.041395
22	0.038188	0.037294	0.036421	0.035570
23	0.032920	0.032115	0.031330	0.030565
24	0.028380	0.027656	0.026951	0.026264
25	0.024465	0.023815	0.023183	0.022569
26	0.021091	0.020508	0.019943	0.019393
27	0.018182	0.017661	0.017155	0.016664
28	0.015674	0.015208	0.014757	0.014320
29	0.013512	0.013096	0.012694	0.012305
30	0.011648	0.011278	0.010920	0.010573

Factor del Valor Presente Anual

Años	Tasa de Descuento			
	16.500%	**16.625%**	**16.750%**	**16.875%**
1	0.858369	0.857449	0.856531	0.855615
2	0.736798	0.735219	0.733645	0.732077
3	0.632444	0.630413	0.628390	0.626376
4	0.542871	0.540547	0.538236	0.535937
5	0.465983	0.463491	0.461016	0.458555
6	0.399986	0.397420	0.394874	0.392347
7	0.343335	0.340768	0.338222	0.335698
8	0.294708	0.292191	0.289698	0.287228
9	0.252969	0.250539	0.248135	0.245757
10	0.217140	0.214824	0.212535	0.210273
11	0.186387	0.184201	0.182043	0.179913
12	0.159989	0.157943	0.155926	0.153936
13	0.137329	0.135428	0.133555	0.131710
14	0.117879	0.116123	0.114394	0.112693
15	0.101184	0.099569	0.097982	0.096422
16	0.086853	0.085376	0.083925	0.082500
17	0.074552	0.073205	0.071884	0.070588
18	0.063993	0.062770	0.061571	0.060396
19	0.054930	0.053822	0.052737	0.051676
20	0.047150	0.046149	0.045171	0.044215
21	0.040472	0.039571	0.038691	0.037831
22	0.034740	0.033930	0.033140	0.032369
23	0.029820	0.029093	0.028385	0.027695
24	0.025596	0.024946	0.024313	0.023696
25	0.021971	0.021390	0.020825	0.020275
26	0.018859	0.018341	0.017837	0.017348
27	0.016188	0.015726	0.015278	0.014843
28	0.013895	0.013484	0.013086	0.012700
29	0.011927	0.011562	0.011209	0.010866
30	0.010238	0.009914	0.009600	0.009297

Factor del Valor Presente Anual

	Tasa de Descuento			
Años	**17.000%**	**17.125%**	**17.250%**	**17.375%**
1	0.854701	0.853789	0.852878	0.851970
2	0.730514	0.728955	0.727402	0.725853
3	0.624371	0.622374	0.620385	0.618405
4	0.533650	0.531376	0.529113	0.526863
5	0.456111	0.453682	0.451269	0.448871
6	0.389839	0.387349	0.384878	0.382425
7	0.333195	0.330714	0.328254	0.325815
8	0.284782	0.282360	0.279961	0.277584
9	0.243404	0.241076	0.238773	0.236494
10	0.208037	0.205828	0.203644	0.201486
11	0.177810	0.175733	0.173684	0.171660
12	0.151974	0.150039	0.148131	0.146249
13	0.129892	0.128102	0.126338	0.124600
14	0.111019	0.109372	0.107751	0.106155
15	0.094888	0.093380	0.091898	0.090441
16	0.081101	0.079727	0.078378	0.077053
17	0.069317	0.068070	0.066847	0.065647
18	0.059245	0.058118	0.057012	0.055929
19	0.050637	0.049620	0.048625	0.047650
20	0.043280	0.042365	0.041471	0.040596
21	0.036991	0.036171	0.035370	0.034587
22	0.031616	0.030882	0.030166	0.029467
23	0.027022	0.026367	0.025728	0.025105
24	0.023096	0.022512	0.021943	0.021389
25	0.019740	0.019220	0.018715	0.018223
26	0.016872	0.016410	0.015961	0.015525
27	0.014421	0.014011	0.013613	0.013227
28	0.012325	0.011962	0.011610	0.011269
29	0.010534	0.010213	0.009902	0.009601
30	0.009004	0.008720	0.008445	0.008180

Factor del Valor Presente Anual

Años	Tasa de Descuento			
	17.500%	**17.625%**	**17.750%**	**17.875%**
1	0.851064	0.850159	0.849257	0.848356
2	0.724310	0.722771	0.721237	0.719708
3	0.616434	0.614471	0.612516	0.610569
4	0.524624	0.522398	0.520183	0.517980
5	0.446489	0.444122	0.441769	0.439432
6	0.379991	0.377574	0.375176	0.372795
7	0.323396	0.320998	0.318620	0.316263
8	0.275231	0.272900	0.270591	0.268304
9	0.234239	0.232008	0.229801	0.227617
10	0.199352	0.197244	0.195160	0.193100
11	0.169662	0.167689	0.165741	0.163818
12	0.144393	0.142562	0.140757	0.138976
13	0.122888	0.121201	0.119539	0.117901
14	0.104585	0.103040	0.101519	0.100022
15	0.089009	0.087600	0.086216	0.084854
16	0.075752	0.074474	0.073219	0.071987
17	0.064470	0.063315	0.062182	0.061070
18	0.054868	0.053828	0.052808	0.051809
19	0.046696	0.045762	0.044848	0.043953
20	0.039741	0.038905	0.038087	0.037288
21	0.033822	0.033076	0.032346	0.031633
22	0.028785	0.028120	0.027470	0.026836
23	0.024498	0.023906	0.023329	0.022767
24	0.020849	0.020324	0.019812	0.019314
25	0.017744	0.017279	0.016826	0.016385
26	0.015101	0.014690	0.014289	0.013901
27	0.012852	0.012488	0.012135	0.011793
28	0.010938	0.010617	0.010306	0.010004
29	0.009309	0.009026	0.008753	0.008487
30	0.007923	0.007674	0.007433	0.007200

Factor del Valor Presente Anual

	Tasa de Descuento			
Años	**18.000%**	**18.125%**	**18.250%**	**18.375%**
1	0.847458	0.846561	0.845666	0.844773
2	0.718184	0.716665	0.715151	0.713641
3	0.608631	0.606701	0.604779	0.602865
4	0.515789	0.513609	0.511441	0.509284
5	0.437109	0.434801	0.432508	0.430229
6	0.370432	0.368086	0.365757	0.363446
7	0.313925	0.311607	0.309309	0.307029
8	0.266038	0.263794	0.261572	0.259370
9	0.225456	0.223318	0.221202	0.219109
10	0.191064	0.189052	0.187063	0.185097
11	0.161919	0.160044	0.158193	0.156365
12	0.137220	0.135487	0.133778	0.132093
13	0.116288	0.114698	0.113132	0.111589
14	0.098549	0.097099	0.095672	0.094267
15	0.083516	0.082200	0.080906	0.079634
16	0.070776	0.069587	0.068420	0.067273
17	0.059980	0.058910	0.057860	0.056830
18	0.050830	0.049871	0.048930	0.048009
19	0.043077	0.042219	0.041379	0.040556
20	0.036506	0.035741	0.034993	0.034261
21	0.030937	0.030257	0.029592	0.028943
22	0.026218	0.025614	0.025025	0.024450
23	0.022218	0.021684	0.021163	0.020655
24	0.018829	0.018357	0.017897	0.017449
25	0.015957	0.015540	0.015135	0.014740
26	0.013523	0.013156	0.012799	0.012452
27	0.011460	0.011137	0.010824	0.010519
28	0.009712	0.009428	0.009153	0.008886
29	0.008230	0.007982	0.007740	0.007507
30	0.006975	0.006757	0.006546	0.006342

Factor del Valor Presente Anual

	Tasa de Descuento			
Años	**18.500%**	**18.625%**	**18.750%**	**18.875%**
1	0.843882	0.842993	0.842105	0.841220
2	0.712137	0.710637	0.709141	0.707651
3	0.600959	0.599061	0.597172	0.595290
4	0.507139	0.505004	0.502881	0.500770
5	0.427965	0.425715	0.423479	0.421257
6	0.361152	0.358875	0.356614	0.354370
7	0.304770	0.302529	0.300306	0.298103
8	0.257189	0.255029	0.252890	0.250770
9	0.217038	0.214988	0.212960	0.210953
10	0.183154	0.181233	0.179334	0.177458
11	0.154560	0.152778	0.151019	0.149281
12	0.130431	0.128791	0.127173	0.125578
13	0.110068	0.108570	0.107093	0.105639
14	0.092884	0.091524	0.090184	0.088865
15	0.078384	0.077154	0.075944	0.074755
16	0.066146	0.065040	0.063953	0.062886
17	0.055820	0.054828	0.053855	0.052901
18	0.047105	0.046220	0.045352	0.044501
19	0.039751	0.038963	0.038191	0.037435
20	0.033545	0.032845	0.032161	0.031491
21	0.028308	0.027688	0.027083	0.026491
22	0.023889	0.023341	0.022807	0.022285
23	0.020159	0.019676	0.019206	0.018746
24	0.017012	0.016587	0.016173	0.015770
25	0.014356	0.013983	0.013619	0.013266
26	0.012115	0.011787	0.011469	0.011160
27	0.010224	0.009937	0.009658	0.009388
28	0.008628	0.008377	0.008133	0.007897
29	0.007281	0.007061	0.006849	0.006643
30	0.006144	0.005953	0.005768	0.005588

Factor del Valor Presente Anual

Años	Tasa de Descuento			
	19.000%	**19.125%**	**19.250%**	**19.375%**
1	0.840336	0.839454	0.838574	0.837696
2	0.706165	0.704684	0.703207	0.701735
3	0.593416	0.591550	0.589691	0.587841
4	0.498669	0.496579	0.494500	0.492432
5	0.419049	0.416855	0.414675	0.412509
6	0.352142	0.349931	0.347736	0.345557
7	0.295918	0.293751	0.291603	0.289472
8	0.248671	0.246591	0.244530	0.242489
9	0.208967	0.207002	0.205057	0.203133
10	0.175602	0.173768	0.171956	0.170163
11	0.147565	0.145871	0.144198	0.142545
12	0.124004	0.122452	0.120920	0.119410
13	0.104205	0.102793	0.101401	0.100029
14	0.087567	0.086290	0.085032	0.083794
15	0.073586	0.072436	0.071306	0.070194
16	0.061837	0.060807	0.059795	0.058801
17	0.051964	0.051045	0.050143	0.049258
18	0.043667	0.042850	0.042048	0.041263
19	0.036695	0.035970	0.035261	0.034566
20	0.030836	0.030195	0.029569	0.028956
21	0.025913	0.025348	0.024796	0.024256
22	0.021775	0.021278	0.020793	0.020319
23	0.018299	0.017862	0.017436	0.017021
24	0.015377	0.014994	0.014622	0.014259
25	0.012922	0.012587	0.012261	0.011944
26	0.010859	0.010566	0.010282	0.010006
27	0.009125	0.008870	0.008622	0.008382
28	0.007668	0.007446	0.007230	0.007021
29	0.006444	0.006251	0.006063	0.005882
30	0.005415	0.005247	0.005085	0.004927

Factor del Valor Presente Anual

	Tasa de Descuento			
Años	**19.500%**	**19.625%**	**19.750%**	**19.875%**
1	0.836820	0.835946	0.835073	0.834202
2	0.700268	0.698805	0.697347	0.695893
3	0.585998	0.584163	0.582336	0.580516
4	0.490375	0.488329	0.486293	0.484268
5	0.410356	0.408216	0.406090	0.403977
6	0.343394	0.341247	0.339115	0.336999
7	0.287359	0.285264	0.283186	0.281125
8	0.240468	0.238465	0.236481	0.234515
9	0.201228	0.199344	0.197479	0.195633
10	0.168392	0.166640	0.164909	0.163198
11	0.140914	0.139302	0.137711	0.136140
12	0.117919	0.116449	0.114999	0.113568
13	0.098677	0.097345	0.096032	0.094739
14	0.082575	0.081375	0.080194	0.079031
15	0.069101	0.068025	0.066968	0.065928
16	0.057825	0.056865	0.055923	0.054997
17	0.048389	0.047536	0.046700	0.045879
18	0.040493	0.039738	0.038998	0.038272
19	0.033885	0.033219	0.032566	0.031927
20	0.028356	0.027769	0.027195	0.026633
21	0.023729	0.023213	0.022710	0.022218
22	0.019857	0.019405	0.018964	0.018534
23	0.016616	0.016222	0.015837	0.015461
24	0.013905	0.013560	0.013225	0.012898
25	0.011636	0.011336	0.011044	0.010759
26	0.009737	0.009476	0.009222	0.008975
27	0.008148	0.007921	0.007701	0.007487
28	0.006819	0.006622	0.006431	0.006246
29	0.005706	0.005536	0.005370	0.005210
30	0.004775	0.004627	0.004485	0.004347

Factor del Valor Presente Anual

	Tasa de Descuento			
Años	**20.000%**	**20.125%**	**20.250%**	**20.375%**
1	0.833333	0.832466	0.831601	0.830737
2	0.694444	0.693000	0.691560	0.690124
3	0.578704	0.576899	0.575102	0.573312
4	0.482253	0.480249	0.478255	0.476272
5	0.401878	0.399791	0.397717	0.395657
6	0.334898	0.332812	0.330742	0.328687
7	0.279082	0.277055	0.275045	0.273052
8	0.232568	0.230639	0.228728	0.226835
9	0.193807	0.191999	0.190210	0.188440
10	0.161506	0.159833	0.158179	0.156544
11	0.134588	0.133055	0.131542	0.130047
12	0.112157	0.110764	0.109390	0.108035
13	0.093464	0.092207	0.090969	0.089749
14	0.077887	0.076760	0.075650	0.074558
15	0.064905	0.063900	0.062911	0.061938
16	0.054088	0.053194	0.052316	0.051454
17	0.045073	0.044283	0.043506	0.042745
18	0.037561	0.036864	0.036180	0.035510
19	0.031301	0.030688	0.030087	0.029499
20	0.026084	0.025547	0.025021	0.024506
21	0.021737	0.021267	0.020807	0.020358
22	0.018114	0.017704	0.017303	0.016912
23	0.015095	0.014738	0.014389	0.014050
24	0.012579	0.012269	0.011966	0.011672
25	0.010483	0.010213	0.009951	0.009696
26	0.008735	0.008502	0.008275	0.008055
27	0.007280	0.007078	0.006882	0.006691
28	0.006066	0.005892	0.005723	0.005559
29	0.005055	0.004905	0.004759	0.004618
30	0.004213	0.004083	0.003958	0.003836

Factor del Valor Presente Anual

Años	Tasa de Descuento			
	20.500%	**20.625%**	**20.750%**	**20.875%**
1	0.829876	0.829016	0.828157	0.827301
2	0.688693	0.687267	0.685845	0.684427
3	0.571530	0.569755	0.567987	0.566227
4	0.474299	0.472336	0.470383	0.468440
5	0.393609	0.391574	0.389551	0.387541
6	0.326646	0.324621	0.322610	0.320613
7	0.271076	0.269116	0.267171	0.265243
8	0.224959	0.223101	0.221260	0.219436
9	0.186688	0.184954	0.183238	0.181540
10	0.154928	0.153330	0.151750	0.150188
11	0.128571	0.127113	0.125673	0.124251
12	0.106698	0.105379	0.104077	0.102793
13	0.088546	0.087360	0.086192	0.085040
14	0.073482	0.072423	0.071381	0.070354
15	0.060981	0.060040	0.059114	0.058204
16	0.050607	0.049774	0.048956	0.048152
17	0.041997	0.041263	0.040543	0.039836
18	0.034852	0.034208	0.033576	0.032957
19	0.028923	0.028359	0.027806	0.027265
20	0.024003	0.023510	0.023028	0.022556
21	0.019919	0.019490	0.019071	0.018661
22	0.016530	0.016158	0.015794	0.015438
23	0.013718	0.013395	0.013080	0.012772
24	0.011384	0.011105	0.010832	0.010566
25	0.009448	0.009206	0.008971	0.008742
26	0.007840	0.007632	0.007429	0.007232
27	0.006507	0.006327	0.006152	0.005983
28	0.005400	0.005245	0.005095	0.004950
29	0.004481	0.004348	0.004220	0.004095
30	0.003719	0.003605	0.003495	0.003388

Factor del Valor Presente Anual

	Tasa de Descuento			
Años	**21.000%**	**21.125%**	**21.250%**	**21.375%**
1	0.826446	0.825593	0.824742	0.823893
2	0.683013	0.681604	0.680200	0.678800
3	0.564474	0.562728	0.560990	0.559258
4	0.466507	0.464585	0.462672	0.460769
5	0.385543	0.383558	0.381585	0.379624
6	0.318631	0.316663	0.314709	0.312770
7	0.263331	0.261435	0.259554	0.257689
8	0.217629	0.215839	0.214065	0.212308
9	0.179859	0.178195	0.176549	0.174919
10	0.148644	0.147117	0.145607	0.144114
11	0.122846	0.121459	0.120088	0.118735
12	0.101526	0.100275	0.099042	0.097825
13	0.083905	0.082787	0.081684	0.080597
14	0.069343	0.068348	0.067368	0.066403
15	0.057309	0.056428	0.055561	0.054709
16	0.047362	0.046586	0.045824	0.045075
17	0.039143	0.038461	0.037793	0.037137
18	0.032349	0.031754	0.031169	0.030597
19	0.026735	0.026215	0.025707	0.025208
20	0.022095	0.021643	0.021201	0.020769
21	0.018260	0.017869	0.017486	0.017111
22	0.015091	0.014752	0.014421	0.014098
23	0.012472	0.012179	0.011894	0.011615
24	0.010307	0.010055	0.009809	0.009570
25	0.008519	0.008301	0.008090	0.007884
26	0.007040	0.006854	0.006672	0.006496
27	0.005818	0.005658	0.005503	0.005352
28	0.004809	0.004671	0.004538	0.004409
29	0.003974	0.003857	0.003743	0.003633
30	0.003284	0.003184	0.003087	0.002993

Factor del Valor Presente Anual

Años	Tasa de Descuento			
	21.500%	**21.625%**	**21.750%**	**21.875%**
1	0.823045	0.822199	0.821355	0.820513
2	0.677404	0.676012	0.674624	0.673241
3	0.557534	0.555817	0.554106	0.552403
4	0.458876	0.456992	0.455118	0.453254
5	0.377675	0.375739	0.373814	0.371901
6	0.310844	0.308932	0.307034	0.305149
7	0.255839	0.254004	0.252184	0.250379
8	0.210567	0.208842	0.207132	0.205439
9	0.173306	0.171709	0.170129	0.168565
10	0.142639	0.141179	0.139737	0.138310
11	0.117398	0.116078	0.114773	0.113485
12	0.096624	0.095439	0.094270	0.093116
13	0.079526	0.078470	0.077429	0.076403
14	0.065453	0.064518	0.063597	0.062690
15	0.053871	0.053047	0.052235	0.051438
16	0.044338	0.043615	0.042904	0.042205
17	0.036492	0.035860	0.035239	0.034630
18	0.030035	0.029484	0.028944	0.028414
19	0.024720	0.024242	0.023773	0.023314
20	0.020346	0.019932	0.019526	0.019130
21	0.016746	0.016388	0.016038	0.015696
22	0.013782	0.013474	0.013173	0.012879
23	0.011343	0.011078	0.010820	0.010567
24	0.009336	0.009109	0.008887	0.008671
25	0.007684	0.007489	0.007299	0.007114
26	0.006324	0.006158	0.005995	0.005837
27	0.005205	0.005063	0.004924	0.004790
28	0.004284	0.004163	0.004045	0.003930
29	0.003526	0.003422	0.003322	0.003225
30	0.002902	0.002814	0.002729	0.002646

Factor del Valor Presente Anual

Años	Tasa de Descuento 22.000%	22.125%	22.250%	22.375%
1	0.819672	0.818833	0.817996	0.817160
2	0.671862	0.670488	0.669117	0.667751
3	0.550707	0.549018	0.547335	0.545660
4	0.451399	0.449554	0.447718	0.445891
5	0.369999	0.368110	0.366231	0.364365
6	0.303278	0.301420	0.299576	0.297745
7	0.248589	0.246813	0.245052	0.243305
8	0.203761	0.202099	0.200451	0.198819
9	0.167017	0.165485	0.163968	0.162467
10	0.136899	0.135505	0.134125	0.132762
11	0.112213	0.110956	0.109714	0.108488
12	0.091978	0.090854	0.089746	0.088652
13	0.075391	0.074394	0.073412	0.072443
14	0.061796	0.060917	0.060050	0.059197
15	0.050653	0.049881	0.049121	0.048374
16	0.041519	0.040844	0.040181	0.039529
17	0.034032	0.033444	0.032868	0.032302
18	0.027895	0.027385	0.026886	0.026396
19	0.022865	0.022424	0.021992	0.021569
20	0.018741	0.018362	0.017990	0.017626
21	0.015362	0.015035	0.014715	0.014403
22	0.012592	0.012311	0.012037	0.011770
23	0.010321	0.010081	0.009846	0.009618
24	0.008460	0.008254	0.008054	0.007859
25	0.006934	0.006759	0.006588	0.006422
26	0.005684	0.005535	0.005389	0.005248
27	0.004659	0.004532	0.004408	0.004288
28	0.003819	0.003711	0.003606	0.003504
29	0.003130	0.003039	0.002950	0.002864
30	0.002566	0.002488	0.002413	0.002340

Factor del Valor Presente Anual

Años	Tasa de Descuento			
	22.500%	**22.625%**	**22.750%**	**22.875%**
1	0.816327	0.815494	0.814664	0.813835
2	0.666389	0.665031	0.663677	0.662328
3	0.543991	0.542329	0.540674	0.539026
4	0.444074	0.442266	0.440468	0.438678
5	0.362510	0.360666	0.358833	0.357012
6	0.295926	0.294121	0.292328	0.290549
7	0.241572	0.239854	0.238149	0.236459
8	0.197202	0.195600	0.194012	0.192438
9	0.160981	0.159510	0.158054	0.156613
10	0.131413	0.130080	0.128761	0.127457
11	0.107276	0.106079	0.104897	0.103729
12	0.087572	0.086507	0.085456	0.084418
13	0.071488	0.070546	0.069618	0.068703
14	0.058357	0.057530	0.056715	0.055913
15	0.047639	0.046915	0.046204	0.045504
16	0.038889	0.038259	0.037641	0.037033
17	0.031746	0.031200	0.030664	0.030138
18	0.025915	0.025444	0.024981	0.024528
19	0.021155	0.020749	0.020351	0.019961
20	0.017269	0.016921	0.016579	0.016245
21	0.014098	0.013799	0.013507	0.013221
22	0.011508	0.011253	0.011003	0.010760
23	0.009394	0.009177	0.008964	0.008757
24	0.007669	0.007483	0.007303	0.007126
25	0.006260	0.006103	0.005949	0.005800
26	0.005110	0.004977	0.004847	0.004720
27	0.004172	0.004059	0.003948	0.003841
28	0.003406	0.003310	0.003217	0.003126
29	0.002780	0.002699	0.002620	0.002544
30	0.002269	0.002201	0.002135	0.002071

Factor del Valor Presente Anual

	Tasa de Descuento			
Años	**23.000%**	**23.125%**	**23.250%**	**23.375%**
1	0.813008	0.812183	0.811359	0.810537
2	0.660982	0.659641	0.658303	0.656970
3	0.537384	0.535749	0.534120	0.532499
4	0.436897	0.435126	0.433363	0.431610
5	0.355201	0.353402	0.351613	0.349836
6	0.288781	0.287027	0.285285	0.283555
7	0.234782	0.233118	0.231468	0.229832
8	0.190879	0.189335	0.187804	0.186287
9	0.155187	0.153774	0.152376	0.150993
10	0.126168	0.124893	0.123632	0.122385
11	0.102576	0.101436	0.100310	0.099198
12	0.083395	0.082384	0.081387	0.080403
13	0.067801	0.066911	0.066034	0.065170
14	0.055122	0.054344	0.053578	0.052823
15	0.044815	0.044137	0.043471	0.042815
16	0.036435	0.035848	0.035270	0.034703
17	0.029622	0.029115	0.028617	0.028128
18	0.024083	0.023647	0.023219	0.022799
19	0.019580	0.019205	0.018839	0.018479
20	0.015918	0.015598	0.015285	0.014978
21	0.012942	0.012669	0.012402	0.012140
22	0.010522	0.010289	0.010062	0.009840
23	0.008554	0.008357	0.008164	0.007976
24	0.006955	0.006787	0.006624	0.006465
25	0.005654	0.005512	0.005374	0.005240
26	0.004597	0.004477	0.004361	0.004247
27	0.003737	0.003636	0.003538	0.003442
28	0.003038	0.002953	0.002871	0.002790
29	0.002470	0.002399	0.002329	0.002262
30	0.002008	0.001948	0.001890	0.001833

Factor del Valor Presente Anual

	Tasa de Descuento			
Años	**23.500%**	**23.625%**	**23.750%**	**23.875%**
1	0.809717	0.808898	0.808081	0.807265
2	0.655641	0.654316	0.652995	0.651677
3	0.530883	0.529275	0.527672	0.526077
4	0.429865	0.428129	0.426402	0.424683
5	0.348069	0.346313	0.344567	0.342832
6	0.281837	0.280132	0.278438	0.276757
7	0.228208	0.226598	0.225001	0.223416
8	0.184784	0.183295	0.181819	0.180356
9	0.149623	0.148267	0.146924	0.145595
10	0.121152	0.119933	0.118727	0.117534
11	0.098099	0.097013	0.095941	0.094881
12	0.079432	0.078474	0.077528	0.076594
13	0.064318	0.063477	0.062649	0.061832
14	0.052079	0.051347	0.050625	0.049915
15	0.042169	0.041534	0.040909	0.040294
16	0.034145	0.033597	0.033058	0.032528
17	0.027648	0.027176	0.026714	0.026259
18	0.022387	0.021983	0.021587	0.021198
19	0.018127	0.017782	0.017444	0.017112
20	0.014678	0.014384	0.014096	0.013814
21	0.011885	0.011635	0.011391	0.011152
22	0.009623	0.009412	0.009205	0.009002
23	0.007792	0.007613	0.007438	0.007267
24	0.006309	0.006158	0.006011	0.005867
25	0.005109	0.004981	0.004857	0.004736
26	0.004137	0.004029	0.003925	0.003823
27	0.003350	0.003259	0.003172	0.003086
28	0.002712	0.002636	0.002563	0.002491
29	0.002196	0.002133	0.002071	0.002011
30	0.001778	0.001725	0.001674	0.001624

Factor del Valor Presente Anual

	Tasa de Descuento			
Años	**24.000%**	**24.125%**	**24.250%**	**24.375%**
1	0.806452	0.805639	0.804829	0.804020
2	0.650364	0.649055	0.647750	0.646448
3	0.524487	0.522904	0.521328	0.519757
4	0.422974	0.421272	0.419580	0.417895
5	0.341108	0.339394	0.337690	0.335996
6	0.275087	0.273429	0.271783	0.270148
7	0.221844	0.220285	0.218738	0.217204
8	0.178907	0.177470	0.176047	0.174637
9	0.144280	0.142977	0.141688	0.140411
10	0.116354	0.115188	0.114034	0.112894
11	0.093834	0.092800	0.091778	0.090769
12	0.075673	0.074763	0.073866	0.072980
13	0.061026	0.060232	0.059449	0.058677
14	0.049215	0.048526	0.047847	0.047178
15	0.039689	0.039094	0.038508	0.037932
16	0.032008	0.031496	0.030993	0.030498
17	0.025813	0.025374	0.024944	0.024521
18	0.020817	0.020442	0.020075	0.019715
19	0.016788	0.016469	0.016157	0.015852
20	0.013538	0.013268	0.013004	0.012745
21	0.010918	0.010689	0.010466	0.010247
22	0.008805	0.008612	0.008423	0.008239
23	0.007101	0.006938	0.006779	0.006624
24	0.005726	0.005590	0.005456	0.005326
25	0.004618	0.004503	0.004391	0.004282
26	0.003724	0.003628	0.003534	0.003443
27	0.003003	0.002923	0.002844	0.002768
28	0.002422	0.002355	0.002289	0.002226
29	0.001953	0.001897	0.001842	0.001790
30	0.001575	0.001528	0.001483	0.001439

Factor del Valor Presente Anual

Años	Tasa de Descuento			
	24.500%	**24.625%**	**24.750%**	**24.875%**
1	0.803213	0.802407	0.801603	0.800801
2	0.645151	0.643857	0.642568	0.641282
3	0.518193	0.516636	0.515084	0.513539
4	0.416220	0.414552	0.412893	0.411243
5	0.334313	0.332640	0.330977	0.329323
6	0.268524	0.266913	0.265312	0.263722
7	0.215682	0.214173	0.212675	0.211189
8	0.173239	0.171854	0.170481	0.169120
9	0.139148	0.137897	0.136658	0.135432
10	0.111765	0.110649	0.109545	0.108454
11	0.089771	0.088786	0.087812	0.086850
12	0.072105	0.071242	0.070390	0.069549
13	0.057916	0.057165	0.056425	0.055695
14	0.046519	0.045870	0.045231	0.044601
15	0.037365	0.036806	0.036257	0.035716
16	0.030012	0.029534	0.029064	0.028602
17	0.024106	0.023698	0.023298	0.022904
18	0.019362	0.019015	0.018675	0.018342
19	0.015552	0.015258	0.014970	0.014688
20	0.012491	0.012243	0.012000	0.011762
21	0.010033	0.009824	0.009619	0.009419
22	0.008059	0.007883	0.007711	0.007543
23	0.006473	0.006325	0.006181	0.006040
24	0.005199	0.005075	0.004955	0.004837
25	0.004176	0.004073	0.003972	0.003874
26	0.003354	0.003268	0.003184	0.003102
27	0.002694	0.002622	0.002552	0.002484
28	0.002164	0.002104	0.002046	0.001989
29	0.001738	0.001688	0.001640	0.001593
30	0.001396	0.001355	0.001315	0.001276

Factor del Valor Presente Anual

Años	Tasa de Descuento			
	25.000%	25.125%	25.250%	25.375%
1	0.800000	0.799201	0.798403	0.797607
2	0.640000	0.638722	0.637448	0.636177
3	0.512000	0.510467	0.508940	0.507420
4	0.409600	0.407966	0.406340	0.404721
5	0.327680	0.326047	0.324423	0.322809
6	0.262144	0.260577	0.259020	0.257475
7	0.209715	0.208253	0.206803	0.205364
8	0.167772	0.166436	0.165112	0.163799
9	0.134218	0.133016	0.131826	0.130648
10	0.107374	0.106306	0.105250	0.104205
11	0.085899	0.084960	0.084032	0.083115
12	0.068719	0.067900	0.067091	0.066293
13	0.054976	0.054266	0.053566	0.052876
14	0.043980	0.043369	0.042767	0.042174
15	0.035184	0.034661	0.034146	0.033638
16	0.028147	0.027701	0.027262	0.026830
17	0.022518	0.022139	0.021766	0.021400
18	0.018014	0.017693	0.017378	0.017069
19	0.014412	0.014140	0.013875	0.013614
20	0.011529	0.011301	0.011078	0.010859
21	0.009223	0.009032	0.008844	0.008661
22	0.007379	0.007218	0.007061	0.006908
23	0.005903	0.005769	0.005638	0.005510
24	0.004722	0.004610	0.004501	0.004395
25	0.003778	0.003685	0.003594	0.003505
26	0.003022	0.002945	0.002869	0.002796
27	0.002418	0.002353	0.002291	0.002230
28	0.001934	0.001881	0.001829	0.001779
29	0.001547	0.001503	0.001460	0.001419
30	0.001238	0.001201	0.001166	0.001132

Factor del Valor Presente Anual

Años	Tasa de Descuento			
	25.500%	25.625%	25.750%	25.875%
1	0.796813	0.796020	0.795229	0.794439
2	0.634911	0.633648	0.632389	0.631133
3	0.505905	0.504396	0.502893	0.501397
4	0.403111	0.401509	0.399915	0.398329
5	0.321204	0.319609	0.318024	0.316448
6	0.255940	0.254415	0.252902	0.251399
7	0.203936	0.202520	0.201115	0.199721
8	0.162499	0.161210	0.159932	0.158666
9	0.129481	0.128326	0.127183	0.126051
10	0.103172	0.102150	0.101139	0.100139
11	0.082209	0.081314	0.080429	0.079555
12	0.065505	0.064727	0.063959	0.063201
13	0.052195	0.051524	0.050862	0.050210
14	0.041590	0.041014	0.040447	0.039888
15	0.033139	0.032648	0.032165	0.031689
16	0.026406	0.025989	0.025578	0.025175
17	0.021041	0.020687	0.020341	0.020000
18	0.016765	0.016468	0.016175	0.015889
19	0.013359	0.013109	0.012863	0.012623
20	0.010645	0.010435	0.010229	0.010028
21	0.008482	0.008306	0.008135	0.007967
22	0.006758	0.006612	0.006469	0.006329
23	0.005385	0.005263	0.005144	0.005028
24	0.004291	0.004190	0.004091	0.003994
25	0.003419	0.003335	0.003253	0.003173
26	0.002724	0.002655	0.002587	0.002521
27	0.002171	0.002113	0.002057	0.002003
28	0.001730	0.001682	0.001636	0.001591
29	0.001378	0.001339	0.001301	0.001264
30	0.001098	0.001066	0.001035	0.001004

Ramón, El Vendedor

Ramón es un vendedor que se ganó un viaje por haber sido seleccionado como uno de los 10 mejores en su empresa. Todos los premiados fueron invitados a disfrutar de una bella y exótica Isla del Caribe durante una semana. Los gastos vacacionales estaban cubiertos por esta grandiosa compañía.

Al llegar a la Isla todos se fijaron en la belleza de los jardines y en el impresionante azul cielo. No había nube alguna que opacara su esplendor. Asimismo, los jardines y áreas verdes eran muy amplios, brillantes y muy bien cuidados. La Isla era sencillamente un paraíso.

De igual manera, la recepción del hotel estaba decorada con abundantes flores frescas, brillantes y llamativas. Cada detalle era manejado con delicadeza. Era sin lugar a dudas una operación de primera clase. Desde los pulidos pisos en mármol hasta las delicadas molduras talladas en caoba, una verdadera obra de arte.

Se percibía, en cada detalle de las facilidades, el gran orgullo que sentían los dueños al igual que sus empleados. Recibieron, entonces, a Ramón y al resto de sus compañeros. Cada uno fue escoltado a su villa por un elegante y cortés empleado. Su uniforme, perfectamente planchado, mostraba un atractivo escudo dorado grabado en la parte izquierda de su chaqueta color azul marino. Además, presentaba el nombre y la insignia de este increíble hotel.

Una vez en su habitación, Ramón quedó muy impresionado con las amplias ventanas con vista al mar y el lavamanos en mármol con llaves en oro. El clima era perfecto y una suave y melodiosa música se escuchaba a través de unas bocinas que se fusionaban con el majestuoso diseño de su cuarto.

En ese momento intentó darle una propina al empleado que ya se retiraba; pero, éste la rechazó amablemente. Le indicó que todas las propinas habían sido cubiertas por su empresa y que sólo tenía que disfrutar y descansar. Éste era su recompensa por ser uno de los vendedores más destacados de su trabajo.

Ramón estaba muy entusiasmado y procedió a prepararse para las actividades de esa noche. El grupo de vendedores tendría una cena formal y un orador muy conocido les deleitaría con una charla de motivación.

Tan pronto como terminó de prepararse, bajó las escaleras de su villa hasta llegar a un comedor privado, pensando en lo afortunado que era por haber tenido la oportunidad de participar de dicho viaje y visitar un lugar tan espectacular. Estaba ansioso por llamar a su esposa y contarle todo al respecto.

Durante la cena, todos los vendedores comentaban sobre cuán grandiosas eran sus villas. Especialmente estaban impresionados con la amplia piscina privada con vista al mar que cada uno tenía. Ramón tenía una villa espectacular, pero sin piscina. Así que comenzó a pensar que aunque había sobrepasado su cuota de ventas y calificado para el viaje, tal vez su producción no era tan buena como la de los otros vendedores quienes obviamente disfrutaban de mejores habitaciones.

Ramón nunca había visitado un lugar tan majestuoso, así que de todas maneras estaba muy contento de estar allí. Decidió escuchar a los demás y no comentar sobre su villa.

Al finalizar la cena, Ramón regresó a su villa y pasó casi toda la noche disfrutando de películas en la pantalla gigante que había en su cuarto. Disfrutó cada minuto de éstas como si fuera un niño.

La mañana siguiente, durante el desayuno, todos los demás vendedores comentaban cuán fantásticos fueron los conciertos en vivo que tuvieron en los balcones de sus villas privadas con vista al mar. Éstos aseguraban, de forma muy eufórica, que esa noche había sido una de las más memorables de sus vidas.

Cada uno de sus compañeros tuvo como artista invitado a su cantante o banda favorita. Esa noche hubo conciertos en vivo con "The Rolling Stones", "Madonna", "Juan Luis Guerra", "Julio Iglesias", "Maná", "El Gran Combo", entre otros.

Ahora sí que Ramón estaba seguro de que su producción no pudo haber sido tan buena como la de los demás vendedores. Definitivamente, disfrutó de sus películas en la pantalla gigante; pero, nada como lo que sus colegas habían tenido: conciertos en vivo con las mejores estrellas.

Así pasó toda la semana, cada día con un evento superior al anterior. Ramón se limitó a escuchar y no comentar sobre sus experiencias ya que todas fueron muy inferiores a las de los demás. Sin embargo, tenía que reconocer que éstas fueron superiores a todo lo que había vivido hasta ese momento.

El último día, Ramón se preparó para regresar a su casa y llamó al maletero para que llevara su bagaje a la limosina que los dejaría en el aeropuerto. En menos de dos minutos llegó a su cuarto. Éste acomodó las maletas en el carro de rodaje y le preguntó a Ramón si tenía alguna otra maleta en la habitación principal. ¿Habitación principal? ¿A qué usted se refiere?, preguntó Ramón. El maletero, en ese instante, abrió las puertas dobles que continuaban hacia la habitación principal.

Para su sorpresa, Ramón había pasado toda la semana en el área de recepción de su villa sin percatarse de que detrás de esas puertas dobles estaba la habitación principal y las mayores atracciones de la villa.

Durante todo el tiempo había tenido acceso a una amplia piscina con vista al mar. Detrás de unas bellas puertas en cristal estaba el enorme balcón con su elegante escenario y copias del programa del concierto que Richard Clayderman, su artista favorito había ofrecido.

Ramón no podía creer que todo esto había ocurrido durante la semana y que él se lo había perdido. Estaba un poco desilusionado. Si hubiera sabido que tenía todo esto, su viaje hubiese sido mucho más enriquecedor.

Así sucede con nuestra vida, la que está llena de puertas y grandiosas oportunidades. Éstas esperan por nuestras manos para abrirlas y descubrirlas. Muchas veces no las vemos y nuestro caminar se torna pesado. Prestemos, también, atención a aquellas personas que están dispuestas a ayudarnos y nos abren su corazón. Evitemos, pues, que nuestras inseguridades y ansiedades nos confundan mientras intentamos trabajar por nuestras metas.

Ramón, el vendedor de esta historia, desconocía que esas puertas maravillosas existían; a pesar de tenerlas frente a sí mismo todo el tiempo. Discreto y conforme con lo recibido, no tuvo la valentía de descubrir lo que la vida le deparaba en ese momento. Probablemente pensó cuán avergonzado se hubiese sentido al preguntar qué había detrás. Ciego y con temor a parecer tonto, perdió grandes oportunidades.

La vida siempre nos dará aquello que nos merecemos, pero muchas veces tenemos que pedirlo. Sería una pena pasar por nuestras vidas ignorando lo obvio y sin percatarse de aquello que está a simple vista. Lo que sea que usted desee, búsquelo. La respuesta está dentro de usted, esperando que usted pregunte. Despierte y viva.

La vida siempre nos dará aquello que nos merecemos, pero muchas veces tenemos que pedirlo.

Conozca al autor

Conozca al autor

Rubén Huertas es Presidente y CEO de la compañía *Power Holdings Realty Group*, una firma de consultoría, inversiones y corretaje comercial. La misma ofrece como parte de sus servicios: asesoría, seminarios, y análisis financieros y de mercado.

En Puerto Rico, cursó estudios en la Universidad de Puerto Rico, Recinto de Cayey (CUC) y en la Universidad del Sagrado Corazón (USC). En Nueva York, cursó estudios en el Instituto de Tecnología de Rochester (RIT). En este último obtuvo su bachillerato en Artes y Ciencias.

Ha tenido carreras exitosas con compañías listadas en "Fortune 100" en varias posiciones ejecutivas incluyendo: ventas, mercadeo y gerencia. Su experiencia incluye las áreas de desarrollo y construcción, administración de edificios comerciales, centros comerciales, campos de golf, centros médicos, teatros y restaurantes y ventas al detal, administrando en esta industria cadenas nacionales.

Ha administrado sobre seis millones de pies cuadrados de bienes raíces comerciales en el noreste, sureste, centro y zona atlántica de los Estados Unidos incluyendo estados como: Nueva York, Illinois, Pennsylvania, Florida e Indiana.

En la industria de los REIT's (fideicomisos), Huertas ha administrado portfolios de bienes raíces con una valorización de mercado de medio billón de dólares para uno de los REIT's más grandes de los Estados Unidos.

Huertas es un inversionista en bienes raíces y fue el fundador de "*Sterling Communities*", una compañía dedicada a la adquisición de apartamentos para la renta (multi-housing) y la administración de propiedades comerciales y residenciales.

Como empresario, utiliza su experiencia en diversas ramas de los bienes raíces para realizar análisis financieros muy detallados y evaluar la viabilidad y posible rendimiento en inversión de propiedades comerciales. Se concentra en crear formas de aumentar consistentemente los ingresos netos de las propiedades para que éstas incrementen en valor.

Fundó la compañía "*Smart Mortgage Savings*" en el estado de Nueva York, la cual se dedicaba a ofrecer el producto de aceleración de hipotecas (bi-weekly mortgages). Actualmente este producto es ofrecido a través de "*Power Holdings Realty Group*" como un servicio de cortesía a sus clientes.

Ha sido dueño, además, de la compañía de publicidad y mercadeo "*Print Works Plus*" donde fue reconocido como empresario por el periódico "Democrat & Chronicle" en Nueva York. "*Print Works Plus*" con oficinas centrales en Nueva York y sucursales en Michigan, Ohio, Indiana, Alabama y Mississippi, tenía como principales clientes a compañías en la industria automovilística tales como General Motors, Daimler-Chrysler, Ford, A/C Delco, Delphi, UAW y Valeo.

Fuera de la industria automovilística, algunos de sus clientes lo fueron: Home Properties, GMAC, Bausch & Lomb, Eastman Kodak, Paychex, American Postal Workers Union, Xerox, Unity Health System, Toastmasters International, Thompson Publishing, Harris Interactive, FLACNA, Citibank y ACC Telecom.

Por otra parte, como orador profesional perteneció a la organización internacional de oradores "Toastmasters" y obtuvo la más alta designación que esta organización otorga, "Distinguished Toastmaster". Ésta toma por lo general siete años en adquirirla; Rubén la logró conquistar en tan sólo cinco años.

Con esta preparación logra fundar la compañía "*The Huertas Leadership Group*", la cual ofrecía seminarios y charlas a corporaciones tanto públicas como privadas cubriendo los siguientes temas: ventas, mercadeo, gerencia, administración del tiempo, comunicación, liderazgo, inversiones en bienes raíces, oratoria, desarrollo personal, manejo de personalidades y etiqueta.

El autor está disponible para presentaciones, seminarios, talleres y consultoría tanto en inglés como en español. Para contrataciones pueden comunicarse con Power Publishing Learning Systems
al 787.676.4444
o a través de correo electrónico a
info@powerpublishingpr.com

Printed in Dunstable, United Kingdom

91222499R00251